胡自逢著

文史哲學集成

易學識小

文史哲出版社印行

國家圖書館出版品預行編目資料

易學識小 / 胡自逢著. -- 初版. -- 臺北市：文史哲, 民 89
面： 公分. -- (文史哲學集成 ; 424)
含參考書目
ISBN 957-549-275-7(平裝)

1.易經 - 研究與考訂

121.17 89002919

文史哲學集成 ㊹

易學識小

著　者：胡　自　逢
出版者：文史哲出版社
登記證字號：行政院新聞局版臺業字五三三七號
發行人：彭　正　雄
發行所：文史哲出版社
印刷者：文史哲出版社
臺北市羅斯福路一段七十二巷四號
郵政劃撥帳號：一六一八〇一七五
電話 886-2-23511028 · 傳眞 886-2-23965656
實價新臺幣 六〇〇元
中華民國八十九年三月初版

ISBN 957-549-275-7

易學識小　目次

易學識小序

《易》準天地而作〈繫傳〉謂「範圍天地之化而不過，曲成萬物而不遺」（上、四）其所範圍者，由知幽明之故，死生之說，鬼神之情狀（上、三、四）三事可以證之，至曲成萬物，則乾彖「乾道變化，各正性命」二句足以盡之矣，今日治《易》當務者有四事，分次於下：

一、《易》為衰世之學

易爲衰世之學，所以教人善處憂患之書也〈繫傳下・六〉「《易》之興也，其於中古乎，作《易》者其有憂患乎？」又曰：「《易》之興也，其當殷之末世，周之盛德邪，當文王與紂之事邪，是故其辭危……懼以終始，以要無咎，此之謂《易》之道也」（下・八）孟子嘗謂「天下之生久矣，一治一亂。」（滕文公下）數千年來，治亂相尋，往復不已，然亂世嘗多，而治世絕少，漢之文景，唐之貞觀、開元，歷史僅見，莊子亦以天下沈濁，不可與莊語，故出以謬悠之說，荒唐之言。《周易》於衰亂之世，則激厲人人樂觀進取以開創新機，此所以旋乾轉坤，因禍而爲福，轉敗而爲功，在今日尤爲振衰起敝，扶持世教之哲學思想也。

憂患意識於人有鼓舞，牖啓之潛力，孔子曰：「德之不修，學之不講，聞義不能徙，不善不能改，是吾憂也」（論語述而）孟子曰：「乃若所憂則有之，舜人也，我亦人也，舜爲法於天下，可傳於後世，我由未免爲鄉人也，是則可憂也，憂之如何？如舜而已矣」（離婁下）此意識凝成儒家悲憫之情懷，佛之大悲，基督之博愛，胥由此而產生，於人文之影響大矣！

二、《易》之內蘊

《易》由卦、辭、傳三者組成。卦有八卦、六十四卦，辭有卦辭、爻辭，傳則十翼是也，其大義分二項：㈠日理；㈡日象數。分述於下：

㈠理

含1.道、太極、陰陽。2.天人。3.三易。4.對待。5.恆久、感應。6.窮變通久。分次於下：

1.道、太極、陰陽。

道爲中國學術整全之代稱，德、性、義理之會歸，萬有之本原，聖哲終身之所篤守（信念），宇內一切原理，人生所有規範，均可由「道」字一以貫之者也，太極、陰陽可分而不可離，康成釋太極爲「淳和未分之氣」（易注）分之則爲陰陽。氣，乃能之表現，能者，太極之動力，太極爲陰陽均衡，穩定之象〈繫傳上・四〉「一陰一陽之謂道」。又曰：「易有太極，是生兩儀」（上、十一）斯二處亟明三者之密契無間，無先後，終始之可言也。

2.天人。

《易》善言天道，爲天人之學〈繫下・八〉「《易》之爲書也，廣大悉備，有天道焉，有人道焉，有地道焉。」宇宙爲時空之綜合體，時空則乾坤之流行與凝聚耳。《易》備三才，天道剛健不息不已，人則自強不息，樂觀進取，此天人之相應，天人之合德也。《易》爲動靜變化之學，明變化之法則，變之總因爲陰陽動靜二力之消息，萬物由之而生長衰滅，世事之治亂興衰，人物之生長老死，與陰陽、轉化，不過變化之大小而已，天人幾微之理，於此可見。

3.三易。

三易之義，不易者道，太極是也，陰陽消息，變化以生萬物，謂之變易，變易原於不易，其爲變之法則，則簡易也，質言之簡易者，陰陽之靜態也，變易者，陰陽之動態也，不易者，陰陽之和合，時中也，其動力默以主之而已。

4.對待。

對待，相對也。有正對反對之別，正對者相調和，反對者相衝突，如乾坤，既未濟，相調和者也；坎離，否泰，相衝突者也。夫婦、父子、兄弟、朋友，相對關係之調和而親密者也；法官與罪犯，作戰之敵國，相對關係之分裂，衝突者也，人與人、與物、與事常有對待之現象由衝突而調和，則適中而互利，此社會之通象也。

5.往復、恆久、感應。

往復者，復卦辭「反復其道，七日來復」，泰九三爻「无平不陂，无往不復」往復不已，日月、寒暑，四時爲其顯例，此天道之大本，經文已著之矣。

恆久者，〈恆彖傳〉發之。曰：「天地之道恆久而不已也。日月得天而能久照，四時變化而能久成，聖人久於其道而天下化成，觀其所恆而天地萬物之情可見矣。」曰：「天地萬物之情」，則爲宇宙普遍之原理，道有常（恆久）有變（變易）。老子名之曰常道，荀子亦曰：「夫道者，體常而盡變，一隅不足以舉之」。（解蔽）惟其恆久乃可以萬變而無窮無方也。

感應者，發之咸彖傳曰：「咸，感也（感，從咸聲）柔上而剛下二氣感應以相與。……天地感而萬物化生，聖人感人心而天下和平，觀其所感而天地萬物之情可見矣。」此固宇宙普遍之眞理。〈繫傳上・九〉曰：「易，无思也，无爲也，寂然不動，感而遂通天下之故，非天下之至神，其孰能與於此。」以感通互明此理。〈繫傳下・三〉孔子解咸九四「憧憧往來」二句，由二氣之屈申往來，日月、寒暑之迭更推移以釋宇宙感應之理，要之曰「精義入神」、「窮神知化」。《中庸》曰：「至誠如神」，孔子曰：「清明在躬，氣志如神」（禮記孔子閒居）發明感應之眞理，今科學家以磁場吸力證之，新興之「超心理學」，以「念力」驗之，余於「孔子解易十九則」文中言之至詳，不贅。

6.窮變通久。

〈繫下・二〉曰：「易窮則變，變則通，通則久。」此爲自然之律則，天道如是，人亦由之，歷代大政治家籌策廟堂之上，研幾幃幄之中，一張一弛，一闔一闢之際，莫不循此律則而優爲之，而《易》特發明此理，右所舉爲其大凡，餘多，茲略。

㈡象數

象在卦爻之中，〈繫下‧一〉曰：「八卦成列，象在其中矣」六十四卦以簡易之符號描繪天地萬物之情狀，天下人物悉納入六十四卦，三百八十四爻之中，其動靜行止、吉凶悔吝由之著見，既示變化之法則，又告之以應變之方，以符號學觀之，抽象層次愈高，則其含義愈廣。《周易》以陰陽剛柔之推盪概括萬事萬物之理致，故能彌綸天地之道，範圍天地之化，象之爲用大矣。

數。《易言數》凡三，曰天地之數，曰大衍之數，曰九六之數，天地之數者？〈繫上‧十〉「天一地二，天三地四，天五地六，天七地八，天九地十」。又曰：「天數五，地數五，五位相得而各有合，天數二十有五，地數三十，凡天地之數五十有五。此所以成變化而行鬼也。」極言數之功化，握宇宙變化之機軸，西哲畢達哥拉學派以數開闢宇宙，爲宇宙萬物成立之大本，即宇宙全部由各種數目關係構合而成（詳見小箸《周易鄭氏學第三章易數》）此西哲與《周易》論數之功用已造乎其極。可謂若合符節也，又按《史記天官書》曰：「夫天運三十歲一小變，百年中變，五百載大變，三大變一紀，三紀而大備，此其大數也。」《漢書天文志》同。文中云「天運」，又指爲「大數」，則即曆數言，數，實握天地變化，國運盛衰之樞機，邵康節創元會運世之說（觀物內篇）實基於此，則《易》之言數亦可云「窮神知化」不可等閒視之也。

大衍之數者？〈繫上・八〉曰：「大衍之數五十，其用四十有九，分而爲二以象兩，掛一以象三，揲之以四以象四時，歸奇於扐以象閏，五歲再閏，故再扐而後掛」此明言大衍之數用以揲蓍布卦也。

九六之數者？乾初九爻下正義曰：「老陽數九，老陰數六，老陽老陰皆變。《周易》以變者爲占，故稱六」。康成於〈繫傳〉「遊魂爲變」句下注曰：「遊魂謂九六也。……九六，金水之數。……金水之鬼終物西北」金、水終物，爲物變之究，九六爲變化之數，故《易》用九、六以名爻。

要之，《周易》象、數、理三者並重，爲一整體，象以太極、八卦、六十四卦、河圖洛書，曲盡宇宙萬有之現象。數，由數字、數理闡明宇宙萬有生成、發展變化之原理。三者相與因依，如日月、星辰，象也；北斗七星，以齊七政，水、火、金、木塡星，此五星天之五佐（史記天官書）世運，曆法，數也，綜合象數以究天人之幾，抉其本原而觀其會通，聖人所以通天下之志，成天下之務，而能定天下之業，斷天下之疑者果何在？知天下之動貞乎一，乃變而通之以盡利，可謂得其環中以應無窮矣。

三、科學證易

百年前德國學者萊布尼茲、愛因斯坦等已將《周易》思維用於科學實踐而有可觀之宏效，大陸一九八九、九〇、九一數年中於河南安陽召開三次易學大會，主題爲「《周易》與現代自然科學之結合」相關論文，則有一、劉紹光「一元數理論初探」一九八四。二、郭增建「災害物理學」一九八九。三、焦蔚芳「洛書數學」一九八七。四、劉子華「八卦宇宙論與現代天文」一九八九。（周易研究總十二期載）今天文學界已知天體依軌跡運行，秩然有序（即豫卦天地以順動）由向心、離心維持其平衡、穩定之律動。物質由原子構成，原子爲太極，太極分陰陽，陰陽互動而生力，能力結合而成元素，元素和合而成物質，陰陽、太極之原理，悉蘊於物象之中，地球爲一大原子，內心儲蓄無量核子，故有引力，引力放射而萬物生焉，萬物之原子皆負陰而抱陽，以近代物理證之，電子帶有負電荷爲陰，核子帶正電荷爲陽，正負電荷之發生作用，由於中子，中子非陰非陽，亦陰亦陽，故有調劑之作用也。萬物以吸引力爲中心，以放射力爲外表，吸引力用以成己，放射力用以成物，成己者自強，成物爲化合。故物體皆內陽而外陰，陰陽之正反由作用言之，陽反則爲陰，陰反則爲陽、正、反、合即萬物變化之主因也。光、熱、電之源，日也。日爲光熱之體（宇宙最大之原子爐）乃核子最多之結合體，其放射、吸引之力皆至強大，爲引力之母，謂之大陽；月者，日之衛星，其自身引力至弱，質多於能，中土名之曰太陰，星球者，太空群星，胥由北辰，太一之磁力放射而發生分裂力與凝聚力，正反互變而成星球也，以科學證之，剛爲動能，柔爲化能，以科學例之，坤至柔，即電子之力，原子中質子祇結合放射成爲電子、電子流動可與其他原子化合，此則至柔之理也。寒暑之形成？以太陽對地球之影響力有強弱之分耳。核子力之屈申，由於太陽之引力互相作用，冬至前後，地球與太陽接近，雙方之吸力加強，地面陽氣向內凝結，電子活動緩慢，故氣溫嚴寒，蒸氣下降，草木黃落；夏至前後，地球與太陽相距較遠，雙方之引力弱，故地球之核子力向外放射，電子活動迅速，故氣候炎熱，萬物發揚，此太陽對地球顯著之影響力也。

從原理言之，有下列六項：

㈠**太陽與周期**

周期者，循環之謂。此宇宙之秘，復卦辭「反復其道，七日來復。」言宇宙以七日爲周期，新量子物理學言周期運動，量子序數，亦以七爲周期，原子序數，亦以七爲周期，原子中陰電子軌道爲七層，因之造成宇宙七之周期。周期定律，小自原子，大而天體、行星繞太陽，固有周期性，即太陽之黑斑，亦具周期性，由《周易》窺知宇宙運行（動）之規律，喻人當明了吉凶悔吝之道，其周期性，即善惡因果之由來也。

㈡**太極與波動力學**

宇宙發展，即太極之變化，變化形式不一，而波動爲其變化之主因，即宇宙是波動者，維也納物理學家發明波動力學使質子電子具波動函數以說明量子現象，所有物質由波而成，即宇宙爲波動者，老子云「有無相生，難易相成，長短相形，高下相傾，音聲相和，前後相隨」（第二章）此即波之起伏也。

㈢**太極與向量**

此即螺旋形之前進也。向量者，自轉而又前進也，地球自轉而又公轉，即此一形式，螺旋形，即波行之一種也。

㈣**太極與渦旋**

太極圖，陰陽對偶，爲今日天文學上之渦旋。天體星雲星球偏陰性者右旋，偏陽性者左旋，此爲定律，八卦之旋轉亦若是，渦旋之特徵爲逆轉，即陰陽兩性之逆轉，交互之運動，說卦傳「數往者順，知來者逆，故易逆數也」在明此理。

㈤太極與平衡運動

太極以動力爲本「保合太和」句至要！保合者，陰陽對偶之平衡運動也，中國學術重平衡、統一，宇宙之動固起於矛盾，而動之協調，即在二力之平衡也。

㈥太極與合體運動

合體運動，即太和，即陰陽之合德，宇宙有平衡運動宇宙方可穩定，而延續無既之大生命也。（上六項參用王寒生著《太極圖》民國四年五月）

復從應用常識言，有後列四項：

㈠頻率共振

每一物均有自然之頻率，由外物之激勵而振動，其頻率相同時，振幅連續增加，此爲共振。如悅耳之音樂令人起舞，低吟是，足證人與人有心靈之共振，此即咸彖傳「聖人感人心而天下和平」之感應，即頻率共振之故也。

㈡對流

熱能由受熱之流體，自較熱處流向較冷之處，此熱傳導之方式，名曰：「對流」，水之沸騰由熱氣之一升一降，此即《周易》陽升陰降，泰卦之哲理也。

㈢颱風

颱風之形成？其旋轉方向，均一正一反，一順一逆，一陰一陽，此即繫傳「一陰一陽之謂道」（上、四）萬有莫不有正反兩面，颱風初來，起東北風，過境時起南風，此則洛書二八易位文王八卦坤艮易方之理，亦即坤卦辭「西南得朋，東北喪明」之理，颱風行進，其風力漸次加強，而其中心則無風，隨之由強而弱，以至平靜，正符乾卦六爻（潛、見、躍、飛、亢）之義。

㈣原子核分裂

原子反應，由一個原子之變化，推之爲二，爲四，爲八此種「連鎖反應」以繫傳太極、兩儀、四象、八卦（上、十一）之幾何原理，其用可推至千萬以至於無窮，放之則彌六合，卷之則退藏於密，此種數象變遷，形成今日之大千世界，易傳「通其變遂成天地之文，極其數，遂定天下之象」（上、九）在科學昌明之今日但細心體察，若干科學理論、現象，足以證明《易》之義理，知傳統文化不僅不違科學，又可推衍科學之眞諦，更可開拓易學之領域，子張曰「執德不弘，信道不篤，焉能爲有，焉能爲亡」（論語子張篇），今日爲科學世紀，人咸堅信科學之眞實，佘立此章在以科學證《易》，欲人知易道，易理之眞實性，當篤信而無少遲疑之念耳。

四、建立世界新秩序，端賴易學

一九九一年（民國八十年）美前總統布希於參衆兩院聯席會議中發表國情咨文，籲「世界人民與之合作一致，建立世界新秩序，使殘暴不仁者，難以得逞，而侵略會受到集體對抗」布希讜言，廣受國際重視與擁戴，而消弭殘暴，遏制侵略，頗具中國王道之高風，主以國際向無秩序、綱紀蕩然，亟待重建，此爲學界之共識。然新秩序究如何重建？固當有資於學術，吾人深知學術領導思想指引人之行止，以定其趨向，綜核人類思想文化尚未見有一學術於宇宙，人生含無既之關注者？而《周易》則實有之，以《易》爲生命之科學，深具生命情懷與生命之感應，所謂民吾同胞，物吾與也，此等襟懷，何其廣大宏廓，蓋《易》具強靭之生命力，天地之大德曰生。（下、一）生生之謂易（上、五）易道生生不息不已，有無窮之生命力，創造力，令宇宙活力充沛，生機洋溢，不復有攘奪殘殺之慘劇，而益恢宏日新富有之朝氣《易》於宇宙、人生有極正確之開示，成己成物之德慧，足以完成繼往開來之歷史任務與造福人類之重大責任，人列三才之中，提高人類卓爾之地位，以達致萬物並育而不相害，道並行而不相悖，共同化育之盛境，由學術本身言，中國學術之發展，有永恆一貫之宗旨，則「正德利用厚生」（文公七年郤缺語）是也，有此理念以領導、制衡其他思想，重振道德價值，恢宏人性尊嚴，以科技爲利用之工具而已，其最終之目的，乃在厚生。令人類各得其所，咸遂其生（各正性命）本易學生命之智慧，旦旦而滋潤之，則雍雍熙熙之大同盛世，可拭目以待之矣。

五、結　語

五經爲中華歷代聖哲數千年來生存經驗之累積，德慧術智之總滙，而《易》爲其首，統其宗而會其元，西人譽爲東方智慧之寶藏（六十年代紐約時報周日書評）二十世紀初期，英大哲羅素（Dur-rsell）云：「中國是我所見最偉大之國家，不僅是數目與文化偉大而已，乃是其智慧之偉大」！（孔學論集一九五七年版）

西方學人於近代科學之發展，社會之結構已洞矚其危機，轉思東方之神秘有「向《易》求教」之提示，尤專注於易學變易運動，天人和諧之原理，我中華民族自宜掌握學術生命之方向，面御當前多變之時代，融會西方科技與現代知識結合，凡天文、曆算醫學藝術生化數術等，靡不綜攬《周易》本經外，易傳迄今仍爲治易權威之著作，其意義光價遠非其他著作可以取代，以傳解經，相資互益，先探原典之究竟，復旁通博攝其他學科，取精用宏，雖不舍己以從人，而樂取於人以爲善，心廣則體胖，資之深，則取之左右逢其源。《易》以義理爲先，德性爲重，堅生生不息之天道，重自強不息之人生觀，宏開天人合一，共同化育之新世界，創中華文化之新機運，《易》爲生命之科學，天下一家，中國一人，民吾同胞，物吾與也，此種情懷，休戚與共，痌瘝在抱，秉天賦之彝德，知人類無膚色、地域之分，語言、禮俗之異，爲宇宙生命之整體，不僅人群融合而天人亦合而爲一，則《易》之大義可以發揚無餘，舉世咸沐其休澤，我易學界當黽勉以爲之矣。

周易經文研究

一、前言

《周易》爲中華學術文化之本原，由卦、辭、傳三者組合而成，卦爻辭爲經文，治《易》當先從原典始，本文止就通行本提出經文部份如何進行研究工作，就卦辭言，凡七百零七字，爻辭計四千二百十三字，綜卦爻辭全部不過四千九百二十三字，經文如此簡約，能通釋大義，殊非易事，又《周易》爲遠古之歷史文獻藉卦爻符號以描繪人類萬物之情者也，夷考孔子爲學從具體事象中抉取抽象之法則。易言之，即從人類社會生活尋求基於自然法象之倫理法則作爲人類精神之軌則，以達成人類生存發展之理想目標。自然法則，天道也；倫理法則，人道也。宋儒邵康節曾云學不際天人，不足以謂之學（《觀物外篇》），《易》言天人，由此可尋繹《易經》全部思想之脈絡，以作爲吾人生活指導之方針。不佞請試探研究經文之方法，略得以下五點：一由訓詁入。二史料分析。三辭語比較。四以經通經。五義理探溯，茲事體大，管窺所及，聊備一說而已。

二、由詁訓入

(一)《易》為卜筮之書

1.蒙卦辭「……初筮告，再三瀆瀆則不告」。

2.比卦辭「比吉，原筮，元永負，无咎」。按原，今作源，本也，原筮，即初筮。

3.巽九二「用史巫紛若吉无咎」史、卜、巫、祝。若猶然也，《周禮春官》「女巫掌歲時祓除疾病」，《禮記禮運》「王前巫而後史」。

4.損六五，益六二，皆言「十朋之龜」。

上四條足證《易》爲卜筮之書無疑。

(二)《易》告人當由中正之道

无妄卦辭：「其匪正有眚，不利有攸往」，復上六爻「迷復凶有災眚」，災眚連言，是爲災禍，欲人當由正道，孟子曰「舍正路而不由哀哉！」（《離婁上》）所以深警於人，《大壯彖傳》「大者正也，正大而天地之情可見矣」，明天地間充溢正氣，有正大之道義在，人不得而踰越之也。

(三)《易》重孚信（誠信）

需卦辭「需有孚」。訟卦辭「訟有孚」。觀卦辭「….有孚顒若」。革卦辭「革，已日乃孚」。坎卦辭「習坎有孚維心亨」《說文》三下「孚，卵即孚也從爪子，一日信也」，段注「雞卵之必爲雞…

……人言之信如是」《易》中孚字確有信義，尤其革卦，國之興亡，政制創建，必需假以時日，人方信服，故曰「已日乃孚」，而坎卦辭繼之曰「維心亨」。王注「剛正在內，有孚者也」。坎二五皆剛陽，中以喻心，誠信發自本心也。

(四)為國畜才

大畜卦辭：「大畜利貞，不家食吉」。大畜，所畜（積養）者大，爲國畜養賢能，以資國用，故《彖傳》曰，「不家食言，養賢也」。

(五)憂患意識

震卦辭「震亨，震來虩虩（馬云恐懼貌），笑言啞啞（笑聲），震驚百里，不喪匕鬯」，否九五「休否，大人吉，其亡，其亡，繫於苞桑」（苞本。桑根槃結至固），履九四。「履虎尾，愬愬終吉」。既濟卦辭「既濟亨小利貞，初吉終亂」按此四處「震來虩虩，笑言啞啞」及「其亡，其亡，繫於苞桑」上下句皆有因果好壞對舉之意。

前者先知震驚恐懼，而後有笑言啞啞之吉，後者以將亡自警，乃有根本完固之果。履九四履虎尾，避其鋒銳，虎不噬人，乃能履險若夷。既濟初吉終亂，言事業已成，必有怠心，終必危亂。其義尤爲警策。

是因憂患而後有安樂之境也。《易》作於憂患之世，爲衰世之學，教人戒慎恐懼，免於憂患，所謂「懼以終始，以要旡咎」者也。

所憂患者，當如孔子曰「德之不脩，學之不講，聞義不能徒，不善不能改，是吾憂也。」（《論語述而》）。所患者，當如伊尹曰「思天下匹夫匹婦，有不與被堯舜之澤者，若已推而內（納）之溝中，其自任以天下之重如此」（《孟子萬章上》），知識份子之責任感，歷史使命在此，萬不可忽，孟子又強調「君子有終身之憂，無一朝之患，乃若（君子）所憂則有之，舜人也，我亦人也，舜爲法於天下，可傳於後世，我，由（猶）未免爲鄉人也，是則可憂也，憂之如何，如舜而已矣。若夫君子所患則亡矣，非仁無爲也，非禮無行也，如有一朝之患，則君子不患矣。（《孟子離婁下》）。孔孟二聖所言正爲《周易》憂患意識之的詁。

餘如明夷卦辭「利艱貞」，亦至富憂患之意，以明夷爲明入地中之象，處晦黯之時，人當思堅忍奮厲，鼓其宏毅之氣，孟子所謂「空乏其身，行拂亂其所爲，所以動心忍性，增益其所不能」，（《孟子告子下》）。

人當有面臨橫逆之心理準備，故有「利艱貞」之訓也。

《繫下第四章》子曰「危者安其位者也，亡者，保其存者也，亂者，有其治者也；是故君子安而不忘亡，存而不忘亡，治而不忘亂，是以身安而國家可保也。」

《易》其亡，其亡，繫于苞桑。孔子釋否九五爻，於此特深警之，其重視憂患意識，可謂至矣！

三、史料分析

言殷事者：

㈠泰，否二卦，皆言「帝乙歸妹」。帝乙，子夏傳，京房，荀爽並以爲成湯，虞翻以爲紂父（集解）集解引虞翻曰「歸嫁也」王注「妹者，少女之稱」，《詩大雅大明》「俔天之妹」，《箋》「妹女弟」，歸妹，嫁女也。

㈡既濟，未濟二卦，皆言伐鬼方。既濟九三，「高宗伐鬼方」未濟九四「震用伐鬼方」《集解》虞翻曰「高宗，殷王武丁，鬼方國名」按甲文伐鬼方之詞，多在武丁之世，爲殷室最大之外患。未濟九四「震」懼也，此言軍容之威武《詩大雅常武》「震驚徐方」。

㈢明夷六五「箕子明夷，利貞」。《史記宋微子世家》「箕子者，紂親戚也紂爲淫夫，箕子諫不聽，被髮佯狂而爲奴，遂隱」。

言周事者

㈠晉卦辭：「晉康侯用錫馬蕃庶，晝日三接」。

康侯即康叔，周武王少第封康時之稱也，蕃庶衆多，一日三次接見，言其優寵。

今彝器有康侯鼎，銘曰「康侯丰作寶鼎」吳大澄曰「丰古封字康叔名」。

㈡隨，升二卦均言王享于某。

隨六上「王用享于西山」，升六四「王用享于岐山」。

經文作亨，亨享古通用，享祭獻也。

㈢萃，渙二卦均言假廟。

萃卦辭：「萃亨，王假有廟……」渙卦辭「渙亨，王假有廟」。假同格，有，于也，王假于廟，祀于太廟也。「各廟」一詞，周金文習見，恭王時器《吳彝》「王在周成太室，旦，王各廟」。懿王時期《兎毀》「王在周，昧爽，王各于太廟」。幽王時器《師兌毀》，「甲寅，王在周，各康廟」。皆見郭沫若《兩周金文辭大係》各格古今字。

㈣「既濟九五，東鄰殺牛，不如西鄰之禴祭，實受其福」。《禮記坊記》鄭注「東鄰謂紂國中也；西鄰謂文王國中也」。

㈤引《易》文以說史事。

井九三「井渫不食，爲我心測，可用汲，王明並受其福」。《史記屈原列傳》曰：「懷王以不知忠臣之分，故內惑於鄭袖，外欺於張儀，兵挫地削，亡其六郡，身客死於秦，爲天下笑，此不知人之禍也，《易》曰：『井渫不食，爲我心測可以汲王明並受其福』。王之不明，豈足福哉」史公引經文證王不明忠奸，尤爲屈子抱不平也。

㈥若有眞宰之天帝觀念。

大有上九「自天佑之吉旡不利」，益六二，「王用享于帝吉」。經文出現天字，帝字，驗之卜辭《卜辭通纂》三六八片「兄（祝）上帝，出」。又三六五片「今二月，帝不令雨」又三六七片「我其巳（祀）宊乍（則）帝降若，我勿巳宊，則帝降不若」。《詩》、《

書》其例尤多，《詩大雅文王》「文王陟降，在帝左右，殷之未喪師，克配上帝」。又曰「商之孫子其麗（數）不億，上帝既命，侯于周服，侯服于周，天命靡常」《周書召誥》曰「嗚呼皇天上帝改厥元子（革去紂）茲大國殷之命，王來紹上帝（成王繼天出治）自服于土中（洛邑）」。大事征伐託天命以爲辭《商書湯誓》曰：「有夏多罪天命殛之予畏上帝，不敢不正」，舉大事必託天命《商書盤庚》曰：「先王有服（事），恪謹天命」。

上引，自甲文以訖詩，書歷言天、帝、天命，可與《周易》相與發明，三代以來，天命，天道之思想爲傳統文化之中心，使人類若有眞宰以陰騭下民（書洪範語）人不敢妄有越軌之行爲，乃所以維護社會之正常秩序也。

四、辭語比較

《周易》立十二字以爲全經之宏綱，即「元亨利貞吉凶悔吝厲孚无咎」（說見劉申叔《經學教科書第二冊》），此十二字中有含數字之義者，有僅含一二字之義者，而以吉凶二字爲總綱，即十二字略探經文用語之大概。

㈠元亨利貞

經文具元亨利貞者，凡七卦，乾、坤、屯、臨、隨、无妄、革是也，《文言傳》「君子行此四德者故曰乾元亨利貞」句下《正義》引莊氏之意，以此四句明天之德而配四時，元是物始，於時配春，春爲發生，下云體仁，仁則春也；亨是通暢萬物，於時配夏，故下云合禮，禮則夏也；利爲和義，於時配秋，秋既物成，各合其宜；貞爲事幹，於時配冬，冬既收藏；事皆幹了……乾卦象天，故以此四德，皆爲天德」。

《正義》引莊說以元亨利貞爲四德，以配四時，元春、亨夏、利秋、貞冬。又配仁義禮智，即元仁、亨禮、利義、貞信，（《文言傳》）亦以爲四德，宋儒程伊川《易傳》曰「元者萬物之始，亨者萬物之長，利者萬物之遂，貞者萬物之成。」清人李光地謂「元亨利貞，天道之常，而貫乎人事者也，蓋屯與革，天時之大者，隨人與臨人，則人事之大者，无妄（至誠）則天人之德之至者也」（《周易通論》）天道，人事之大者，於此四字可以概見，其重要可知。

㈡吉凶

卦辭言吉者，凡二十二卦：坤、需、訟、師、比、泰、大畜、頤、咸、睽、蹇、解（吉字兩見）損、萃、升、困、鼎、漸、旅、中孚、小過、既濟。

卦辭言凶者，有比（吉凶並出），井、歸妹、凡三卦。

爻辭言吉者，凡一百一十五爻。其中巽九五爻，吉字兩見，未濟六五爻中，吉字亦兩見。

爻辭言凶者，凡五十一爻，復上六爻中「凶」字凡兩見，恆六五爻中，吉凶二字同出。

卦辭言吉者二十二卦，以時義言（卦所處之時際）則比、泰、大畜、頤、咸、解、升、中孚、既濟等九卦爲佳，而解卦辭中「吉」字凡兩見，《解》主和緩，天人均有和諧之義也。爻辭言「吉」者一一六卦中，以比（初六、六二、六四、九五、四爻皆吉），履（九二、九四、上九、三爻皆吉），頤（六四、六五、上九、三爻皆吉），遯（九三、九四、九五，三爻皆吉），晉（初六、六二、六五，上九四爻皆吉），家人（六二、九三、上九、三爻皆吉），豐（六二、九四、六五，三爻皆吉），十一卦「吉爻」有三爻以上，家人五爻至多，（未濟六五爻中有兩吉字）

二爻吉者，有震九二、師九二、比六二、履九二、否六二（小人吉、大人否），謙六二、豫六二、臨九二、復六二、離六二、大壯九二、晉六二、明夷六二、家人六二、解九二、益六二、萃六二、革六二、鼎九二、漸六二、豐六二、巽九二、兌九二、未濟九二，凡二十四爻。

五爻吉者，有坤六五、屯六五、需九五、訟九五、比九五、泰六五、否九五、大有六五、隨九五、臨六五、賁六五、大畜六五、頤六五、離六五、遯九五、晉六五、家人九五、解六五、損六五、益九五、升六五、漸九五、歸妹六五、豐六五、巽九五（出二吉字），節九五、未濟六五（出二吉字）共二十七爻。

綜二，五爻言吉者，得五十一，幾近半數，蓋以得中之故，《易》尚中道，儒學亦以中爲天下之大本，其重視中道可知。

爻辭言凶者

三爻之凶

師六三、履六三、頤六三、大過九三、離九三、益六三、夬九三、困六三、革九三、漸九三、兌

六三、小過九三、未濟六三，凡十三爻，以「三多凶」〈繫辭傳〉。

四爻之凶

隨九四、姤九四、鼎九四、止三爻，以四多懼（繫傳）近君位之故。

上爻凶者

大過上六、坎上六、恆上六、益上九、夬上六、革上六、震上六、豐上六、旅上九、巽上九、節上六、中孚上九、小過上六，凡十三爻。

綜三爻、四爻、上爻三類之言凶共二十九爻，而上爻居多者，處高亢之地，窮極則反之也。

吉凶二字同見一爻者，如恆六五、遯九四、革上六，用舍行藏操之在我，吉凶在己不在他人，其義至重不可不知也。

㈢悔吝

悔吝次於吉凶，吉凶者，失得至著之象，悔吝，則失得之微細者，爲纖介之小疵，故《繫傳》曰「憂悔吝者存乎介」《繫傳上第二章》曰「悔吝者憂虞之象也」。《正義》「悔吝者其事已過，有追悔之意也，吝者當事之時，可輕鄙恥故云吝也」《說文十下》心部「悔，恨也」《說文二上》口部「吝，恨惜也」。悔，惜往事而有慊於心者，吝即今之吝嗇，慳吝，《易》言悔吝者多矣，而以同人卦六二「同人于宗，吝」。

同人上九「同人于郊，无悔」，二爻說悔吝之義，至爲明白，何則？與人和同，謂之同人，同人于宗（宗族）其範圍至爲狹小，故是吝；同人于郊，視野廣遠，心量宏大，自无悔恨「悔吝者憂慮之象」。知所憂慮，居安思危，漸入於吉矣。

㈣厲

《說文九下》厂部作「厲，旱石也」。段注「危也見《大雅民勞傳》虞注《周易》」（按訟六三「貞厲」虞注「正危」。凡經傳中訓爲惡，病者，皆厲之假借也）。今《易》中厲字多訓危，嚴。如訟六三「貞厲」危也，小畜上九「貞厲」危也，蠱初六「厲終吉」危也，頤上九「厲吉」嚴厲也，遯九三「疾厲」。疾病義，革九三「貞厲」危也，餘多略。

㈤孚

《易》中孚字多訓誠信，已見第二節。

㈥天咎

天咎，非凶辭，《上繫第三章》「天咎者善補過也」。又曰「震天咎者存乎悔」言動而天咎，在能自悔過。《正義》「稱无咎者，即此卦爻能補其過，若不能補其過，則有咎也」。《易》本爲寡過之書，《論語學而》「過則勿憚改」。《繫下第四章》子曰「顏氏之子其殆庶幾乎？有不善未嘗不知，知之未嘗復行也」。《易》言无咎者至多，而履九四曰「有孚在道以明，何咎？」小畜初九曰「復自道，何其咎？」孚于道，復自道，先民以「道」爲吾人終生嚮往，與歸之信念，從可知矣。

五以經通經

治經以傳通經爲常例，以經通經至上，以本經通本經尤足珍貴。

㈠《坤上六》「龍戰于野，其血玄黃」

坤爲純陰之卦，坤上六，陰長已至乎其極，則陽起而與之爭，故有龍戰之象，按《禮記月令》「仲夏之月，日在東井，昏亢中，旦危中，其日丙丁。……是月也，日長至，陰陽爭，死生分。……」《鄭注》「爭者，陽方盛，陰欲起也，分猶半也」又「仲冬之月，日在斗，昏東壁中，旦軫中，其日壬癸。……是月也，日短至，陰陽爭，諸生蕩。……」《鄭注》「爭者陰方勝，陽欲起也，蕩。謂物動萌芽也」《呂氏春秋》仲夏紀，仲冬紀，與此全同，當是記鈔自《呂氏春秋》也，《易》以龍象乾陽（說文以龍爲神物，能飛騰變化）陽起與陰相爭故戰，按陰陽消息，爲《易》之大經，一部《周易》不過陰陽消息而已，《大戴記本命篇》「陰窮反陽，陽窮反陰」注「夏至陽往陰動；冬至陰消陽息」，《坤文言傳》「陰疑於陽必戰爲其嫌於天陽也，故稱龍焉，猶未離其類也，故稱血焉，夫玄黃者，天地之色也，天玄而地黃」即謂陰盛陽起，而欲與之戰也。

㈡師九二「在師中吉，无咎，王三錫命」

九二與六五應爲師之主，任太役重，有功而返，故王三錫命以優寵之，《周禮春官大宗伯》「壹命受職，再命受福，三命受位」。此三錫之實也。《春秋莊元年》「王使榮叔來錫桓公命」。《詩大雅崧高》「王錫申伯四牡驕驕」。《大雅韓奕》「王錫韓侯，淑旂綏章」皆此類也。

㈢離上九，王用出征，有嘉折首，獲匪其醜，无咎。

有嘉折首，嘉其斬首級也，金文《虢季子白盤》「斬首五百，執訊五十」。《不嬰毀》「女多折首」。自王靜安提出二重證據後，近代以地下文物如金文之證經，訂史多矣，經文「獲匪其醜」，《詩魯頌泮水》「屈此群醜」，《箋》「醜、惡」、其醜，非其類也，非我族類，其行乖異，故征之。」

㈣睽六五「悔亡，厥宗噬膚」

《周禮春官大宗伯》「以飲食之禮親宗族兄弟」，《鄭注》「人君有食宗族飲酒之禮，所以親之也」。《儀禮特性饋食禮》「佐食授舉各一膚」。即「厥宗噬膚」也。《儀禮聘禮》「膚鮮魚鮮腊」《鄭注》「膚，豕肉也」。以上㈢㈣兩條參用屈著《讀易三種，周易集解初稿》。

六、義理探溯

㈠經以小大代稱陰陽

《泰卦辭》「泰，小往大來吉亨」。《否卦辭》「否之匪人，不利君子貞，大往小來」。

凡卦之外曰往，適內曰來，泰乾下坤上，乾陽坤陰，故曰「小往大來」。否反是，故曰「大往小來」。是明以大小代稱陰陽也。大過卦巽下兌上，初、上兩爻爲陰，餘則四陽，陽爻過多，故曰「大過」。小過卦艮下震上，三、四兩爻爲陽，餘則四陰，陰爻過多，故曰「小過」。大壯卦初二，三、四皆陽，五上爲陰，《彖傳》曰「大者壯也」言陽爻壯盛，是則陽大，陰小之義。《易》已明著，今四川、重慶（古巴子國）民間俗呼日爲「大太陽」，月爲二太陽，仍有大小之別，川北儀隴縣，將軍山上有寨門二座，其大者曰「男寨門」，小者曰「女寨門」，男女，亦陰陽之代稱。古語本雅言而保存於方言之中至多。此其一例，後人以十翼昌言陰陽，經文則無，竟謂陰陽之思想晚出，湯恩比，謂中國陰陽文化之根較世界其他文化早熟兩萬多年，確有所見。

(二)天道反復

復卦辭「……反復其道，七日來復」。

「七日來復」者，《困學紀聞卷一》薛氏曰，「《易》以初爻爲七日者，舉前卦而云也」。《仲氏易》「從剝至復，歷剝上爻坤六爻，合爲七日（每爻當一日）」《集解》「復者歸本之名，群陰剝陽，至於幾盡，一陽來下，故曰反復」。《說文二下》彳部「復，往來也，从彳，复聲」《段注》「辵部曰，返還也，還復也，皆訓往而仍來」。反，返同，是反復二字，皆「往而仍來」之意，明天道有反復之大義。以經文本身證之，《泰九三爻》「无平不陂无往不復」。陂、坡、坂，无平不陂，言平陂往復移易，固反復之義，而「无往不復」句，義尤肯定。《蠱彖傳》曰「先甲三日，後甲三日，終則有始，天行也（《易》言天行，即天道）也」按對稱、和諧、穩定、反復（亦可曰循環）生生，爲宇宙至高深之原理，《易》之「七日來復」，言宇宙以七爲周期，量子物理學中，言周期運動，原子序數，亦以七爲周期，行星繞太陽轉，固有其周期性，即太陽中之黑斑（黑子）亦有周期性，（黑子以十一年爲周期一八四三年德國天文學家樹華德「SHOWOBE」）發現由黑子增減及運動方向，知太陽亦在自轉，宇宙之動有其周期性。人事善惡因果之所由來。《周易》洩露宇宙之奧秘，（通神明之德）即此句可見。

(三)《剝上九》「碩果不食」

剝卦坤下艮上，五陰剝蝕一陽，《易》亦以陰喻邪惡污穢；以陽爲光明、正義，上九雖孤陽，而巍然卓立，明陽無絕滅之理，以言正義、正氣之充塞兩間，永不磨滅《大壯彖傳》一言以蔽之，曰「正大而天地之情可見矣」文信國所詠「天地有正氣，雜然賦流形」是也，剝上九之碩果僅存，明正義之永遠存在，其昭垂萬古之意義，何其重大！

(四)大畜上九何天之衢，亨

何，荷也，以本經證之。《噬嗑上九》「何校滅耳，凶」校刑具，刑具在首，故滅其耳，何爲荷字至明，天衢，即天行，猶天道也。《鄭注》「人君在上，負荷天之大道」（《周易鄭氏學》）負荷天道，猶言奉行天道也，天道爲自然之法則，倫理法則（社會規範）循自然法則而釐定，社會有倫理，詎不和諧而穩定，故《易》曰「何天之衢，亨」。

(五)履險若夷

《履卦辭》「履虎尾不咥人，亨」

《履九四爻》「履虎尾，愬愬，終吉」

虎爲猛獸，在人之生命歷程中，平易險惡，唯人所遇耳，當有險惡橫逆之突來，如洪水猛獸在前，不可正面迎迓，宜從旁側背後虛與委蛇（逶，池同）以宛避其鋒鋭，如步隨虎尾，虎自不咥（噬）人，有戒懼之心，不面對險惡之勢，故終獲吉祥，履險若夷，亦處憂患之一方也已。

六用兵置帥

《師卦辭》「師貞丈人吉无咎」。

《王注》「丈人，嚴莊之稱也，爲師之正（長）丈人乃吉也」。是丈人，當指老成持重之人，回觀史乘，趙欲用趙奢（宿將）之子括爲將，括母曰：括年少不更事，輕言兵戎，趙若將之，破趙軍者必括也，若軍敗，母子幸得勿相坐，趙王許諾，趙王果令括將，秦武安居白起引兵迎括，絕趙食，射殺趙括，阬趙卒四十萬人於長平。括以年少浮躁而慘敗，蓋主帥係全軍之生死，不知以「丈人」爲帥之過也。今歐美以文人爲國防部長，深悉置帥之不易，從知《師卦》「丈人吉」之語，意念深矣。（事見史記趙世家及白起列傳）

七感應與感通

《中孚九二》「鳴鶴在陰其子和之，我有好爵，吾與爾靡之」

《王注》「立誠篤至，雖在闇昧，物亦應焉」。《正義》「處於幽昧而行不失信，爲同類之所應焉」。《王注》《正義》皆以爲感應。

又《咸九四》「憧憧往來，朋從爾思」。

《王注》「處上卦之初，應下卦之始，二體始相交感以通其志心神始感者也，故有憧憧（虞翻，懷思慮也）往來，然後朋從爾思也」。九四言「憧憧往來」是感，「朋從爾思」是應，皆言感應，感應原理，具於咸卦，艮下兌上，山澤之氣相通，二氣感應以相與，《彖傳》申之曰「天地感而萬物化生，聖人感人心而天下和平，觀其所感而天地萬物之情可見矣」。明感應乃宇宙普遍之眞理，天人咸具，孔子釋中孚九二鳴鶴二句，曰「言行君子之樞機，樞機之發，榮辱之主也，言行，君子之所以動天地也，可不愼乎」。（繫上第六章）《繫上》第九曰「易，无思也，无爲也，寂然不動，感而遂疋天下之故，非天下之至神，其孰能與於此」。《繫下第三章》孔子釋《咸九四爻》憧憧二句曰「日往則月來，月往則日來，日月相推而明生焉，寒往則暑來，暑往則寒來，寒暑相推而歲成焉，往者屈也，來者信（伸）也，屈信相感而利生焉（《正義》曰，「往是去藏故爲屈，來是施用，故爲信也，一屈一信，遞相感動而利生，上云明生、歲成，是利生也）尺蠖之屈以求信也，龍蛇之蟄以存身也（釋屈信）」。據《繫傳》，即謂日月往來，寒暑代遷，皆自然之感應，天道本自如此。

此一靈敏之感應力，近代名之曰「超心理學」方熱烈研求中，於十九世紀中葉，德國醫師麥斯磨（F. A. MERMEN）發覺人體中有磁性，建立動物磁性說。一九二八年，美國杜克大學萊恩博士（J. B. RHIME）成立超心理學研究所，發現植物不僅有生命力，且有感情，認爲宇宙萬物，尤其人更具有高度潛在能力。於一九三四年發表「超感覺的知覺」，簡稱ESP。通稱「超心理學」，世界各地均肯定此說爲一新學術。蘇聯探討此學較美國早十五年，目前有三十二所大學從事於此。一九七八年美國統計資料，全球有美、英、法、德、日本等三十五所大學研究所開設此門課程，亞洲，日本最先推展此學。

披覽史乘《後漢書卷六九，列傳第二九周磐傳》載：「磐同郡蔡順以至孝稱，少孤養母，嘗出求薪，有客卒至，母望順不還，乃噬其指，順即心動，棄薪馳歸，跪問其故，母曰：有急客來，吾噬指以悟汝耳……」餘多不悉舉。按宇內有感應力《中庸第二四章》言之至明，曰「至誠之道，可以前知……見乎蓍龜，動乎四體（人與人之感應）善，必先知之，不善，必先知之，故至誠如神」。其原理在人心體，是否清明而已。《禮記孔子閒居》孔子曰「清明在躬，氣志如神，耆欲將至，有開必先（先有徵兆）天降時雨，山川出雲」。心體清明方能感應，與《繫傳》「無思無慮感而遂通天下之故」相發明，在宇內，人與人、人與物、人與天地鬼神，皆有感通之理。《易》於咸，中孚二卦特發此理爲宇宙間之眞理，近日科學家正鉤取宇宙內「反物質」之存在，足見《易》理之深遠，永元取之不盡也。

七、結　語

明末大儒顧亭林先生嘗言「君子之爲學也，非利己而已也，有明道淑人之心，有撥亂反正之事，知天下何以流極而至於此，則思起而有以救之」。（《亭林餘集與潘次耕札》一七三頁）凡我知識份子應三復斯言，信守《周易》之道，以待後之學者，吾非斯人之徒與而誰與？孔子淑世之精神，孰可比擬？《易》爲衰世之學，憂患之書，學而不能振衰起敝，不足以謂之學術，本文第二節，從經文中明示有某一勝義足以發人深省者提出供人錄用，第三節由史料分析、證知《周易》確成書於西周初年，並探尋由天帝觀念衍進而爲天命、天道等思想之雛型。第四節由經文特立「元亨利貞吉凶悔吝厲孚无咎」十二字之宏綱，知《周易》雖無達占，確有苦心孤詣之處，可以玩索也。第五節以他經通《易》，庶收相互發明，相得益彰之效。第六節專繹其義理。考古代以大小名陰陽，知陰陽思想，夙已有之。而天道反復，誠爲《易》之大義，先聖以「道」總攝一切學術，作爲聖哲終生嚮往之信念，故曰「士志於道而恥惡衣惡食者，未足與議也」（《論語里仁》）又曰「志於道，據於德」（述而篇）又曰「朝聞道，夕死可矣」，（里仁）聖人求道之殷切如此，天道終而復始，日往月來，寒暑迭更，此天道之大者。《大畜上九》明言「何天之衢，亨」天衢即天道，獎勸之意深矣！咸，中孚二卦之言感應爲宇宙天人共通之原理。即科學言，此爲電磁效應，凡人與人（直系血親尤著），人與物，人與天地鬼神，皆能感應，於惻隱之心（孟子公孫丑上），恫瘝乃身（如病痛在汝身），（《書康誥》），洞見其生命情懷，宇宙本爲一大生命，凡我血氣之倫，莫不休戚相關，禍福與共。此則憂患意識之大者。足見感應感通爲《易》理之大端，近世各國莫不殫瘁心力於此學。《易》道廣大無不賅備，其啓迪後世，取之不盡，用之不竭，可謂霑溉無窮，《易》之義理，漪與盛矣。

當前易學界所應負之使命

——中華民國易經學會會員大會講詞

一、透視所處時代

周易最重時位，有三十二卦著明時義，隨卦首揭「隨時」的意義：「大亨貞无咎而天下隨時，隨時之義大矣哉！」①現在是一個技術時代，重視經濟導向，一般社會現象因此重利輕義，重利害關係而輕是非觀念。科技時代，倘使社會加速變遷，也倘使人性變了型。由是，世界先進國家，都感到了重重的危機，由於科技發展快速，產生了反作用，器用層次提高，使人性的光輝日益沒落，帶來的社會問題太多，先從思想方面談起：

1. 新舊思想的衝突

新舊思想發生衝突，五四運動，是一個導火線。當民國八年五月四日上午十點，北平各校代表在法專開會，公推北大代表傅斯年爲主席，報告開會經過及巴黎和會情形。下午在天安門遊行示威，要求收回青島、山東權益，遊行只三千多人。五四是一個純正的學生愛國運動，當時名之曰「五四學生運動」，或「五四愛國運動」。以後才簡稱爲「五四運動」。後來被一些有心人士所利用、假借，才變了質。用心最歹的是共產黨，他們說是「社會主義革命運動」，而假借最厲害的，是一批所謂文化人，他們說是「新文化運動。」不知新文化運動，開始在民國六年一月，胡適提出「文學改良芻議」及陳獨秀的「文學革命論」。他們說「文言是半死的文字，白話文才是活文字」，另外一種理論是「民主、科學與孔子」。專攻擊儒家思想，主張打倒孔家店的是陳獨秀②。他們高唱德先生、賽先生，認爲要實行民主科學，就非打倒孔子思想，破除宗教迷言，反對倫常、禮法、孝道、貞操，非古疑古，說夏禹是爬蟲，墨子是阿拉伯人。我們知道孔子早已是中華民族傳統文化思想的代表，要打倒孔家店，即是消滅中華民國整個傳統文化。先總統將公痛切地指陳：「研究西方文化的學者，不能不承認西方民主科學之發達，乃是由於西方基本教育與傳統文化③，爲其唯一之基礎，我們的新文化人，要倣效西方民主科學的發達，要求國家進步，而對於本國自己的文化精神和傳統的哲學卻棄之如敝履，豈非緣木求魚④？所以今日共匪竊據大陸，國家受到無窮恥辱；人民受到空前浩劫，我以爲原因就在於此⑤。」歸結來說：五四的起因是北京大學生抗議政府對日本的屈辱政策，宗旨「內除國賊，外抗強權」是純正的，無如爲野心人士所假借、利用，有時過於衝動，其間帶給中國世道人心破壞力最大的，是倫理道德觀念的破產，幾十年來，過於重視以民主科學爲號召的利己功利思想，忽視倫理道德的價值，確是我們應該深切省思。

2. 東西文化之激盪

東西方文化背景不同，思想旨趣有異，爲自然之勢，西方重視外在現象的認識；中國重在實際人生的指導。西方以物爲本位；中國則以人爲本位，西方側重行爲的功效；中國特重道德的實踐與善性的發揚。近百年來，世界各國都受到西方文化的影響。西方文化使人類在物質文明上獲得空前的成就，確是一大貢獻，但在今日高度物質享受的今日，人人過分追求物欲、自由、民主變成了自我主義，「存在價値」，化成仇恨鬥爭，輕視禮教，蔑棄道德，暴戾肆行，人類前途，危機四伏。本世紀三十年代來，西方思想，已爲中國知識分子所普遍接受，新舊思想交替，保守、激進雙方對立，五四以後激進份子氣勢高揚，就科技言，我國當急起直追，至於民主的提倡，目的在於革新固有政治、經濟各種制度，但由於求變心切，過分偏激，遂將舊制中一切缺點歸咎於孔子，大呼打倒孔家店，顯失事理之平。

3.民族自信心沒落

由於新舊思想的衝突，東西文化之激盪，加上近百年來外交上節節失敗，如北京條約、馬關條約的訂立等，加以西方科技的優勢，政府自大陸的播遷，積壓已久，民族自信心的沒落，亦係自然之事。

4.西方實用主義高張，科技第一呼聲

西方文化以物爲本位，唯科學主義的興起，自與實用主義不謀而合，相得益章，利己功利思想籠罩了整個西方，自然也影響了我們。科學是對自然界作純客觀的了解，科技是把自然界當作資源而加以利用。科學與科技空前的成就在各方面創造了奇跡，對人類的整體發展，對我們的物質享受與福利，使我們對周遭的事物，能徹底的了解，這一切一直有著巨大無比的貢獻，是誰也無法否認的事實。二十

世紀是科學的世紀，全世界爭先發展科技，我們國家爲了繁榮經濟使民生富庶，爲了鞏固國防，加強國防工業，不僅需要科技，更要尖端科技。

5. **現代化之追求**

我們吸取西方文化的新質素，科學與科技，乃是一個現代國家普遍的需求，在現代化聲中，要快速趕上西方水準。由於並世各國對於知識與科技的追求，呈現空前白熱化的競爭，誰擁有知識與科技，便操有國力勝算的優勢，自從民國六十七年政院召開第一次全國科技會議，訂定科技發展方案之後，十餘年來，對產業結構的改變，國防武器的更新，提供不可磨滅的貢獻。七十五年七月十四日國防部副參謀總長葉昌桐上將在國建會報告，西太平洋⑥間的廣大海域活動，都已在中華民國嚴密的監控之中，防止蘇俄、中共突擊，而達先知、先制目的。今年正月內我正式宣布的自製經國號戰機IDF，其電子設備，火力效能，在世界上是第一流的，機上雷達⑦，有最高的敏感度，在敵人的雷達尚未觸及其本身之前，敵人目標，早已顯現在它的雷達幕上，談火力，現在我方的天劍一、二型空對空飛彈，決不弱於美製的新型「響尾蛇」和「麻雀」飛彈，有的地方，甚至有過之而無不及。IDF已經接近隱形機了，據果芸將軍⑧說IDF比美國的F—十六好，升空攔截速度，也比F—十六A型爲快。在交手時，IDF只要一個急轉彎，就可以使敵機摸不清方向⑨。以上是現代化追求的事實，中外皆然。但過分追求現代化，而忽略了它的負面作用，當知現代化亦有其現代化之病。

6. **現代化之病**

現代化需要科技，然而德國思想界猛烈攻擊科技，說科技不但將自然界化爲利用與控制的對象，同時也使佔用並操縱科技的少數人，把絕大多數人也當作了利用與控制的對象。我政務委員李國鼎先生說：「科技的發展，造成社會急劇的進步，但也帶來了人際關係淡薄，社會道德低落，社會發展出現了負面作用⑩。」俞院長在立院答詢時說：「社會在轉型期中，物慾的追求，常常會導致道德觀念模糊，倫理觀念淡薄，以致影響到社會的安定與和諧⑪。」因此現在高唱現代化的國家，已不談現代化，而談現代病（Modern Decadence）。在西方唯科學主義的現代化運動，走到了二十世紀，不僅使人類並不快樂，反而使全世界人類生活在空虛、恐懼戰慄之中。現代病，內在的表現，是「現代心理」造成人的病；外在的表現，是由現代化環境所造成的社會病，內外都有病，最嚴重的危機，即在偪使人性變了型！因重利而輕義造成的社會加速變遷，已無人敢就生命的整體來探討人生，在此混亂的時期裡，人們幾乎飄浮在世界末日的陰霾迷霧裡，什麼也看不見，能看到的只是核子大戰陰影，達爾文主義的陰影，軍備競賽，能源危機，環境污染，生態破壞，劫機搶掠，殺人縱火。人類在地球上生存活動的空間，愈來愈局促、狹小，我們還能談什麼？現代化病情之嚴重有如此，我們如何面對呢？易學界此際應當勇於負責。

二、承擔正統精神

1. 何謂正統精神

國父孫先生曾說：「中國有一個道統，堯、舜、禹、湯、文、武、周公、孔子，相繼不絕。我的思想基礎，就是這個道統，我的革命，就是繼承這個正統思想來發揚光大⑬。」這是我們中華民族歷代祖宗遺傳下來的正統精神，也就是我們的立國精神。故總統將經國先生也曾殷切指示：「我們可以利用的天然資源是有限的，但我們的精神資源是無窮的。這種無窮的精神支援，正是保證我們今後勝利成功的關鍵。」經國先生所指的「精神資源」，就是前面所說的正統精神，也是我們民族精神、人文精神。但我們先要認清下面幾個觀念，即傳統、治統、法統、道統等。

2.傳統

傳統，是一個充滿了歷史感的名詞，是某些群體在一定的生活空間中，在長遠的時間裡，所凝聚、積累而成的文化典型。它的特點是積漸的，不停地，而且非常緩和的演進。所以它是最穩固，而具有權威性；而現代呢？當然是繼續傳統而來的。後代子孫，即此最高價值世代保守而無法脫離，此即歷史精神。我國的文化傳統，以人文為中心，具有道德上、精神上的特徵，發自「尊天敬祖」、「民胞物與」之基本觀念，將垂之永遠而千古不易。我國文化即因此特徵而具有無限的生命活力。證之客觀，法人戴維治就對國人說：「他印象最深的，是中華民國在從事現代化的過程中，仍努力維護中華傳統文化，成就可觀。」又說：「每一個國家，都有獨特的文化傳統，以貴國為例，儒家思想，可以說是最重要的根源。而此一哲學的源遠流長，更是中華民國在穩定中成長發展的文化基礎⑮。」我們聽了外人這段話，既興奮，也深自慚怍，外人尚知傳統文化的可貴，而部分青年子弟，反而漠視我們的寶貴的文化遺產，眞令人心寒。七十五年七月二十四日國建會「社會文化組」建言第一條：發揚傳統文化，融入現代社會，將四維八德、四書五經融入各級教育之中，並編著「人文科學」用書。這是一項非常具有建設性的提議。

3.治統法統與道統

道統觀念，源於孟子，孟子說：「由堯舜至於湯，五百有餘歲，若禹皐陶，則見而知之，若湯則聞而知之，由湯至於文王，五百有餘歲，若伊尹萊朱，則見而知之，若文王則聞而知之；由文王至於孔子，五百有餘歲，若太公望、散宜生，則見而知之，若孔子則聞而知之，由孔子而來至於今，百有餘歲，去聖人之世，若果其未遠也；近聖人之居，若此其甚也然而無有乎爾，則亦無有乎爾⑯。」孟子又言：「當今之世，舍我其誰也？⑰」又曰：「我亦欲正人心，息邪說，放淫辭，距詖行，以承三聖者⑱。」孟子挺身衛道，直承三聖，統系儼然。韓愈重申此旨曰：「斯吾所謂道也。堯以是傳之舜，舜以是傳之禹，禹以是傳之湯，湯以是傳之文武周公，文武周公傳之孔子，孔子傳之孟軻，軻之死不得其傳焉⑲。」並謂孟子以後失其傳，以上孟子首倡傳授之意，自負其責，韓愈首提「道」字，並云自孟子失傳，而以復興儒道爲己任。後來朱子謂：「河南程氏兩夫子出，而有以接夫孟氏之傳……雖以熹之不敏，亦幸私淑而與有聞焉⑳。」又曰：「嘗謂聖賢道統之傳，散在方冊，聖經之旨不明，而道統之傳始晦㉑。」朱子以後，「道統」之說確立，爲理學家採用「道統」之第一人。道統，即儒家思想之統緒，本質上是歷史的程序，由孔孟周程而至朱子，用現今語意來說，道統，是指我們的祖傳，即古聖先賢所傳下來的一套生存原則。亦即對人處事的態度，立身行己的準則和奮鬥求生的精神。就其爲過去的傳統思想而言，乃是自堯舜禹湯文武周公孔子以來最古舊的思想；就其在現代今後發展中，能適應新精神，作爲文化環境中的有機體而言，可以說是最新的新思想，在中國文化的新開展裡，我們可以得到現代與古代的交流，最新與最舊的統一、整合。因之，傳統乃是過去祖宗留下來的一套思想習慣，拿學術來說，中國學術思想，對於傳授淵流，至爲重視！在學術思想範圍裡，現代絕不能和古代脫節，任何一種現代學術，新的思想，如果和古代完全沒有關係，便有如無源之水，無根之木，絕不能根深柢固，而傳之久遠。我國諾貝爾物理獎得主李政道談：全面反傳統思想的錯誤，他說：「二十世紀通過量了力學，產生今日的物質文明；但是沒有過去的經典力學，就不會有今日的量子力學㉒。」的確如此。一個不明來歷的人，必然令人有些「形跡可疑」之感，一個來歷不明的學術思想，別人會信服嗎？歸結來說：孔子之道，無所往而不當，它是人類所共有的眞理，具有普遍性和永久性，以孔子之道爲中心的「道統」，即是由孔子繼往和開來所形成的道統，自然也是這樣爲人類所共有的眞理了。歷史上自堯舜禹湯至於孔子，是很純粹的儒家思想。至於法統，則是儒家的禮，禮制次第發展而形成的。治統呢？則是由儒家修齊治平之一貫政治哲學，作爲最高的指導原則，三者無一不與儒家思想有關。

4. 反傳統風氣之疏導與澄清

反傳統的風氣，歷代都有，至今日爲烈！其主因是一般人心理作用。常見者爲厭故喜新，向聲背實，貴遠賤近，好奇務高等，尤其一般青年，反傳統的心理、習氣最爲熾烈，要澄清此一不良風氣，必須學術界先進，領導名流，善加疏導，使其了解傳統的歷史精神與時代意義，傳統並非違反時代，認識傳統，乃是開啓時代的先務，以古人的生活經驗和時代教訓，作爲我們的指針，使我們在迎接新時代的來臨，不致茫然失措，而能應付自如，千萬不要爲「代溝」一詞所迷惑，甚至爲其所愚弄，就會收到良好效果了。

三、導正學術文化

1. 邪說暴行熾烈

人的行爲，發自個己的思想，而學術則是導正思想之思想，目前邪說暴行交熾，我們探其基因，孟子曰：「世衰道微，邪說暴行有作，臣弒其君者有之，子弒其父者有之㉓。」學術式微，思想紛歧，邪說暴行自然隨之橫決。今天我們處在二十世紀和新時代過渡的時期，實際上就像世界末日已經降臨了，主因是由於西方唯物主義的遺毒所致，唯物主義把感覺的物體當作眞實，把人類的心靈，當作一束神經系，他們否認宇宙中有所謂崇尚的心智，而鼓吹思想的放任，甚至於瘋狂，若干邪說由此而產生，有邪說就有暴行，恐怖活動，無地不有，無時不發生。試看七十五年五月五日，七國經濟高峯會議在東京舉行，會中決定，聯合國對抗國際恐怖活動，並指明利比亞爲支持恐怖活動的首惡，前一年美國聯邦調查局指出國際恐怖活動組織，有五十餘個之多，劫機、爆炸事件，層出不窮，這些暴行，都是邪說所引起，人類應當痛定思痛，力謀解決之道。

2. 中華易學之價值

中華易學，是我國傳統文化的主導，一切學術思想的源泉，歷史演變的律則，宇宙運行的往復不已，這些重要的原理，在周易裡，都有極清楚的交代。易乾文言釋上九亢龍有悔云：「亢之爲言也，知進而不知退，知存而不知亡，知得而不知喪，知進退存亡而不知其正者，其唯聖人乎。」聖人，就是本段前文所說：「夫大人者與天地合其德……」的大人。「進退、存亡、得喪」，人事方面的法則，不外乎是。繫傳說：「易窮則變，變則通，通則久㉔。」「窮變通久」之律則，天道人事，足以賅括而無餘，故曰：「範圍天地之化而不過，曲成萬物而不遺㉕。」其價值之大可知。

3. 中華易學在學術上之地位

中國經學爲義理之總匯，而周易又爲群經之首腦，其地位已可見。再深究學術原理，從學術發展的歷史及其本來之趨勢，即可發現其主流。中國學術有一最高之原理，即是易理。因爲易是準天地而作的㉖，係以天地自然之法象爲準則，法象莫大乎天地㉗，故周易足以統攝天地之道，範圍天地之化。今略舉其精義四點如次：

(1)生命力

生命力，又曰生命活力。宇宙是時空的綜合體，有無量數生命個體在其中活動，並且有一種生命活力，無形中在鼓舞著他們，讓他們不得不活躍而欣欣向榮。莊子於此名之曰「機緘」，故謂：「天其運乎，地其處乎，日月其爭於所乎，孰主張是？孰綱維是？孰居無事而推行是？意者其有機緘而不得已邪！意者其運轉而不能自止邪㉘！」故易曰：「天地之大德曰生㉙。」是說天地之大德（功能，能量），在使萬物滋生、成長，又曰：「生生之謂易㉚。」易經的原理，就是天地萬物陰陽消長生生不息不已，因爲它生生不息，才會富有日新㉛，其原動力即陰陽二力，故曰：「一陰一陽之謂道㉜。」一陰一陽爲宇宙中之兩大動力，一陰一陽的變化無端，運行不息，相反而相生，陽施陰成，此即是「道」。也由於陰陽的開合變化，遂使宇宙充滿了生命的活力。

(2)創造力

創造力，爲宇宙萬有之本源，乾象傳曰：「大哉乾元，萬物資始。」名曰「乾元」，即天地之元氣，它是創生天地萬物原理。它代表奮發有爲，堅毅卓絕的陽剛之美，西方名之曰以太（Ether），宇宙的生元、能源，其創造力，是無物堪與倫比的。

(3)列人於三才之中

傳曰：「易之爲書也，廣大悉備，有天道焉，有人道焉，有地道焉，兼三才而兩之故六；六者非他也，三才之道也㉝。」三畫卦、六畫卦，均象天地人三才，人列於天地之中，戴天而履地，說明人爲宇宙的中心，表示人性的尊嚴，更提高了人的地位，中華文化以「人」爲本位（遠優於西方物本位的文化），一切學術思想，基於人道而產生，環繞著人而發展，這不是學術的最高原理嗎？

(4)揭示天地之心

復卦彖傳：「復其見天地之心乎！」剝極而一陽來復，一陽復反，足見天地生物之心，古人所謂數點梅花天地心是也。記又曰：「人者，天地之心也㉞。」足見天人之際，以人爲主，天心至仁，「仁，人心也㉟。」天人合一之理，亦具於易矣。張橫渠謂「爲天地立心，爲生民立命㊱。」有天地之心，才有生民之命。人心即天心（仁者）宋明理學家以「仁」當天地之心，至確。

4. 領導學術之學術

易經爲一切學術之總原理，前條已經詳述，易學當然是領導學術之學術，是絕對正確的。學術發展須有正確之方向，不可稍有偏差，不可敗壞，清人朱一新說：「有學問，有學術，學問之壞，不過弇陋（淺薄）而已，於人無與也！學術之壞，小者貽誤後生；大者禍及天下㊲。」這幾句話非常重要，我若要學術不壞，就得有一個正統的學術，作爲一切學術領導中心，這就只有靠易學了。也許有人會笑，正是老子所謂「下士聞道大笑之；不笑不足以爲道㊳。」要知道知識、學問，多是記問之學，無關大體，而學術要是敗壞，就會誤盡蒼生，禍及天下萬世。國家發展學術，必須有一個正確的方向，中華易學，爲一切學術的主導、動力，據以領導其他學術之發展，主題正確，不令其他學術之發展，發生偏差，又當知易學，是人本思想的創始者，學術思想是因人而產生，其發展自不能違反人類生存之原則。國家發展學術，要保持平衡、均衡，避免過分偏重的現象，如果有了畸形現象，要立刻予以調整，方不致產生偏失之弊。

5. 正人心息邪說

世界混濁，由於人心太壞，人心之壞，由於邪說的誘惑、蒙蔽、蔓延與廣被，其爲禍之烈，甚於洪水猛獸千百萬倍。日本著名儒學家安岡正篤說：「人類在現世界中，從根本上培養個人的人格，至爲重要，在此急務之前，非先排除異端邪說不爲功。」左傳載：「正德利用厚生㊴。」現在科技的偏向發展，只顧到利用，而正德厚生呢，唯有正人心，才能正德，也才能厚生，正德厚生，才是易學的主旨，易學揭示天地之心，是天地生物之心，即是天地的「仁愛」之心，以天地之心爲心的易學思想，正是當前這個世界最需要的，也是對世道人心最有貢獻的學理。據七十五年五月二十日路透社紐約電：伊朗駐聯合國大使柯拉沙尼偷竊亞力山大百貨公司一件雨衣被捕，因豁免權未予追究。無廉恥，無道德，至於此極，令人浩歎！

四、重建倫理道德

倫理道德，是一個人作人的基本條件，沒有倫理觀念就會使社會上獸性多於人性，就會見利忘義，喪盡天良，一旦私慾當頭，就會爲目的而不擇手段了。如美國海軍人員波接德因爲出售機密給以色列，被判處無期徒刑，又在莫斯科大使館警衛的海軍陸戰隊員讓蘇俄國家安全委員的特務進入使館的事，有記者以此問及雷根，雷根說：「他懷疑美國因爲沒有建立注重道德價值和是非之辨的教育制度，而自食惡果㊵。」的確，美國沒有在學校中進行道德教育，可能是美國國民替外國作間諜的事件層出不窮的主因。我政府早有鑑於此，在政院院會中決定：飭令文建會立即規畫，建立國人新的人生觀與價值體系，重振倫理道德，以導正社會風氣㊶。因此國人要努力的是：

1. 恢復民族自信心

中華民族是經得起打擊、考驗，在大風大浪的歷史洪流中，歷五千年仍卓立不拔，我們可以自信的。三年前數學大師陳省身博士在台北告訴中國人：「二十一世紀，中國第一流的數學家，將多得不得了。中國人在廿一世紀數學界，將成爲世界領袖，擋都擋不住。」他告訴成功的年青人：「要用功，比別人花更多時間，不只是數學，任何活動，要出人頭地，一定要比別人特別用功㊷！」再看外人的看法，美國亞洲協會主席奧森南（Oxnam）說：「中國人對美國所作的貢獻，是一件極重要的事情，美國的活力、動力，以及西部的成長，都靠他們的勞力。」「孔子所提倡的『謙遜』，是最重要的亞洲文化，那些價值觀中最明顯的是：重視教育，熱愛家庭，嚴守紀律，強烈的工作道德以及時間觀念㊸。」這些出自外人內心的眞話，更足以加強我們的民族自信心。

2. 周易倫理思想之肯定

中國學術，不外自然法則、倫理法則兩大類。一是天道，一爲人倫。今就周易歸妹、家人兩卦以探取周易之倫理法則。歸妹卦：「歸妹，天地之大義也。天地不交而萬物不興；歸妹，人之終始也㊹。」家人卦：「家人，女正位乎內，男正位乎外，男女正，天地之大義也。家人有嚴君焉，父母之謂也。父父、子子、兄兄、弟弟、夫夫、婦婦而家道正，正家而天下定矣㊺。」按男婚女嫁，父子相承，爲天地之大義，有天地然後有萬物，有萬物然後有男女，有男女然後有夫婦、父子、兄弟、朋友、君臣，而後禮義有所據㊻。自歸妹言，男婚女嫁，爲人倫之始基，詩詠關雎，禮重親迎是，人類歷史的延續，宇宙生命亦隨之而永久伸展，故曰：「天地之大義」。至於家人卦，離下巽上，九五下應六二，故曰：「男正位乎外，女正位乎內。」男女正則家和，父子兄弟夫婦各司其職，則家正，「正家而天下定」，倫理由家庭普及於天下，其效果之大如何？人文之化成，固可企而待。要之，倫理是表現在日常生活中，人與人之間當然的道理。道德是日常生活中爲大衆所樂意接受的行爲。倫理道德，的確是維繫人心的和悅，安定社會秩序的重心，無疑。

3. 易學界的歷史使命與社會責任

前教育部長李煥在一項國際學術討論會中致詞：「儒家思想，是傳統東方文化珍貴的遺產，對東亞國家的現代化，不僅發生推動的力量，更發揮了維護社會倫理秩序的功能。」他告訴與會的中外學者：「當共產主義仍未放棄對人類的威脅時，儒家思想是否將成爲未來世界人類追求自由、民主、正義的指引力量，深切地值得大家去研究。」要解除共產極權的威脅，要爭取自由民主，也要靠儒家思想的指引。俞院長有次在立院就教育文化提出報告指出；「在今天這個轉型社會階段，功利觀念的衝擊，已經導致我們傳統文化，善良風俗被忽視、遺失，我們的任務（以知識分子爲主），就是要在工業社會中，拾回我們的傳統倫理文化㊻。」從上面引述，我們要撥亂反正，以避免人心陷溺益深，就要重建倫理思想，因爲人文精神的淪喪，精神生活空虛、功利、共產思想才乘虛而入，引起動亂，因此倫理思想的重建，更顯其需要性，這是易學界的歷史使命與社會責任。

4. 結　語

維護人類安定秩序，端賴儒家思想的復興，日本議員奧野誠亮（前文部大臣）說：「只有復興中國的儒家思想，才能澄清混沌污濁的國際環境，撥亂反正，伸張正義，開發人類的光明前途㊾。」故總統經國先生莊嚴宣告：「在文化教育上，以培養民族意識爲基礎，弘揚傳統倫理道德，使中華文化萬古常新㊿。」我們重建倫理思想，即是復興中華文化，復興中華民族，此是一種民族自覺、自強的一種長期而普遍的運動。中華易學講天人合一，講性命本原，是人性深度的反省，教人認知人性，實踐眞善美的生活價值，如何使中華易學現代化、世界化，才是維護社會秩序，促進人類團結和諧的唯一途徑。凡我易學界同仁，當認清現在是一個非常的時代，人心陷溺，物慾橫流，邪說暴行，日盛一日，我們要承擔正統精神，用我們的正統學術中華易學，以導正其他學術思想，令其向正途去發展，重建傳統的倫理思想，以達成我們的歷史使命。我們的社會正面臨轉型的關鍵時刻，未來國家發展，當於現在確定方向，在科技進步、經濟繁榮的社會裡，人文精神，對人類發展的影響力，至爲重大！中國歷經戰亂，飽嘗憂患，又在共產極權嚴重威脅之下，應積極展開以現代文化爲目標，重建倫理思想，接合傳統文化與現代思潮，建設中華民國成爲一個富強康樂自立自主的現代化新中國，這是易學界的歷史使命與社會責任，本人願追隨大家免力以赴。

【附註】

① 見周易隨卦彖傳，解釋經文的傳。
② 陳獨秀是北大文學院院長，主編新青年。
③ 指西方的宗教信仰。
④ 「緣木求魚」，見孟子梁惠王上，齊桓晉文章，言事之必不可得者。
⑤ 民國四十四年在「解決共產思想與方法的根本問題」訓詞中提到五四運動，有此痛切的指陳。
⑥ 西太平洋，北起海參威，南訖東京灣間。
⑦ 由中美專家共同設計，而由台灣航發中心製造的雷達有最高的敏感度和精確度。
⑧ 果芸將軍為國防部採購組長。
⑨ 見中央日報七十八年元月四日「華府耳語」專欄載。
⑩ 七十五年元月二十八日李國鼎先生在全國科技會議「學術研究組」指出。
⑪ 七十六年三月二十七日俞院長在答覆質詢時指出。
⑫ 達爾文主義是物競天擇，優勝劣敗，適者生存，最後就是弱肉強食，人為多俎，我為魚肉。
⑬ 民國十年十二月二十三日國父對第三國際代表馬林（Maring）所講，見載季陶所撰「孫文主義之哲學基礎」，又見「總理遺教」第六講。
⑭ 七十五年四月九日經國先生在中常會講詞。
⑮ 法人戴維治奉派台北「法國文化科技中心」主任達七年之久，於七十五年八月二十日離台北返法時對記者說。

⑯ 見孟子盡心下，即孟子末篇，爲全書之序。
⑰ 見公孫丑下，充虞路問章。
⑱ 見孟子滕文公下。三聖，指禹、周公、孔子。
⑲ 韓昌黎集原道篇。
⑳ 見朱子大學章句序。
㉑ 見宋史朱熹本傳。
㉒ 見李政道對大陸「河殤」一片的感言。
㉓ 孟子滕文公下。
㉔ 周易繫辭傳下第二章。
㉕ 周易繫辭傳上第四章。
㉖ 周易繫辭傳上第三章曰「易與天地準，故能彌綸天地之道。」
㉗ 周易繫辭傳上第十一章曰「是故法象莫大乎天地。」
㉘ 莊子外篇天運篇。
㉙ 周易繫辭傳下第一章。
㉚ 周易繫辭傳上第五章。
㉛ 繫傳上第五章「富有之謂大業，日新之謂盛德。」

㉜ 繫傳上第五章。
㉝ 繫傳下第十章。
㉞ 禮記禮運篇。
㉟ 孟子告子上，孟子曰「仁，人心也」。
㊱ 宋元學案卷十二「橫渠文集」目。
㊲ 朱一新無邪堂答問語。
㊳ 老子第四十一章，「上士聞道，勤而行之；中士聞道，若存若亡；下士聞道大笑之，不笑不足以爲道。」
㊴ 左傳襄公七年，晉郤缺言於趙宣子曰：「水火金木土穀謂之六府，正德利用厚生，謂之三事。」
㊵ 七十六年四月十日雷根在洛杉磯發表政策性演說之前，答覆記者詢問此事的談話。
㊶ 七十五年七月三十七日院務會議決定。
㊷ 七十六年四月二十一日陳省身博士在台北告訴記者的話。
㊸ 七十六年五月八日亞洲協會主席奧森南在紐約發表一篇亞裔美人成功的故事，「到底如何成功」？文中所述。
㊹ 周易歸妹卦彖傳。
㊺ 周易家人卦彖傳。
㊻ 周易序卦傳第十節語。
㊼ 七十五年八月李煥在圓山大飯店「儒家與現代化」的國際學術討論會上致詞。

⑱七十五年九月二十日俞院長在立法院報告。
⑲七十五年八月二十五日第十三屆中日教師研討會在花蓮舉行時，奧野誠亮致詞。
⑳七十五年四月九日經國先生在三中全會宣告。

另附當前易學界所應負之使命全文提要

本文蘄望易學界同好，認清現在是一個非常的時代，人心陷溺，物慾橫流，利己功利思想瀰漫，以致邪說暴行，日盛一日。新舊思想的衝突，東西文化的激盪，一般人思想行爲，伊誰云從？使國民道德式微，社會秩序紊亂，我們要承擔正統精神，澄清知識界反傳統的愚昧觀念，用我們的正統學術中華易學，以導正其他學術思想，令其向正途發展，重建傳統的倫理思想，在科技進步，經濟繁榮的社會裡，人文精神，對人類發展前途，國家現代化的影響力，至爲重大，全國步伐一致同心一德，建立一個獨立自主的新中國必能如願以償。

讀《象數易學研究第一輯》

一、前　言

拜讀《象數易學第一輯》後，不禁油然興感，值此季世，邪說暴行交織助長，正統學術式微，引致人心陷溺，世風日下之時，山東大學周易研究中心諸先進在劉大鈞教授倡導之下研精覃思昌明《易》學，蓋深知《周易》爲領導一切知識、學問之學術，國於天地必有與立。我中華民族之所以經歷數千年興亡喪亂而能巍然卓立者在此。諸先進群策協力宣導《易》學，一本士君子立己立人之學術良知孜孜不息以達致「淑世明道」之宗旨，個人實衷心欽服之至！

近閱前美國國家安全顧問布諾欽斯基（波蘭人）新著《失控21世紀前夜的全球騷動》一書，他籲人們在冷戰結束後保持冷靜。指出本世紀核武器正在全球穩定擴散，各種宗教、種族和文明之間的傳統仇恨正在蔓延，窮國、富國之間的鴻溝在加深，而一些發展中的國家，快速的工業化，正在種下新的衝突的種子，比將要結束的悲劇世紀中的一切戰爭和罪惡更爲血腥，他在此書中對德國、日本和中國多所描述，並相信這三個國家將來最有可能是成爲美國的有力對手。布氏關懷世局、人類直是恫瘝在躬，悲閔情懷溢于言表。因之我們如何迎接21世紀的挑戰，如何令我們這個具有悠久傳統歷史文化的中華民族卓立於世界民族之林，如何培育21世紀的新一代，是每一個炎黃子孫，特別是《易》學界同仁責無旁貸的任務，此亦是對《易》學未來的應有關懷。我常想：綜核人類思想文化尚未見有某一學術於宇宙、人生含無既善意之關注者，而《周易》則實有之，以能開發中華民族剛健中正之精神，兼孕含弘載物之器量，完成士人繼往開來扶植社會之使命。常念一切學問基於人道而產生，亦緣人道而發展，此所以《易》學安居中華文化主導之地位，有導正人類思想行為向正途發展之取向，永為人類開拓悠久無疆之休祐，舍《易》學，其孰能與於此。

二、釋象數

㈠象

《周易繫辭上第六章》

聖人有以見天下之賾而擬諸其形容，象其物宜，是故之象。（上、十二章語同）

是「象」者，以之形容天下隱微難見之理，各如其物宜以告知人也，用卦爻以表示象。〈上繫第二章〉

聖人設卦觀象繫辭焉而明吉凶，剛柔相推而生變化，是故吉凶者，失得之象也，悔吝者，憂虞之象也。變化者，進退之象也，六爻之動三極之道也。是故君子所居而安者，易之序也。所樂而玩者，爻之辭也。是故君子居則觀其象而玩其辭，動則觀其變而玩其占，是以自天祐之吉无不利。

按右段言卦所以表示象，卦爻辭則因卦象而繫屬。觀象之「觀」與〈觀卦彖傳〉「中正以觀天下」句之「觀」同，有表示之義，而吉凶悔吝以表失得，憂虞之象、剛柔（陰陽）即見晝夜之象，均由卦爻得知。即是說吾人觀卦可以知象，玩辭可以明吉凶禍福，又知「象」即在卦爻之中。〈繫傳下第一〉

八卦成列，象在其中矣。八卦以象告（下、九）

作易者，立象以盡意。〈繫傳上、十二〉子曰：

書不盡言，言不盡意，然則聖人之意，其不可見乎？子曰聖人立象以盡易，設卦以盡情僞繫辭焉以盡其言……乾坤成列而易立乎其中矣。

由右知「象」所以盡意，辭又足以盡言，乾坤成列而易道易理即在其中。特舉乾坤者，以乾坤爲《易》之門戶（下、五子曰乾坤其易之門邪。）萬物之大父母、乾坤二卦立，而易道由此而衍進無窮，因爲乾坤易簡之理至大！〈下繫第一〉

夫乾確然示人易矣，夫坤隤然示人簡矣，爻也者，效此者也，象也者象此者也。爻象動乎内，吉凶是乎外……聖人之情見乎辭。

右明言爻效乾坤易簡之德。「象」象乾坤易簡之理，故〈上繫一〉又曰：

乾道成男，坤道成女，乾知大始（萬物資始）坤作成物（萬物資生）。乾以易知，坤以簡能，易則易知，簡則易能……易簡而天下之理得，天下之理得而成位（韓注成位，況立象也）乎其中矣。

右段明易簡而天下之理得，象足以表明天下之理。故曰成位乎其中是「象」藉卦符以呈顯天下事物之理。所謂「以通通神明之德，以類萬物之情」也其用可謂大矣。至於人事之取象《禮記鄉飲酒義》

賓主，象天地也，介僎，象陰陽也，三賓，象三光也。讓之至也，象月之三日而成魄也，四面之坐，象四時也。

由右知人事之興作，皆有所取象。《周易》卦爻之取象於萬有，自亦宜然。六十四卦之大象傳，皆上句取象於天道，下句配之以人事是也。同篇又曰：

鄉飲酒之義，立賓以象天，立主以象地。設介僎以象日月，立三賓以象三光，古之制禮也，經之以天地，紀之以日月，參之以三光，政教之本也。

按易準天地而作（繫傳上、三）易與天地準，故能彌綸天地之道（上繫十一）曰「是故法象莫大乎天地，變通莫大乎四時，縣象著明，莫大乎日月。」故能範圍天地之化，曲成萬物之象。

(二)數

《說文三下攴部》

數，計也，以攴、婁聲。

計算事物多寡，一、二、三、四、五、六、七、八、九、十爲自然之序數，故《漢書律歷志第一上》曰：

數者，一、十、千、萬也，所以算數（上聲）事物，順性命之理也。數，通常用以數事物，曰「順性命之理」，則通乎《易》數矣。

《周易》言數有三目。

㈠天地之數

〈繫傳上第十〉〈上、第八〉

天一，地二，天三，地四，天五，地六，天七，地八，天九，地十。天數五，地數五，五位相得而各有合，天數二十有五，地數三十，凡天地之數，五十有五，此所以成變化而行鬼神也。（右二段，朱子合爲一章，當從）

㈡大衍之數

〈上繫第八〉

大衍之數五十，其用四十有九，分而爲二以象兩……，引而申之觸類而長之，天下之能事畢矣。

㈢九六之數

按大衍之數，所以揲蓍布卦，九六之數，爲陰陽爻分別之名稱，而天地之數，所以行變化而行鬼神，直涉及宇宙演化之功能，宜予深玩。

三、象數合一

象數一詞之來源。《左僖十五年傳》：

及惠公在秦曰：先君若從史蘇之占，吾不及此夫，韓簡侍曰：龜，象也；筮，數也，物生而後有象，象而後有滋，滋而後有數，先君之敗德及可數乎？史蘇是占，勿從可益？

《杜注》

言龜以象示，筮以數告，象數相因而生，然後有占。

《正義》

卜之用龜，灼以出兆，是龜以金、木、水、火、土之象而告人。筮之用蓍，揲以爲卦，是蓍以陰陽蓍之數而告人也。

案左氏「物生而後有象」所謂「見乃謂之象」（上傳第十）也。象而後有滋（益多）。滋而後有數，則是象先數後矣。象與數之關係，至爲密切《禮記樂記》：

聖人作樂以應天，制禮以配地。……是故先王本之情性，稽之度數，制之禮義，合生氣之和（鄭注，生氣、陰陽氣也。）……百度得數而有常。……

按禮樂之作，取象天地。〈樂記〉「大樂與天地同和，大禮與天地同節」又曰：「樂者，天地之和也。禮者，天地之序也。」天有五行四時、十二月（禮運篇）爲自然之度數，於人事。則《禮記禮器》曰：「禮有以多爲貴者：天子七廟、諸侯五、大夫三、士一，天子之豆，二十有六，諸公十有六，諸侯十有二，上大夫八，下大夫六；諸侯七介七牢，大夫五介五牢；天子之席五重，諸侯之席三重，大夫再重。有以高爲貴者：天子之堂九尺，諸侯七尺，大夫五尺，士三尺。」此所謂度數也。本此，則尊卑上下，各有等差，以定其秩，而安其分，使上不自僻，下不踰節，此數之所以維繫禮制也。故記曰「百度得數而有常」然則「數」亦爲治之具，與禮樂刑政，相輔而行者也。亦可知象中有數，數中有象，二者密不可分。故王夫之曰「天下無數外之象，無象外之數。既有象，則得一之、二之而數（上聲）之矣」；既有數，則以奇而像之矣。是故象數相倚，象生數，數亦生象，象生數，有象而數（上聲）之以爲「數」；數生象，有數者，遂成乎其爲象矣。」見《尚書引義・洪範一》夫之明象數相生，其言甚辨，而象數合一之義，尤爲明晰。

四。象數、理一體

易有太極，是生兩儀，兩儀生四象，四象生八卦，八卦定吉凶，吉凶生大業。

〈繫上傳第十一〉

太極表現於外者曰「象」，太極可證之於數字者，曰「數」。但象數均包含於理中，明其理，則象數自解，由象數可以證知《易》理。故理象數是一個（整體）茲就太極與陰陽之理而言，太極爲宇宙之絕對本體。宇宙萬有均爲此一體之作用，兩儀者一陰一陽之謂，陰主順承，陽主創造，二者密不可分，共同作用於時空，相反相成，是生萬有、太極實爲每一事物之最高理則。用以釋形而上下之關係，或一與多之關係，太極爲實理，統萬物而爲一。同時一物各具一太極，即各具天地賦予的生生之理。

因之《周易》內容，象數理三者並重。象，是現象。數，是數學。義，是義理，宇宙間有象即有數，有象有數即有理，三者相因相互爲用溶爲一整體，足以概括《周易》之全部。象以太極、八卦、六十四卦、河圖、洛書代表宇宙萬象、萬有生存，發展變化之歷程及其原理，宇宙間事物渾溶於象數理三者之中，相因相及如日月星辰，象也（在天成象）一星、五星、七星、多星數也，語其理，則星體之組合、大小、距離、速度各異。而衛星、行星、恆星相與運行不息之天體系統，相互關連運轉，由向心力與離心力，維持其循軌之律動，調整恰當，相互影響，相與依存而秩序井然，以維持宇宙永恆之大生命及其與人類之直接關係，推而至於無窮之事理，誠巧歷所不及知，固不可窮詰、知象、數理三者之爲一整體不可或誣。

五、象數創生萬有

《易》由卦爻繫辭、十翼三者組合成成。《易》之基本爲卦爻（符記）即是「象」。其所取象者，廣大悉備，萬有之本原、物理、人事之律則，咸寓其中，故八卦、六十四卦以體現宇宙、人生，而後萬有之實，有象可循，有則可法，有理可述，將天下一切人物及其動靜行止，納入六十四卦，三百八十四爻之中而條理井然，所謂以通神明之德，以類萬物之情者在此。恆、咸、萃三卦〈彖傳〉皆有「而天地萬物之情（實際狀況）可見矣」一句可證。《易》象足以概括萬有之情而毫無遺義。《易》象之用誠大矣！至於「數」，宇宙創化之原理，悉在乎「數」〈上繫第八〉「凡天地之數，五十有五，此所以成變化而行鬼神也。」此兩句指明「數」爲宇宙創化之原理及其功能，「成變化、行鬼神」。鬼神者，造化之跡（禮記中庸「鬼神之爲德」句。朱註：程子曰鬼神，天地之功用而造化之跡也。）《易》言「陰陽消息」，實即宇宙運動變化之學術。《易傳》於此揭示「數」之大用，與西方哲人以「數」開闢宇宙之論，不謀而合，茲引述希臘畢達哥拉學派宇宙開闢論之大略如次：

在希臘早期哲學史中有所謂畢達哥拉學派（Pythagareans）以數之理倡導於世。其創始元祖曰畢達哥拉士（Pythagorar）簡稱畢達哥拉，西元前世紀人（五八二—五〇〇BC）畢氏生於愛琴海之薩摩士島（Samor），博學多能，自號爲愛智者（Philosophor）畢達哥拉學派網羅當時學術。若幾何學、天文學、音樂、醫學諸科覃思研精，考校所及，殆遍於人類學術知識之全部，顧其旨趣所歸，終在於「數」的理論（number-theory）。蓋其覃思天人之故，洞矚兩間之秘，以謂形式及關係，實爲構成宇宙萬物之基因，於其中見度量焉、秩序焉、比例焉。遇合同異焉，咸皆可以數目（number）說明之者也。使宇宙間無數目之一物，則所云關係、同異、秩序、律法諸事，無自而生，易言之，即天地萬物無自而生，故「數」爲宇宙萬物成立之大本。……而畢達哥拉學派玄學思想，則植根於數學。一言以蔽之，則構成宇宙萬物基本之各種數理關係。其在形學（幾何）也。如其在天文學、音樂學也。凡諸律法所陳，皆本於「數」（number）。故「數」爲宇宙之大原，萬物則「數」之有形表現。一物，即一數也，學術之最終鵠的。在求得與所代表之事物值相等之數也。故無窮之數序也，其本皆出於單一（unity），若「數」，爲萬物之原，則單一乃宇宙之原也，畢氏學派立說，析單一爲二，一曰單一（unity），爲兩間一切數目系（即一切物理系）之所從出，凡諸數目表象、物類實體，無不涵苞於是。言單一，而天地立，萬物見，衆象萬彙在其中矣，是爲「絕對的單一」。不受限制，乃諸原體之原體（he monas monad- of monads）衆神之主（God of Gods）而宇宙萬物之大本也；二曰元一。one （un），謂數目系之元始與二也，三也，以至於無窮之多數也Phethas爲對待，其結果則蒙二若三，若其他多數之制限，此爲相對之單一，被創立之原體也。《西臘畢達哥拉學派之數理哲學》吳康著。

讀右段，令人大爲驚訝！該學派明白指出：第一、「數」，爲宇宙之大原、萬物，則「數」之有形表現。第二、無窮之數序其本皆出於單一（相類於《易》之太極）。第三、若數爲萬物之原，則單一乃宇宙之原也。該學派所云之單一，即《易》之太極也。此則與我〈繫傳〉所云「成變化、行鬼神」之「數」。其功化價值，先後同揆，中外一致是中聖、西聖其心同，其理同。此外吾華載籍言數者尚有。

㈠《史記天官書第五》

夫天運，三十歲一小變，百年中變，五百年大變，三大變一紀，三紀而大備，此其大數也，爲國者必貴三五。（索隱謂三辰、五星），上下各千歲然後天人之際續備。（案《漢書天文志第六》言天運與史記同）

又曰：

水、火、金、木、填星，此五星者，天之五佐。……此五者，天之感動（按指觀乎天文以察時變之類，實即天人之感應），爲天數者必通三五，終始古今，深觀時變，察其精粗，則天官備矣。

按天地運行（今指天體群星之運轉）有其大數，攸關天人之際，又日爲國者當知「天數」，以其可察時變也。

(二)《國語越語下》

范蠡曰古之善用兵者贏縮以爲常，四時以爲紀。無過天極究數而止（注：無過天道之所至，窮其數而止也）天道皇皇，日月以爲常（注：皇皇、明也、常象也）

按右段蓋謂天道有「數」，用兵當依數以定行止，又言日月爲象，日有食晦，月有盈虧之象也。

(三)《東坡志林卷十》

至和二年成都人有費孝先者，始來眉山（東坡原籍）云近往都成山訪老人村，壞其一竹床，孝先謝不敏，且欲償其值。老人笑曰：子視其下字云：此床以某年某月日造，至某年月日爲費孝先所壞，成壞自有「數」。子何以償爲？孝先知其異，乃留師事之，老人授以軌革卦影之數，前此未有人知此學者。……

……聊復記之，使後人知卦影之所自也。

又《東坡志林卷一》東坡曰：

吾無求於世矣，所須二頃田以足饘粥耳。而所至訪問，終不可得，豈吾道方艱難，無適而可耶

（言命蹇）？抑人生自有定分（定數），雖一飽亦如功名富貴不可輕得也。

按《志林》前段指出「成壞有數」，由卦影得之，後段東坡則云：「人生自有定分」（數）如功名富貴以至一飽皆是。後段本爲前段之注解，編者分類，置於卷一耳。東坡所言之「數」有「定數」之義，《史》《漢》所指之數名「天數」、「大數」，此「數」或相關或同義，暫不分疏，檢《周書洪範篇》曰：「上天陰騭下民」《孔傳》「騭定也，天不言而默定下民」此云默冥中似有安排，是即「定數」，今亦不可遽指爲迷信或誣妄。儒家至重視「命」字，故曰「不知命無以爲君子也」，《論語堯曰篇末句》又曰「君子居易俟命」（《禮記中庸》）」。又曰「君子行法以俟命。」（《孟子盡心篇》）此二句，爲儒學較重要立身之守則。《易傳》則曰「樂天知命故不憂（上傳第四）」，數處之「命」，似皆與《易》數之「數」有關也。

六、結語

《易》中自有象數，一奇二偶演爲八卦乾坤震巽坎離艮兌即象天地水火雷風山澤，六十四卦，人文演進之歷程已寓乎其中《周禮春官疏》「卦之言掛也，掛萬象於上」六十四卦將宇宙發展過程中所有之現象歸納爲六十四類，並據以確立六十四種最高法則（理）張爾岐曰：

天下之理，一而已矣，而致用則萬，於是乎卦以象之，爻以效之，統於六十四，析之爲三百八十四爻，天下之人皆在其中，天下之物皆在其中，天下人物之成敗盈虧以至於一動一息，其數

不可勝舉矣，而舉不出此六十四卦三百八十四爻者。謂其已具天下人物一切動靜之影似也。（《周易說略序》）

是則理象數三者，不可任缺其一，王輔嗣易注名爲廓清象數，然於〈復卦彖傳〉「反復其道，七日來復」二句下注曰「陽氣始剝盡至來復時凡七日。」《正義》指出王注「亦用《易緯》六日七分，同康成之說，但於文省略不復具言」直謂輔嗣此二句下仍用象數以解《易》，明象數之不可一時或無也，故孫盛斥王曰：

《易》之爲書，窮神知化，非天下之至精，其孰能與於此，世之注解，殆皆妄也！況弼以附會之辭，而欲籠玄旨者乎？故其敘浮義則麗辭溢目，造陰陽，則妙賾無間。至於六爻變化，群象所效，日時歲月，五氣相推，弼皆擯落，多所不關，雖有可觀者焉恐將泥乎大道。《三國志魏志卷二十八鍾會傳末注引》

按孫氏直斥王注掃除象數之非，以其「泥夫大道（《易》理）」二千年來治《易》名家，莫不循象數、義理、圖書三途徑。義理自象數中出，由象數而生。《漢書天文志第六》曰：

斗爲帝君，運於中央，臨制四海，分陰陽，建四時，均五行，移節度，定諸紀，皆繫於斗。（《史記天官書》同）

按斗爲北斗，亦曰「北辰」《論語爲政》子曰「譬如北辰居其所而衆星共之」止此七句。天人之際，古今之變，其原理法則莫不備具。然而北斗，象也，陰陽四時五行含理至富，義理固在象數之中信然，至於圖書為象數之大宗。象數、義理、圖書雖治易之三要，而象數固為其主流，不可或疑，然以象數說《易》必本於卦爻。《易》在卦爻之中，舍卦爻不足以言象。兩漢以下，每於象外生象，以意鉤取，穿鑿入微，妄生枝葉，則固吾人所不取。《易》固有象數非此等妄說捏造之比，本文直抒淺見，其有疏略謬誤，幸大雅宏達有以教正。

（本篇引文直附當句之下，不另加附注。）

（大陸山東大學周易研究中心刊出　八十七年）

易經與世界新秩序

一、前　言

自來關注人類的學術，莫過於周易，而指導人類共同生存之原理者，亦專在易經。以易經本爲生命之科學。世界有無秩序，直接影響人類之生存，舊秩序已不能爲人類服務，即不能保障人類生存之權利，必賴有新秩序之建立，此一任務，惟易經足以勝任愉快，而勿庸置疑！吾人當知人類行爲，受思想之支配，指導思想者，爲正統之學術，易經在領導人類思想向正確方向發展一面，自來穩居主導之地位，此易經所以與建立世界秩序有至爲密契之關係也。今當知秩序爲何？凡所以維護人類和平生存，有紀律、有規約，彼此營共同生活，充滿和諧之氣氛者之謂。整個國際秩序，猶如一家庭然，家內父子兄弟夫婦，均能和平相處，親愛精誠，相敬相讓，相與扶持，充滿和諧氣氛，是之謂世界秩序。舊秩序已不能發生作用和力量，乃有新秩序之呼聲。美前總統布希對世界新秩序之界定：布希說：「國際合作以遏阻侵略，達致穩定，繁榮及和平。」民國八十年（一九九一）元月二十九日布希在參衆兩院發表國情咨文，要求世界人民和他站在一起，建立新的世界秩序，使殘暴不仁者，難以得逞，而侵略會受到集體對抗，一九九一年四月十五日布希又說：「與其他國家合作，遏止侵略，達至穩定與和平。」依布希看法，新秩序可概括四項原則：一、和平解決爭端。二、團結一致反對侵略。三、削減控制軍備。四、公平對待所有民族，即新秩序必須植基於法治及公理之上。新秩序之特性為一，由二元對峙走向多元中心。二、敵對趨向協調。三、由經濟價值轉入人性價值。四、由地域視野擴大為全球視野。誠若是全球人類乃有自由和平、安定繁榮之美景。

二、當前世界亂象之形成

二次世界大戰結束，距今已四十八年，其間，越南淪陷，美前總統雷根於七十四年（一九八五）四月十八日檢討越戰時曾指出：「當北越侵入南越時，美國會拒絕與西貢阮文紹政府必要之援助，因而亡國，違背了我們的承諾。」歷史悲劇，一再重演：如古巴巴蒂斯塔反共政府，美政府拒不與援助而失敗，致古巴落於共產政權之手（卡斯楚）。尼加拉瓜反共友人蘇慕薩總統被迫離職去國，終於被刺殺，導致共產黨掌握政權。一九七五年高棉元首馬薩克於高棉淪陷共產前夕謝絕美駐高棉大使狄恩勸其出走，其後馬薩克為棉共所殺。又美對吳廷琰總統開初支持，最後造成被殺悲劇，對阮文紹政府，於簽署日內瓦協定後予以放棄，一九七五年春，北越南下攻擊時，美國袖手不管，以致滅亡。

綜計世界亂象之形成，有以下數種基因：即一、國土分裂，如南北越、南北韓，兩個中國是。二、侵略戰爭不斷。如南斯拉夫、索馬利亞。七十九年（一九九〇）八月二日凌晨，伊拉克侵入科威特，軍民慘重傷亡。三恐怖活動。八十二年（一九九二）二月內，美國紐約世貿中心大廈、倫敦市，均有爆炸案件發生。八十二年三月三日報載，美政府於三月二日，它將終止過去與中東武裝回教徒團體哈瑪斯之接觸，因爲哈瑪斯在一九九二年犯下的恐怖活動，急劇增加，該組織逐漸使用致命政策，如路邊炸彈，汽車炸彈等。八十二年三月十二日，在印度孟買發生大爆作案，造成三百人喪生慘劇，中一枚彈是克什米爾回教徒好戰份子安裝的。此皆近兩年之事，以往尚未列舉。四軍備競賽，一九九二年，日本發表國防白皮書指出：中共與北韓，已取代前蘇聯成爲遠東最大的軍事威脅。五殘害人類暴行。七十九（一九九〇）十二月二十日美聯社倫敦電：國際赦免組織十二月十九日說：伊拉克駐科威特部隊，在刑求與屠殺中，曾挖出受害人的眼睛，切除他們的舌頭、耳朵，有些受害者還遭去勢。伊拉克部隊曾拷問殺害數百人，逮捕數千人，搶劫科威特市立醫院的保育器，使三百餘早產兒死亡，過去四個月該部隊在科威特的野蠻行爲，已震驚世人。尤令人可慮者，蘇聯國協未來的發展，是否順利，中國大陸的變化，牽動世局，第三世界之經濟有很多變數，非法移民，販毒走私，糧食短缺，人口過剩，這些，均足見世界亂象已經形成。

三、世界紛亂之原因

共產主義、社會主義，是世界紛亂之主因，可由下列數點證明：

㈠八十年（一九九〇）九月六日戈巴契夫與葉爾欽接受美國廣播公司訪問時，兩人一致認爲共產主義在蘇聯已經失敗。葉爾欽說：「在我國領土進行的這項實驗，對人民而言，是一場悲劇！」戈巴契夫說：「蘇聯儘速擺脫共產主義，這不僅是我國人民的一項教訓，也是所有人類的一項教訓。」

㈡八十年（一九九〇）九月六日美國史丹福大學胡佛研究所東亞部門資源研究員馬若孟指出：「中共仍是人類最後的重大憂患之一，必須以各種方式促成其改革政治、經濟和社會。」

㈢八十一年（一九九二）四月由中共上海市主編的「中國共產黨七十年」一書中說：「蔣介石集中畢生反共經驗，指出一個道理：『亡共在共。』此是中共全黨要刻骨銘心記取之教訓。」此語亦當是自由世界的一句警語。

㈣八十一年五月，紐約時報刊出一篇書評說：以八十高齡去世的費正清，在他的最後一本書「中國一個新歷史」中指出：「毛澤東以重建國家及農村為名，實則領導他的一幫人進了火山。」現任耶魯大學中國歷史教授史班斯所寫的書評說：「毛澤東的基本組織原則，就是中國過去任何草莽流寇那一套，在稱帝之前利用武力、騙術拉攏地方上的人。」

㈤八十一年（一九九二）七月二十九日卡斯楚之女現年三十五歲的芮尤塔說：「小時候，我信仰古巴社會主義，但現在我認為它是一條死胡同。我想到它，就想到經濟崩潰與食物短缺。」她又說：「古巴必須立即改革。」但她不認為她的父親，是執行改革的人。她說「卡斯楚是一名暴君。」由邁阿密前鋒論壇報刊出。卡斯楚於一九五九年從右派獨裁者手中奪得政權。

㈥八十一年（一九九二）八月二十一日，台北訊：大陸民運領袖李錄昨天接受訪問時說：「中國國民黨的時代到了。」他指出：「四十餘年來大陸人民了解到一個事實，有中國人的地方，只要不是共產黨統治，都是經濟繁榮富庶，享受民主自由生活，而中共除了殺人無數之外，就是帶給人們『窮怕了』的感覺。」

(七)世界紛亂之原因，都是共產主義造成的。七十九年（一九九〇）中央社香港「信報」二十六日專欄作家在團結工聯總部訪問華勒沙時，他說：「一想到你們中國情況，我就想哭。」「共產主義不適合當前世界，它自己毀滅了自己，走共產主義道路，拖得越長，付出的代價愈高。」又說：「共產主義已經不行了，還有一些人還在最後堅持它。」

在第二次世界大戰後，四十餘年間，被共黨攫取了三十多個國家，有的反共政府，在危急險惡關頭，被美國放棄不予支持，反而落阱下石，均屬血的教訓。共黨顛覆自由世界政府，此為世界紛亂之主因。此外塞爾維亞反對波赫脫離聯邦，歐體承認波赫獨立，由此掀起了波國悲慘內戰之命運，亦足令人深思。

四、世界秩序不安定給人類帶來之災患

世界秩序欠佳，戰禍頻仍，給人類帶來重大災禍，以波士尼亞為例，在波國內戰這一年間，境內共有十萬人死亡或失蹤，兩百萬人無家可歸。數以萬計的人，飽受饑餓之苦，數不清的房屋、教堂、清眞寺被毀，婦女慘遭強暴，兒童變成殘廢，這一代波國人民因此一場戰爭，而成為一片荒墟，形成

歷史斷層，美聯社電訊，八十二年三月一日（一九九三）。

五、世界秩序之轉捩點

蘇聯人民覺醒，反共示威遊行，高呼打倒共產黨。民國七十九年（一九九〇）七月十七日，「中時晚報」綜合莫斯科十五日報導：蘇聯二十八屆全國代表大會甫落幕，十五日在莫斯科和基輔兩地，均出現群衆大規模反共示威活動。十五日下午六點，數萬名群衆遊行前往市中心克里姆林宮，在紅場高呼反共口號：打倒共產黨，打倒紅色法西斯獨裁政權，把共產黨送進歷史的垃圾堆裡。等橫幅、口號，人群中到處可看見、聽到。又民國七十九年（一九九〇）路透社紐約十五電：蘇聯共黨前顧問齊普柯接受美「新聞周刊」訪問時說：「蘇聯共黨已經死亡，只有白痴才會眞正相信馬克斯主義！」

蘇共崩潰，冷戰結束，東西德統一裁減武器，此爲世界秩序之轉捩點。民國八十年（一九九一）十二月二十七日中央日報載：世界領袖一致贊揚戈巴契夫，咸謂戈氏將留名青史爲本世紀之偉人。英首相梅傑說：「很少人能改變歷史，但戈氏作到了。以今日所見種種，戈氏將在歷史上留一席之地，以前之蘇聯，現今是一個邁向民主的國家，此是戈氏留傳後世最大的貢獻。」法總統密特朗說：「戈巴契夫開放了蘇聯社會，帶來了裁武，也結束了冷戰。」德總理柯爾說：「德國應感謝戈氏在東西德統一扮演的角色，他在領導七年間帶蘇聯進行革命性的改革。」美總統布希贊揚說：「戈巴契夫個人的勇氣和他對蘇聯轉型期的貢獻。」

冷戰時期之國際情勢，已大有變化，其原因很多，主要的仍是共產制度被否定，經濟自由化之要求，亞洲經濟之發展，政治實績呈現，拉丁美洲國家民主化，德國之統一，東歐共產政權瓦解，蘇聯改革開放，爲世界秩序帶來新的曙光，吾人決不能失此良機。

六、世界秩序之建立

（一九九一，三月）波灣戰爭結束，國際領袖倡言管制軍備，發揮聯合國功能，美日宣言要建立一個公正和平繁榮之世界，此正舉世所欣羨者。八十年三月二十日中央社華盛頓電：波灣戰爭結束後（按八十年（一九九一）二月二十七日，布希於二月二十七日宣布科威特已收復，伊拉克已戰敗）美國已贏得決定性勝利，成爲世界警察，主持公道，解決一切國際紛爭，在國內恢復美國人信心，在國際確保自由世界領導地位。八十一年（一九九二）元月九日布希與日相宮澤喜一共同發表東京宣言：決心進行全球合作，保證支持邁向民主化及市場經濟的世界性趨勢，強調亞太經濟合作會議，在促進區域經濟及政治合作方面之重要性，以美日爲基礎，進行全球性合作，協助建立一個公正和平繁榮的世界。

強化關稅及貿易總協定，多邊貿易體系，發揮聯合國組織功能，促進軍備管制，禁止大規模毀滅性武器之擴散，保護改善全球環境，秩序之建立，以經濟合作體系爲主，主旨在於和平共存，保護弱小，維護國際公法、公約，懲治戰犯，救災恤鄰以強化聯合國之功能，近月來（一九九三年二、三月）美總統柯林頓與德總理柯爾均呼籲全球援助俄羅斯總統葉爾欽，以防止世界亂源之再生，此皆建立世界秩序應努力之方向與工作能否如期實踐，仍有賴於正統學術之導正，從提升人性，端正人心始。

七、易經與世界新秩序

學術是爲人類服務的，周易便是主導人類學術思想的一部重要經典。人生有生存、生活等問題，如何充實人生，改善人類生活，謀求人類共同生活之福祉，方是學術之最高價值。綜觀人類思想文化，尙未見有一學術於宇宙人生含無程量之善意關懷者，而易經則實有之。自易經在學術上之原理觀之，吾人當知有下列五項：即㈠易經是主導生命科學之最大動力。㈡提示人類倫理行爲之原則。㈢指明人類各安分位之原理。㈣道德至上之通識。㈤人類和平共存之理想。分述於下：

㈠易經是主導生命科學之最大動力

周易繫傳下第一章：「天地之大德曰生。」繫傳上第五章。「生生之謂易。」此二語爲周易之中心思想，人秉天地之靈，含五常之德，禮記禮運曰：「故人者，其天地之德，陰陽之交，鬼神之會，五行之秀氣也。」中華民族歷聖相傳，以仁道統一天下，仁者，生生不息也，生生之理，爲一切學術發展之指南，人類生存之原理。天地之生德，賦予吾人，則爲仁心，孟子說「仁，人心也。」仁者與天地萬物爲一體，故有民吾同胞，物吾與也之情懷。易爲生命科學之主導力，信然。

㈡提示人類倫理行為之原則

易序卦傳說：「有天地然後有萬物，有萬物然後有男女，有男女然後有夫婦，有夫婦然後有父子，有父子然後有君臣，有君臣然後有上下，有上下然後禮義有所措。」此段說明人文演進之歷程，而人類和平共存之倫理行爲亦同時明確指出。夫婦父子，君臣上下，構成人際之關係，修美人際之關係，則是倫理行爲，曰「禮義有所措」，則人文世界之理想境界亦在茲矣。所謂禮義，即今之國際公法、公約是也。禮爲規範之行爲，義爲正當之標的，國際公法公約，即我人類倫理行爲之指標，人類共同遵守，則中國一人，天下一家不難矣。

(三)指明人類各安分位之原理

周易履卦象曰：「上天下澤履，君子以辨上下定民志。」履卦☰☱乾上兌下，其象，乾爲天，兌爲澤，天尊澤卑，尊卑之序分，而上下之位辨矣。上下之位定，則人各安其分，各司其職，民志因之而定，國家社會之所以紛亂，由於人懷私心，不安本分，強奪劫取，紛爭不息，安分守職，天下安危治亂之所繫，人類均能安分知止，世界秩序焉有不穩定之理。

(四)道德至上之通識

周易上繫第五章，子曰：「夫易，聖人所以崇德而廣業也，崇效天，卑法地，天地設位而易行乎其中矣。成性存存，道義之門。」此言易爲道義之門。上繫第四章：「一陰一陽之謂道，繼之者，善也，成之者，性也。」此言人性之善來自天賦（道，宇宙之本體，創生天地人物）存此善性而恢宏之，道義之門戶在茲。德，爲福之基，人之所以生（見國語，晉語四，趙衰曰：德義生民之本也。晉語六，范文子曰：夫德，福之基也。）人類和平共存，守望相助，疾病相扶持，則殘暴恐怖之活動，自然減至最低之限度矣。中山先生嘗謂無道德不成國家，無道德不成世界。道德至上，易已先啓之矣。

㈤人類和平共存之理想

自易經基本之卦爻言，伏羲畫卦，是描述自然界景象何以生生不息之原理，由對稱、平衡和諧而歸於穩定，宇宙本自如此。文化人類學家對於未來世界有其重要之信念，此種心理上之文化態度，把人類慢慢帶入了「天下爲公，世界大同」之道路，出現一個「萬物並育而不相害」的各個文化系統，以及「道並行而不相悖」的一個文化價值，步入「天地位焉，萬物育焉」的人類文化之未來。易重天人和諧，今日科學雖已改善人類生活型態，然而對自然界造成極大傷害，人類對自然界成爲單向的宰割、利用、破壞、毀滅。目前已可預見「大地反撲」的悲慘後果，此係違反天人和諧之自然律則，由此方知人類和平相處，人與大自然保持一片祥和，方爲人類生存之最高理想境界。

八、結語

易學以人類全體生存活動爲研究之對象，以實現大同爲最終之目的。一個健全的國際政府組織（聯合國）必須建立，國際法治，必須普遍促其實現，民主爲最佳之政治模式。國際間，以大字小；以小事大，和平共存，相安相樂，方爲秩序。試觀宇宙間最常見易察之現象，爲依橢圓形軌跡運行不息之無數天體系統，其運轉由向心力與離心力維持其循軌之律動，相互依存，調整恰當，井然有序，是之謂宇宙秩序。宇宙自然尙如此，生存在地球村上之人類，亦當有其秩序，此天經地義之事。世界新秩序之建立，在迎向二十一世紀時，實刻不容緩，我們已洞知秩序與世界秩序之界義，深明當前世界亂象夙已形成，其紛亂之主因，在共產邪說之蠱惑人心，恐怖暴動，侵略戰爭，給人類帶來無窮之禍患，眼見波士尼亞、索馬利亞死傷慘重，田園荒蕪，餓殍載道，屠殺擄掠之慘毒，令人不寒而慄，吾人深悉其底蘊，尋根究柢當從根本上謀求解決之道，從發揚人性，提升道德意識，喚醒人之良知良能，令人人皆具惻隱悲憫之情懷，方能為人類重建新世界之秩序，易經本為發明生命科學之學術，天地生存，物類化育，生生不息，富有日新，如此乃能延續宇宙之大生命，為人類造無疆之休祐耳。

第十屆國際易學大會於七月二十五日（星期日）舉行，共五天

論周易「動」之大義

前言

宇宙本為一有機體，無時而不動，惟動乃能維持其運行的功能，才可以保有無限的生機與創進的生命活力。《周易》準天地而作，〈上繫〉第三章說：「《易》與天地準，故能彌綸天地之道。」宇宙恆動，因之《周易》主在抒發宇宙「動」之大義。《易》善言天道。天道剛健不息，故恆動，動而不已，方能生生不息。〈上繫〉第五章：「生生之謂易。」〈下繫〉第一章：「天地之大德曰生。」固天地之生德，因「動」而後彰顯外發，體物而不可遺者也。《易》卦論動象之尤著者，莫如乾、漸二卦。乾卦初九的「潛龍」；九二的見（現同）龍；九三的「君子終日乾乾（不息）」；九四的「或躍」；九五的「飛龍在天」；上九的「亢龍有悔」。六爻皆標舉動象，潛、見、躍、飛，其動栩栩然、沁入心目，而漸卦，〈象傳〉說：「漸之進也（按本字當作趣。《說文》：趣，進也。）」漸者，緩進之名。初六說：「鴻漸于干。」鴻，水鳥，干、水涯。六二，「鴻漸于磐。」盤、山石之安穩者。九三，「鴻漸于陸。」陸、高地；六四、「鴻漸于木。鳥而棲於木，得其所止。九五，鴻漸于陵。上九，鴻漸于陸」上九爻位至高，極則反，故又至陸。六爻由水涯以至於陵，每爻各異其處，動象至爲彰顯。此一卦整體說明動象。觀六十四卦的〈象傳〉，如〈乾，象傳〉的「天行健」；〈蒙・象傳〉的「山下出泉」；〈需・象傳〉的「雲上於天」；〈小畜・象傳〉的「風行天上」；〈觀・象傳〉的「風行地上」；〈无妄・象傳〉的「天下雷行」；〈大壯・象傳〉的「雷在天上」；〈晉・象傳〉的「明（日）出地上」；〈家人・象傳〉的「風自火出」；〈解・象傳〉的「雷雨作」；〈升・象傳〉的「地中生木」；〈巽・象傳〉的「隨風巽（巽爲風、風相隨而至）」。此十二卦所舉，皆自然界的動象。而晉卦的旭日東升；升卦的木向上長，動象尤爲活潑章明。若就人之本身來說，〈下繫〉第四章：「君子藏器於身，待時而動，何不利之有？」言君子出處語默，未有不動，平時修業進德，居易俟命，只是待時，不肯妄動而已。〈上繫〉第四章說明易道「範圍天地之化而不過，曲成萬物而不遺。」天道主動，故易亦暢論天地之動象，〈乾・象傳〉一言以蔽之曰：「天行健，君子以自強不息」；是天人未有不動者，動的意義，何其深遠耶。

一、天地恆動其動也順

天地恆動的原理，首發於〈彖傳〉。〈豫・彖傳〉說：「豫、剛應而志行（豫䷏坤下震上、初六應九四，陰陽正應，故曰志行），順以動，豫，豫順以動，故天地如之。天地以順動，故日月不過，而四時不忒；聖人以順動，則刑罰清而民服。」傳曰「豫順以動，故天地如之。」是說天地本來常動，但是順動，而非妄動。又說「天地以順動，故日月不過而四時不忒。」即說明天地順動的事例。宇宙是一個龐大的星群所構成，恆星行星的運行，有它一定的軌度，是其動也順，有如川流一般。〈復・彖傳〉又重申順動之義說：「復亨，剛反，動而以順行，是以出入无疾。」明天地之動，非偶發之動，而是順理而行，循序而動（《說文》九上：「順，理也，從頁、川」。段注：「川之流，順之至也」。）地球繞日，月繞地球之旋轉，即是順動的實例。

請以現代科學知識物理學證之：宇宙動之原理，實因於萬有引力之故，萬有引力如何產生？則係磁場移動之故。磁場何以移動？係電流通過之故。電流因何通過？則因正負電子相吸相斥之故。正負電子何以相吸相斥，此即周易「陰陽」之原理。則易理與今日科學之原理，正不謀而合。實則宇宙之理一而已矣。（眞理爲絕待）。今再追問電子又因何而來？電子因光合作用而起。再問光合作用爲何？則係光子投射於物體，由光能而產生電能，謂之「光電效應」。復再詰「光」又由何而來？光，來自太陽。太陽何以發光？因太陽是一具最大的原子爐。其光由於其原子爐反應而產生。太陽是恆星，自己發光生熱，它是一座碩大無朋的原子爐，氫原子在裡面，以驚人的數量，融合成氦，同時發生能量。由科學原理證明天地恆動之理，此理誠是建諸天地而不悖；質諸鬼神而不疑；百世以俟聖人而不惑，是之謂眞理。

二、易以卦爻效天下之動

《易》，在初只有卦爻（符號）。卦爻，所以象徵事物。〈上繫〉第六章：「聖人有以見天下之賾（正義：「賾，謂幽深難見，聖人有其神妙，能見天下深賾之至理」），而擬諸其形容，象其物宜，是故謂之象。聖人取天下事物之原貌，而以符號寫出來，就《易》之爻象則事物之動靜可知，故〈下繫〉第三章即謂：「爻也者，效天下之動者也。」效，象也（《說文》）又效，猶呈也（《禮記‧曲禮》：「效馬效牛者右牽之」鄭注：「效，猶呈也。」）此句「效」字，呈顯之義，即描述也。卦爻描述天下群動之象，故說「效天下之動也。」〈上繫〉第六章更重申萬有之動，有其會通之理。故謂「聖人有以見天下之動而觀其會通……是故謂之爻，言天下之動而不可亂也。」聖人洞悉宇內萬有之動，而察知其所以欲動、必動之原理（觀其會通）。故以卦爻表而出之，蓋知群動，必有一主力。動、則循一定之規律，故曰「不可亂也。」六爻所描述之動象，即見三才之道。天人之動，舉在於此。故〈上繫〉第二章又說：「六爻之動，三極之道也。」三極，即三才，天人地，三才之變化，均由六爻之動象，一目瞭然也。然卦爻又如何呈顯萬有之動象？〈彖傳〉已有說明，所謂卦爻之往來上下是也。

㈠先言卦爻之往來

〈泰‧卦傳〉：「泰、小往大來，吉亨。」泰䷊乾下坤上，卦有內卦、外卦之分。三陽爻在內卦；三陰爻在外卦。陽稱大，陰稱小（〈彖傳〉：「內陽而外陰；內君子而外小人」）。凡卦之內曰來，適外曰往（內外卦有主客之分）。三陰在外，故曰小往，三陽在內，故曰大來。否卦相反（泰爲通亨之卦；否爲閉塞之卦）故〈否，卦辭〉：「大往小來。」否䷋坤下乾上，三陽在外卦，三陰在內卦，此卦辭之言往來，以明一卦的動象。

陽大陰小、〈大過．彖傳〉：「大過、大者過也。」按大過䷛巽下兌上「大者過也」爲陽過，是陽稱大也。又〈大壯．彖傳〉：「大壯，大者壯者。」大壯䷡乾下震上，四陽二陰，「大者壯也」爲陽壯，是陽稱大也。又〈小過．彖傳〉：「小過，小者過而亨也。」小過䷽艮下震上，四陰二陽，「小者過也」爲陰過是陰稱小也。陽大陰小之說，見於經傳，直接影響後世之禮俗、語文，又不可不察。僕籍隸四川，在重慶等地，稱月爲「二太陽」，日爲「大太陽」。在《易》：「陰陽之義配日月（上繫第五章）。」又川北儀隴等地，把防衛盜匪，藉以自保的山險，稱爲寨子，據山修築，有大小寨門二座，爲出入之所。鄉人將大寨門稱「男寨門」；小寨門則叫做「女寨門」。男女皆隨陰陽之義而分大小。足證古代以「大小」爲「陰陽」之代稱，不直呼其爲「陰陽」也。而陰陽之語義，早已成立。後世研究易學者，妄以《周易》本經未標出「陰陽」二名，易傳始見「陰陽」二字，認爲易傳必在戰國之後，易經不談陰陽，這實在是未嘗精研易理之故，此不可不辯。

此外〈无妄．彖傳〉說：「无妄，剛自外來而爲主於內。」按无妄䷘震下乾上與大畜䷙乾下艮上相反對，无妄「剛自外來」剛指初九，明自大畜之上九爻而來，此「剛」來至无妄之內卦，則爲內卦之初九，故曰「爲主於內」，從兩卦顛倒相對之卦象來看，非常清楚，再看復卦、〈復．彖傳〉：「復亨，剛反，動而以順行，是以出入无疾。」（回釋經文）。按復與剝相反對。剝䷖坤下艮上；復䷗震下坤上，剝上九之孤陽，反而爲復卦之初九，故曰「剛反」，言此陽剛又重返也。又曰「動而以順行」。此句吃緊，亦足證天道之動，乃順理而動，與豫卦「豫順以動」之說，相互證發，尤有至高之價值。

㈡次說上下

〈蠱・彖傳〉：「蠱、剛上而柔下。」按蠱☶☴巽下艮上與隨☱☳震下兌上反對。蠱上體艮之上爻，由隨下體震之初九爻（剛）而來，本爲初爻，今反而爲上爻，故曰「剛上」。蠱下體巽之初爻，由隨上體兌之上六而來，由上爻（柔）降而居下，故曰「柔下」，將原卦倒轉，其象自見，不必詞費，而其義自明。〈咸・彖傳〉曰：「柔上而剛下。」按咸☱☶艮下兌上，與恆☳☴巽下震上相反對，恆下體巽之初爻（柔），本在至下之位，二卦顛倒，恆之初六爻，反爲咸上體兌之上爻，故曰「柔上」。剛下者？恆上體震之九四，本在上卦，今反降居咸下體之九三（剛），由上體降而居下體，故曰「剛下」。由咸、恆二卦顛倒以觀，其象立見，先儒不知卦有反對之例，一以「卦變」釋之愈解愈亂，所謂治絲益棼也。〈彖傳〉言「上下」之例至多，一隅三反，不更贅述。而卦爻之往來上下，正藉卦爻之動，以寫萬有紛紜揮霍變化之象，其義至明。

三、動之主力為陰陽二氣

陰陽，是宇宙間專司化育萬物的二大動力，陰陽是氣。乾初九：「潛龍勿用。」〈象傳〉即說：「潛龍勿用，陽氣潛藏。」初九陽爻，而居於最下，故稱「潛龍」。九、陽爻而曰「陽氣」，明陽爻之爲陽氣；坤初六：「履霜堅冰至。」〈象傳〉即說：「履霜堅冰，陰始凝也。」此陰，自係陰氣無疑。是陰陽之本質爲氣，《易》已明白著之矣。《鶡冠子．夜行第三》：「陰陽，氣也。」《莊子．則陽篇》：「天地者，形之大者也。陰陽者，氣之大者也。」是陰陽不僅是氣，而且是天地間最大的氣體。

二氣以生物爲主。〈下繫〉第一章：「天地之大德曰生。」〈下繫〉第四章：「天地絪緼（密接意），萬物化醕。男女構精，萬物化生。」言二氣絪緼密接，萬物感之變化而精醕，是天地二氣之動，然後乃足以生物。分而言之，陰陽各有分司。即陽主生物。《莊子．寓言》：「公以其死也，有自也。而生，陽也，無自也。」注「公，共也。言衆人之情，共以生本陽氣，無所自來，而死，則實自於生。」莊子謂「人之生，陽也。」則陽主生物至明（注云生本陽氣）《禮記．月令》：「生氣方盛，陽氣發泄。句者畢出，萌者盡達。」生氣即陽氣，故句萌出、達，陰主成物。〈月令〉：「孟秋行春令，則陽氣復還，五穀無實（注：「陽氣能生而不能成。」）則陰主成物是也。」

要之！陰陽二氣，和會而後能生物，〈泰．象傳〉：「天地交而萬物通也。」〈泰．象傳〉：「天地交泰。」天地交者，陰陽二氣之相交會也。〈姤．象傳〉：「天地相遇，品物咸章也。」〈歸妹．象傳〉：「天地不交，而萬物不興（蕃盛）。」〈益．象傳〉則總揭其義說：「天施地生。」此句喫緊！若天無所施，地何由獨生？《呂氏春秋．孟春紀》：「天氣下降，地氣上騰，天地和同，草木繁動。」足證二氣必須會合而後能生物也。

四、萬有之動皆原於一

宇宙萬有之動，必有所以動之者。其主動之力，實源於一。一者何？天地之元氣也。《說文》一上：「一、惟初太極，道立於一。造分天地，化成萬物。」以一爲道，而創化萬有，強調「一」之功能。一、蓋指天地之元氣，莊子名之曰「機緘」。《莊子・天運篇》：「天其運乎，地其處乎，日月其爭於所乎？孰主張是？孰綱維是？孰居無事而推行是？意者，其有機緘而不得已邪？意者，其運轉而不自能止邪？」成疏：「機，關也；緘，閉也。玄冬肅殺，夜宵暗昧。以意億度，謂有主司關閉，事不得已，致令如此。」莊子已深知宇宙之動，原於機緘，機緘，蓋即天地之元氣，爲維繫宇宙生命之無既生機。〈易傳〉特發此至理，〈下繫〉第一章：「天下之動，貞乎一者也。」言萬物本此「一」而動，物未有不動，元氣之鼓盪激發，物感之而未有不動者也。

五、天地恆動之原理

《周易》用卦爻以象徵天地的動象，卦爻有往來上下，上下无常，剛柔相易，人事紛紜之變化；天道往復之運行，以見天人之理，「動」而已矣。夷考天地必動之故，蓋有其所以然之至理存焉。今分述於下：

(一)天道反復終而復始

〈復・卦辭〉：「反復其道，七日來復。」正義：「謂陽氣始終盡之後，至陽氣來復時，凡經七日，據《易》緯《通卦驗》：每卦得六日七分，剝卦陽氣之盡，在於九月之末，十月當純坤用事，卦有六日七分，坤卦之盡，則復卦陽來，是從剝盡至陽氣來復，隔坤之一卦六日七分，舉成數言之，故言七日。」傳主要在說明天道有反復之理。即往而必反；終而復始也。〈恆・彖傳〉：「天地之道，恆久而不已也。利有攸往（往无不利），終則有（又同）始也。」此明往復終始，爲天地恆久之至道。四時迭運，日月代明，即見終始往復之義。天道有終始，故日月不過，而四時不忒，天道之所以能恆久，職是（動）之故。泰九三更以肯定的語氣說：「无往不復。」即因天道反復，故能不息不已。

(二)與時消息

易以道陰陽，陰陽之有消息，剝夬兩卦，言之至悉。〈剝・彖傳〉：「剝、剝也，柔變剛（以陰消陽）也……君子尙消息盈虛，天行（天道）也。」〈夬・彖傳〉：「夬、決也。剛決柔（決、排除之意，《孟子》「排淮泗而注之江」是剛決柔以陽消陰也）也。」二傳說明天道之有消息。〈損・彖傳〉：「損益盈虛，與時偕行。」〈益・彖傳〉：「凡益之道，與時偕行。」〈豐・彖傳〉則總結其義說：「天地盈虛，與時消息。」言天地有盈有虛。盈極必虛；虛極必盈，「日中則昃，月盈則食」。其顯例也。與時之「時」，乃「天時」，亦即天道，是消息亦「動」之原理也。

(三)動靜相資

乾坤含動靜之德，〈上繫〉第五章：「夫乾，其靜也專，其動也直，是以大生焉；夫坤，其靜也翕，其動也闢，是以廣生焉。廣大配天地。……」《莊子・天道篇》：「靜而與陰同德；動而與陽同波。」莊子雖謂陰陽有動靜之性，不如〈繫傳〉言陰陽各具動靜之德。即明陰陽均能動能靜，乃所以構成動靜相資之因。蓋動所以趨靜；靜所以爲動（蓄勢待發，動而有力）。兩者相資，乃能動而不已也。

(四)感之而後動

〈咸・彖傳〉：「二氣感應以相與。天地感而萬物化生；聖人感人心而天下和平。觀其所感，而天地萬物之情可見矣。」傳言天地萬物，均有感應、感通之理，不感，則不能相與（親和）。《詩・小雅・伐木之什》：「嚶其鳴矣，求其友聲。」此鳥類之感應也。〈睽・彖傳〉：「男女睽（性別相睽，睽乖違義），而其志通（相求之志則通）也。」凡物類聲氣之相投合，則感應之力有以致之也。〈下繫〉第三章：「日往則月來，月往則日來，日月相推而明生焉；寒往則暑來，暑往則寒來，寒暑相推而歲成焉。往者屈也，來者信（今作伸）也，屈信相感，而利生焉。尺蠖之屈，以求信也；龍蛇之蟄，以存身也……」按尺蠖之屈、爲求伸而先屈，而曰「屈伸相感」，以此爲例，說明日月之推移，寒暑之往來，日月、寒暑、有相互感引之理。日月、寒暑，要皆陰陽消息之所爲（皆二氣變化所促成），實亦相感之作用。故傳曰：「觀其所感，而天地萬物之情可見矣。」明此爲宇宙普偏之原理，蓋伸必先屈，屈以求伸，屈伸相感，與日月、寒暑，同基於「相感」之理，則是感之而後動，動因於相感之理，而不得不動也。

㈤動變相因

宇宙恆動，其動、乃所以爲變化也。故變化之道，亦即動之現象也。〈坤・文言〉說：「天地變化，草木蕃。」〈乾・彖傳〉說：「乾道（天道）變化，各正性命。」使天地不變化，萬物何以能正（遂長之義）其性命；草木何以能暢茂蕃殖耶？此變化所以爲動，而「動則變，變則化（《中庸》第二十三章）」。動變之相因，若此其密契。〈上繫〉第一章：「剛柔相推而生變化。」明動則變也。何則？剛柔爲爻（陰陽爻），爻效天下之動，動則變，不動則不能變，其理至簡至明，人鮮能知。故孔子說：「知變化之道者，其知神之所爲乎！（〈上繫〉第九）」變化之道，神妙難測，然變、動之相因、並行，庶可以理推知也，聖人「觀變於陰陽而立卦」（〈說卦傳〉），蓋深知天道之不得不變。《韓非子・解老》：「道者，萬物之所然也，萬理之所稽也。萬物各異理而道盡，稽萬物之理，故不得不化；不得不化，故無常操。」韓子謂萬物各異其理（類型不同），故道不得不曲盡其變化也。《莊子・秋水》：「物之生也，若馳若驟，無動而不變；無時而不移，何爲乎？何不爲乎？夫物固將自化。」亦明言動變之相因，蓋動則不得不變也。

宇宙之理，自物理學言，乃膨脹與運行。肇致膨脹運行之主因，爲萬有引力，引力之由來，實爲磁電原理，即是由電能產生磁力（磁力即萬有引力），磁力復產生電能。此磁引力，即能使物體運行，整個宇宙、人類，全在光能變爲電能；電能變爲光能，互爲引果之變化範圍之內。光能產生電能，電能復產生光能，此種能量變化，支配整個宇宙，支配所有生物的命運，由科學新知，足證宇宙恆動，天地必動之理，此理於大《易》中，已明白暗示。因此英國史學家湯恩比便說：「中國陰陽文化，早於世界各類型文化（湯氏分世界文化爲二十六種型態），較世界各民族先覺兩萬餘年，由於其哲理精博，成爲各家學派之淵源，即近代科學知識的發現，亦無不暗合陰陽消長的原理。」中華民族應該引以爲榮，絕不能作妄自菲薄，忝爾所生的不肖子孫。

相對概念之調適

（兩岸易學大會論文　八十八年七月）

相對之原理見於大易，一陰一陽之謂道（繫辭傳上、五）陰陽，宇內相對之二大動能也。陽剛陰柔，陽靜專而動直，陰靜翕而動闢，此二者相對不同性質之勢用，互相消長補充，推動宇宙、人生、創造宇宙人生，由是而有今日宇宙一切事物基本存在之情況，凡事物皆有正反兩面，自正面觀之爲是，自反面觀之爲非，故有利則有害，利害同一體也；有禍則有福，禍福同一體也，成敗、生死、盛衰……皆然。《易》之基本固在於陰陽之相對，亦因相對而相求，陰陽交易而成變化，《易》即動靜變化之學也。六十四卦、八卦外，餘五十六卦，莫不兩兩相對，相反相成萬有之演化，無不在相對原理之中，宇宙萬物，社會萬事，皆相對而生，由之以變以成，人則茫然而不知，此《易》學之妙用也。

今日治易當破除相對之概念予以調適，横渠於《正蒙太和篇》曰：「太和所謂道，中涵浮沉、升降、動靜相感之性，是生絪緼相盪勝負，屈伸之始，語道者知此，謂之知道。」浮沉、升降、勝負、屈伸相對之事自然調和爲道之妙用，老莊深明此理（老莊之學源出大易）太史公司馬談「論六家要旨」謂道家兼取各家曰：「道家使人精神專一，動合無形……其爲術也，因陰陽之大順，采儒墨之善，撮名法之要，與時遷移，應物變化……」而於大易相對之原理契之至深且切，故於正反、善惡、是非、禍福、得失、貧富、貴賤……等相對之概念，均持統一之觀念予以調適，以下將分別說明加以例證。

人世相對之概念，略舉於下

善與惡、眞與僞，美與醜、多與寡、正與反、苦與樂、智與愚、強與弱、生與死、存與亡、利與害、得失、興衰、勝敗、大小、廣狹、上下、左右、前後、去來、是非、榮辱、貧富、尊卑、貴賤、好惡、愛憎、古今、內外、親疏、明暗、清濁、治亂、從違、順逆、剛柔、堅脆、喜怒、啓閉、寒暑、晝夜……等，皆屬相對概念，不可勝舉，巧歷所不能盡也，無相對則一切概念皆泯滅，今以色爲喻，黑與白相對而存在，無黑何以知白？乃知人類所見之宇宙，不過相對概念之宇宙而已。

老子深明相對之理，力予破除，凡相對之事物均非眞理，常人皆取其一面，老子則守其另一面，老子哲學之基本觀念即在於此，洞察事物相對之現象，知對待之非眞理，由是推求所以發生此對待之故，上推至天地造化之始（道）故曰「道生一，一生二，二生三，三生萬物。」（四十二章）自一以下，即成相對，至於萬物，則巧歷不能得，老子闡明相對之理，以破世人之執迷，已則仍主絕對之道，此一理致，《道德經》屢見不鮮，不得已而守相對之一方，老子必與人處其反者，如論強弱則曰「弱其志，強其骨」，又曰：「柔勝剛，弱勝強」（三十八章）言先後，則曰：「是以聖人後其身而身先」（七章）論堅柔，則曰：「天下之至柔，馳聘天下之至堅」（四十三章）言損益，則曰：「或損之而益或益之而損」（四十二章）言雌雄曰：「知其雄，守其雌爲天下谿」（二十八章）論黑白，則曰：

「知其白，守其黑爲天下式。」（二十八章）論榮辱，則曰：「知其榮，守其辱爲天下谷」（二十八章）皆取其相反之一面，處世則法水「上善若水，水善利萬物而不爭，故無尤。處衆人之所惡，故幾於道。」（八章）道於《易》爲「太和」（萬有化育之總原理）爲「太極」和合平衡、穩定之象）處衆人之所惡（人棄我取）爲老子處世之宗旨。

由老子哲學，洞察人世相對之概念，如此其紛紜，吾人萬不可堅執任一端，從而自以爲是、爲得，果如此，則得必有失，是必有非之對立、堅執一方，則自招凶咎，自尋苦惱，知相對概念之眞相，臨事而泰然處之，樂天知命（繫上，四）夫何憂何懼，豈不逍遙以遊於世乎？

今特舉相對概念之大者凡十二項，一曰善惡、二曰是非、三曰禍福、四曰生死、五曰壽夭、六曰得失、七曰貴賤、八曰黑白、九曰榮辱、十曰利害、十一曰憂樂、十二曰正反。此十二目，皆世俗之難以應命者，而言其應之之方，所以自處之道，庶不墮入相對之迷霧中而無以自拔也，分次於下：

一、善惡

儒學教人，止爲善去惡，孔子解《易》十九則中，其十三則明言「積善成名，積惡亡身」。坤文言曰：「積善之家必有餘慶；積不善之家必有餘殃。」天道福善而禍淫，彰善而癉惡（書畢命）爲詩書古訓，儒由正面言，老莊則反是，凡相對概念之取決，本無一定之準的，由歷史習慣，地理環境，社會禮俗之殊異，而所取之原則由之以分歧，故西方以之爲善者，中土反以爲惡，此其大較也。諺曰：無獨有偶，有一必有二。伊川曰：「一不獨立，二則爲文」（賁卦程傳）宇宙相對之律則，由之而變化不息，生生不已，本天道之常，乃宇宙之所以爲變而持其常度者也，人不可不知。

老子破善惡相對之概念，曰：「天下皆知美之爲美斯惡矣，皆知善之爲善，斯不善矣，故有無相生，難易相成，長短相形，高下相傾（宇宙波行運動）」（第二章）今宗教界神棍假爲善之名，以詐取財物，老子蓋夙知之，天下人皆以善之爲善而趨之若鶩，則欺世盜名之徒益多矣！老子又以善惡相去無幾，故曰：「善之與惡，相去何若？」（二十章）淮南子曰：「人有嫁其子（古女子亦稱子，詩大雅「大邦有子」，子，指女子是）而告之曰爾行矣，愼無爲善曰，不爲善，將爲不善邪？應之曰，善且猶弗爲，而況不善乎，此全其天器者也」（文選馬汧督誄或戒其子句下註引）此則與老子「善行無轍跡」（二十七章）之語意同。蒲松齡故謂「有心爲善，雖善不賞；無心爲惡，雖惡不罰」（聊齋志異考城隍一條）深察善惡之幾，爲不可忽也。

二、是非

孟子曰：「夫物之不齊，物之情也。」（滕文公上）莊子反之，著齊物論以泯絕相對之概念，則曰：「故有儒墨之是非，以是其所非，而非其所是，物無非彼，物無非是」（彼此，人我對立）則是非難定，故又曰「是亦彼也，彼亦是（此）也，彼亦一是非，此亦一是非，是亦一無窮，非亦一無窮」（齊物論）則是非之爭，永無休止之一日，莊子以爲人間有是非，則道（眞理）虧矣！故曰：「是非之彰也，道之所以虧也，道之所以虧，愛（私愛）之所以成。」按天下之至紛莫如物論，物論滋起，紛爭不息，莊子故曰：「大辯不言」。知大化，泯是非，物論自息，老子曰：「夫惟不爭，故天下莫能與之爭。」（二十二章）又曰：「大辯若訥」。（四十五章）又曰：「知者不言，言者不知」（五十六章）誠令人心悅誠服。

三、禍福

老子深察禍福之相倚伏，故曰：「禍兮，福之所倚，福兮，禍之所伏，孰知其極（究竟）」（五十八章）漢賈長沙引而申之曰：「夫禍之與福兮何異糾纆（糾、交纏，纆，三合繩）」又舉史例以明之，曰：「禍兮福所倚，福兮禍所伏。憂喜聚門兮，吉凶同域。彼吳強大兮，夫差以敗；越棲會稽兮，句踐伯世；斯游遂成兮，卒被五刑；傅說胥靡（刑名）兮，乃相武丁（殷高宗）。夫禍之與福兮何異糾纆，命不可說兮，孰知其極」（鵩鳥賦）。賈誼懷才而遭大臣絳灌之屬所擯斥發憤而爲賦以自傷，淮南子曰：「夫禍福之轉而相生，其變難見也。近塞上之人有善術者馬無故亡而入胡，人皆弔之，其父曰：此何遽不爲福乎？居數月其馬將（率領）胡駿馬而歸，人皆賀之，其父曰：此何遽不能爲禍乎？家富良馬，其子好騎，墮而折其髀（股），人皆弔之，其父曰：此何遽不爲福乎？居一年，胡人大入塞，丁壯者控弦而戰，塞上之人，死者十九，此獨以跛之故，父子相保，故福之爲禍，禍之爲福，化不可極（究竟），深不可測也。」（人間訓）極言禍福，轉移之速，難以預測，老父以善術而始知之，昔管仲之治齊也，善因禍而爲福，太史公曰：「其爲政也，善因禍而爲福，轉敗而爲功，桓公實怒少姬，南襲蔡，管仲因而伐楚，責包茅不入貢於周室，桓公實北征山戎，管仲因而令燕修召公之政；於柯之會，桓公欲背曹沫之約，管仲因而信之，諸侯由是歸齊。」（史記管晏列傳）此善處禍福最佳之史例也。

四、生死

生死一關，最難戡破，莊子齊死生曰：「雖然，方生方死，方死方生」（齊物論）極言死生之爲一體，生必有死，死即是生。又以去來喻生死曰：「老聃死，秦失弔之，適來，夫子時也。適去，夫子順也，安時而處順，哀樂不能入也。」（養生主篇）又以出入喻曰：「其出不訢（欣），其入不距。」（大宗師）又曰：「予惡（烏同）乎知夫死者不悔其始之蘄（求）生乎！」（齊物論）莊子不僅不畏死，且以死爲至樂，曰：「氣變而有形，形變而有生，今又變而之死，是相與爲春夏秋冬四時行（明天道之往復，老莊深契《易》理，於此可證）也。」又曰：「莊子之楚，見空髑髏，髐然（空枯貌）有形，撽以馬捶，因而問之曰：夫子貪生失理而爲此乎？將子有亡國之事，斧鉞之誅而爲此乎？於是語卒援髑髏枕而臥，夜半髑髏見夢曰：死，無君於上，無臣於下，亦無四時之事，從（縱）然以天地爲春秋，雖南面王樂，不能過也。莊子不信，曰：吾使司命復生子形，爲子骨肉肌膚子欲之乎？髑髏深矉蹙頞曰：吾安能棄南面王樂而復爲人間之勞乎？」（至樂篇）莊子以人生若夢。曰：「方其夢也，不知其夢也，夢之中又占其夢焉，覺而後知其夢也，且有大覺而後知其大夢也。」（齊物論）視生死若坦途，故曰：「明乎坦途，故生而不說，死而不禍，知終始之不可故也。」（秋水篇）又曰：「其生之時，不若未生之時」（同上）儒家視生死與莊子同，季路問事鬼神，子曰：未能事人，焉能事鬼；敢問死，子曰：「未知生，焉知死。」（先進篇）末二句，似未答問，實已告知「有生必有死。」〈繫傳上、四〉曰：「原始反終故知死生之說；精氣為物遊魂為變，是故知鬼神之情狀。」說生死至明了。死生，生死，終而復始，儒家尤積極者，子張曰：「士見危致命」（子張篇）孟子曰：「生亦我所欲也，義亦我所欲也，二者不可得兼，舍生而取義者也，生亦我所欲，所欲有甚於生者，故不為苟得也；死亦我所惡也，所惡有甚於死者，故患有所不辟也。」（告子上）孟子舍生取義，孔子曰：「有殺身以成仁。」孔孟置生死於德、義之下與莊子以死為至樂，雖南面不以易之，二者相去，固不可同日而語矣！

五、壽夭

人皆喜壽而惡夭，莊子破時空之念。故曰：「天下莫大於秋豪（毫同）之末，而太山為小；莫壽於殤子而彭祖為夭，天地與我並生，而萬物與我為一。」（齊物論）又曰：「上古有大椿者，以八千歲為春，以八千歲為秋，而彭祖乃今以久特聞，衆人匹之，不亦悲夫！」（逍遙遊）彭祖與大椿相較，彭祖亦夭耳，知「時無止」（秋水篇）何壽夭之足云？

六、得　失

按字得，古文作，象貝在手中，物自手中脫落，右下乀失落之動象。前人謂必先有得而後有失也。莊子知「分無常」（秋水篇）故曰：「察乎盈虛，故得而不喜，失而不憂，知分之無常也。」（同上）《易損象傳》「損益盈虛，與時偕行。」得失何能有常乎？人皆貪得而惡失，孔子曰：「戒之在得」（論語季氏）深知得之有失也。又曰：「以約（儉、省）失之者鮮矣。」（里仁篇）故視富貴若浮雲也。孔子又曰：「君子有九思，……見得思義。」（季氏篇）又曰：「匹夫可與事君也與哉？其未得之也，患得之既得之，患失之苟患失之，無所不至矣。」（陽貨篇）患得患失，其後果若此其嚴重，宦海中鑽營取媚其手段無所不至，可悲，亦復可畏，得失之爲害大矣哉！

七、貴　賤

莊子齊貴賤，曰：「以道觀之，物無貴賤；以物觀之，自貴而相賤，以俗觀之，貴賤不在己。」（秋水篇）河伯曰：「若物之外，若物之內，惡至而倪貴賤？」言貴賤據何而分？莊子謂貴賤不在己而在人，人皆自貴而相賤（易地而處，彼此同然）以味於大道也。己者，自身也。老子曰：「吾所以有大患者爲吾有身（己），及吾無身，吾有何患？」（十三章）孔子絕四。已有「毋我」（毋無通）

之語，知我（自身，小我）之爲害大矣！道家每言忘我，蓋有所見。孟子主良貴，孟子曰：「欲貴者人之同心也，人人有貴於己者，弗思耳！趙孟之所貴，趙孟能賤之（貴賤不在己）」又引詩（大雅既醉之什）「既醉以酒既飽以德言飽乎仁義也，所以不願人之膏粱之味，令聞廣譽施於身，所以不願人之文繡也。」（告子上）孟子又以天爵、人爵分別貴賤曰：「有天爵者，有人爵者仁義忠信，樂善不倦，此天爵也；公卿大夫，此人爵也。古之人修其天爵而人爵從之，今之人修其天爵以要人爵，既得人爵而棄其天爵，則惑之甚者，終亦必亡（亡其人爵）而已矣。」（同上）天爵爲良貴，爲心神上至高之享受，惜人莫之察耳。

儒家於富貴貧賤，皆以道爲衡，子曰：「富與貴是人之所欲也，不以其道得之，不處也；貧與賤，是人之所惡也，不以其道得之，不去也，君子去仁，惡乎成名。」（里仁篇）又曰：「邦有道貧且賤焉，恥也；邦無道，富且貴焉，恥也。」（泰伯）《呂覽孟春紀》「貴富而不知道，適足以爲患。」引申孔子之意，富貴貧賤相較之下，則富貴不如貧賤遠甚！「魏文侯十七年，伐中山，使子擊守之，子擊逢魏文侯之師，田子方於朝歌，引車避，下謁，田子方不爲禮，子擊因問曰：富貴驕人乎？且貧賤者驕人乎？子方曰：亦貧賤者驕人耳。夫諸侯而驕人，則失其國；大夫而驕人，則失其家貧賤者行不合，言不行，則去之楚越，若脫躧（履）然，奈何其同之哉？子擊不悅而去。」（史記魏世家第十四）貧賤者了無係累，去留行止自如也，故向子平云：「富貴不如貧賤」王莽時「潛隱於家，讀《易》至損益卦，喟然歎曰吾已知富不如貧，貴不如賤，但未知死何如生耳。」（損卦曰損益盈虛，與時偕行，益卦曰損上益下，民說無疆）見《後漢書．逸民列傳第七十三》子平深知《易》盈虛之理，揚子雲亦深知盈虛之微，故曰：「高明（富貴顯赫）之家，鬼瞰其室」鬼神害盈（易謙象）又曰：「且吾聞之炎炎者滅，隆隆者絕，觀雷觀火，爲盈爲實（炎炎不可久，久滅爲灰炭之實）」。上文曰：「客徒欲朱丹吾轂（貴之）不知一跌將赤吾之族也。」（皆見揚雄解嘲）李斯雖知物禁太盛，而不能勇退，卒斬於咸陽市「斯長男爲三川守，諸男尙秦公主，女悉嫁秦公子，李由告歸咸陽，李斯置酒於家，百官長皆前爲壽門庭車騎以千數，李斯喟然歎曰五聞之荀卿曰物禁太盛，當今人臣之位，無居臣上者，可謂富貴極矣。物極則衰，吾未知所稅駕也。」（李斯列傳第二十七）斯知「物禁太盛」，不即退隱，二世二年七月，卒腰斬咸陽市。《孝經諸侯章》「在上不驕，高而不危；制節謹度，滿而不溢，高而不危，所以長守貴也，滿而不溢，所以長守富也。」讀此則於富貴、貧賤可以自處之矣。

八、黑白

黑白相對之二名，黑以象污濁，白以表光明，人莫不忌污濁而逐光明者，余讀漢書「直不疑南陽人也，爲郎事文帝，其同舍有告歸持其同舍郎金去，已而同舍郎覺亡，意不疑，不疑謝有之買金償，後告歸者至而歸金，亡金郎大慚以此稱爲長者，稍遷至中大夫，人或毀不疑曰不疑狀貌甚美，然特毋奈其善盜嫂何也，不疑聞曰：我乃無兄，然終不自明也，不好立名，稱爲長者。」（漢書卷四十六列傳第十六）按竊金，盜嫂皆至醜惡之名，而不疑受而不辭，古今僅見，老子二十八章曰：「知其白，守其黑，爲天下式。」不疑深於老學者也。

九、榮　辱

凡人莫不慕榮而惡辱，又多以富貴爲榮，貧賤爲辱，甚有徇富貴財貨而喪其生命不少惜也。皆不識榮辱之本也。孟子論榮辱，壹以仁與不仁爲斷，孟子曰：「仁，則榮，不仁則辱，今惡辱而居不仁，是猶惡溼而居下也，如惡之莫如貴德而尊士……」（公孫丑上）。此儒家尊德性之明教也，故曰苟不志於仁，終身憂辱以陷於死亡。」（離婁上）故孔子曰：「里仁爲美擇不處仁，焉得知。」（論語里仁）又明引孔子曰：「道二，仁與不仁而已矣，暴其民甚，則身弒國亡，不甚則身危國削名之曰幽厲，雖孝子慈孫，百世能改也。」（離婁上）國之廢興存亡固繫之矣。孟子曰：「三代之得天下也以仁，其失天下也以不仁，國之所以廢興存亡者亦然。」（離婁上）又引孔子曰：「仁不可爲衆也，夫國君好仁，天下無敵。」（離婁上）不仁之人，自取其辱。故曰：「夫人必自侮而後人侮之，家必自毀而後人毀之，國必自伐而後人伐之太甲曰天作孽猶可違，自作孽不可活，此之謂也。」（離婁上）孟子以仁爲榮，不仁爲辱，爲儒家尊德性之本教，道德實踐，爲儒學之重心者，孟子之功，固不在禹下也。

十、利　害

孟子於利害之間亦以德義爲衡「孟子見梁惠王，王曰叟，不遠千里而來，亦將有以利吾國乎，孟子對曰王何必曰利，亦有仁義而已矣。王曰：何以利吾國，大夫曰：何以利吾家，士庶人曰：何以利吾身，上下交征利而國危（害）矣。」（梁惠王上）危者「不奪不饜」一語足以盡之。今日社會正如此，功利思想充斥，社會寧有不亂？當世視孟子之言爲迂闊，今日正揭出社會之亂源也，太史公曰：「嗟乎，利誠亂之源也，夫子罕言利，當防其原也。故曰放利而行多怨（里仁）自天子至於庶人，好利之弊，何以異哉？」（孟子荀卿列傳）。孟子以仁義爲利，否則危害之大可知（不奪不饜）。

十一、憂樂

孟子力言憂樂之相生也，孟子曰：「舜發於畎畝之中，傅說舉於版築之間，膠鬲舉於魚鹽之中……故天將降大任於是人也，必先苦其心志，勞其筋骨，餓其體膚，空乏其身，行拂亂其所爲，所以動心忍性，曾益其所不能……入則無法家拂士，出則無敵國外患者國恆亡，然後知生於憂而死於安樂也。」（告子下）此明示憂樂之相生也。又謂王者，無一己之憂樂而以天下之憂樂爲憂樂。故曰：「樂民之樂者，民亦樂其樂，憂民之憂者，民亦憂其憂，樂以天下，憂以天下，然而不王者，未之有也。」（梁惠王下）此言王者之憂樂天下，而范文正公則曰：「先天下之憂而憂，後天下之樂而樂。」（岳陽樓記）此則士大夫之生命關懷，憂患意識，永爲知識分子之楷範。

十二、正反

凡事物皆有正反兩面，自然有正反、陰陽其顯例也。卦有正反，即顛倒相對之卦五十有四也，人咸知宇宙內不外質，能二者，質，爲物質，人賴以爲生者，今科學界則有「反物質」說。物理界鉅子丁肇中博士於八十五年七月五日在中研究院士會議中以「尋找宇宙中反物質及宇宙線之由來」爲題，首次在國內發表正著手規畫反物質（暗物質計畫），丁氏指出，從種種科學現象及理論推測，所有基本粒子，都有反粒子，例如有中子就有反中子（有正即有反），而且正反物質的湮滅勢必會放出極大的能量。因此，他與來自臺灣、瑞士、德國、意大利、中國大陸、芬蘭、美、俄等八個國家的科學家合作計畫將一種較全球現有監測設備敏感度高十萬倍的「阿爾發AMS磁譜儀」裝置於太空站中測量太空的帶電粒子，再利用這些資料推算到底有無反物質宇宙之存在？丁云：此項計畫在今年四月正式獲得美國能源部及太空總署批准支持進入執行階段，預計在西元一九九九年底由美國「發現號」太空梭將阿爾發AMS磁譜儀帶入太空，進行短期試測，到西元兩千年十二月就會將磁譜儀裝置在由美、俄及日本等國共國建造的太空站中，正式進行反物質探測之旅。此項計畫台灣科學家亦延攬參與磁譜儀中的電子儀器系統，將由中科院劉金陵博士帶領國內學者共同研製，中央大學張元翰教授與中研院物理所李世昌教授則將參與未來磁譜儀所蒐集資訊與數據的解讀研究。過去四十年來許多重要的天文現象是經由觀測波、X光線及射線的光子發現的阿爾發AMS磁譜儀，尋找反物質若成功，勢必成爲人類科技的一大突破。（八十五年七月六日中央日報「文教」第七版載）當前全球物理界已注意於宇宙神秘不測之事理，於「反物質」、「五維空間宇宙」、「假想質量」與時間背道而馳之電子等，漸次致力研究，高等數學家、粒子物理學家合力研究宇宙奧秘不測之事理。如「心靈學」、「念力」之研究，物理界將在距地球五百公里處設置空間站。八十四年八月六日丁肇中博士提出報告，主要協助探索反物質究何在？何星球？何銀河系？由反物質所形成？問及當前物理界之趨向？丁氏坦承質量由何而來？反物質之星球何在？爲舉世共期之目標。

綜上十二項，一曰善惡。二曰是非。三曰禍福。四曰生死。五曰壽夭。六曰得失。七曰貴賤。八曰黑白。九曰榮辱。十曰利害。十一曰憂樂。十二曰正反。人於此十二項，皆持「我」之立場爭論不休，人能「無我」、「忘我」，泯滅「相對一念，自知調適」則是莊子之「無待」，無相對之觀念矣。莊子自謂天人，「上與造物者遊而下與外死生無終始者爲友」（天下篇）彼且惡乎待哉。故曰：「至人無己，神人無功，聖人無名。」（逍遙遊）無己何有於功名，此忘我之至境，相對概念，已横掃一空。此時只知有道（以調適之）道者何？太和、中和是也。《易》言「保合太和乃利貞」（乾彖）《中庸》言「致中和天地位焉萬物育焉」《易繫傳》「一陰一陽之謂道」天地相交，中和定位，故能恆久，一陰一陽，循環不息，故能中和，萬象之存在。胥由陰陽和合、均衡，乃不易之道也。孟子知之故曰：「楊子取（僅足）爲我，拔一毛而利天下不爲；墨子兼愛摩頂放踵，利天下爲之，子莫執中，執中爲近之，執中無權，猶執一也，所惡執一者，爲其賊道也，舉一而廢百也。」（盡心上）執一賊道，於兩端之間，尤須知權。「權然後知輕重，度然後知長短，物皆然，心爲甚。」（梁惠王．上）兩端爲物論之極致，不可偏執，故孔子乃有「用中」之道。《中庸第六章》子曰：「舜其大知也與，舜好問而好察邇言，隱惡而揚善，執其兩端，用其中於民，其斯以爲舜乎」於兩端用中以調和之，則相對之歸於調適、和合。此《易》道之所以爲大中至正之總原理也。子曰：「君子之於天下也，無適也，無莫也，義之與比。」（里仁）君子於天下事物向無成見，惟義是從《易》道由相對而歸於和合，知有調適，不堅執一端，則人類各遂其生，咸得其所，則雍雍熙熙之勝世可期矣，何樂而不爲耶

卦爻常識

《易》由卦、辭、傳三者組成，卦爻爲《易》之基本，辭因之以繫、傳由此而作。《周禮春官疏》「卦之爲言掛也，掛萬象於上也。」卦懸萬象是也，每卦見每一類之象，每爻見每類中某一階段之象，六十四卦繼八卦之後匯歸萬有之象爲六十四類，即以確立六十四種最高法則。如履卦以虎尾爲喻，小畜以密察雲稱，爲法則之顯例，即告人以應變之方針也。張爾岐《周易說略序》曰：「天下之理一而已矣，而致用則萬，於是乎卦以象之、爻以效之，統於六十四，析之爲三百八十四，而天下之人皆在其中，天下之物皆在其中，天下人物之成敗盈虧，以至於一動一息，其數不可勝舉矣，而舉不出此六十四卦三百八十四爻者，謂其已具天下人物一切動靜之影似也，擬其影似則略於事而言理，略於理而言理之象。」論之至精。

《易》之精神藉六十四卦，三百八十四爻之符記以顯示宇宙創化之原理原則，知卦畫與自然法則固密不可分，天地生成，物類化育，由於陰陽之流轉，剛柔之摩盪，有消長盈虛之勢用，因之重爲六十四卦，三百八十四爻以彰顯萬有之跡象，曲盡人事演變之法則，卦爻之爲用大矣哉。茲將卦爻有關諸項，分次於下：

先識八卦

乾三連☰，坤六斷☷，震仰盂☳，艮覆晚盌☶，離中虛☲，坎中滿☵，兌上缺☱，巽下斷☴。

六十四卦卦序歌

乾坤屯蒙需訟師，比小畜兮履泰否。同人大有謙豫隨，蠱臨觀兮噬嗑賁。剝復无妄大畜頤，大過坎離三十備。咸恆遯兮及大壯，晉與明夷家人睽。蹇解損益夬姤萃，升困井革鼎震繼。艮漸歸妹豐旅巽，兌渙節兮中孚至。小過既濟兼未濟，是爲下經三十四。

右二則見於《朱子本義卷首》

一、重卦分八組

㈠乾組

䷀乾爲天。䷋天地否。䷘天雷无妄。䷠天山遯。䷌天火同人。䷅天水訟。䷉天澤履。䷫天風姤。

㈡坤組

䷊地天泰。䷁坤爲地。䷗地雷復。䷎地山謙。䷣地火明夷。䷆地水師。䷒地澤臨。䷭地風升。

(三)震組

䷡雷天大壯。䷏雷地豫。䷲震爲雷。䷽雷山小過。䷶雷火豐。䷧雷水解。䷵雷澤歸妹。䷟雷風恆。

(四)艮組

䷙山天大畜。䷖山地剝。䷚山雷頤。䷳艮爲山。䷕山火賁。䷃山水蒙。䷨山澤損。䷑山風蠱。

(五)離組

䷍火天大有。䷢火地晉。䷔火雷噬嗑。䷷火山旅。䷝離爲火。䷿火水未濟。䷥火澤睽。䷱火風鼎。

(六)坎組

䷄水天需。䷇水地比。䷂水雷屯。䷦水山蹇。䷾水火既濟。䷜坎爲水。䷻水澤節。䷯水風井。

(七)兌組

䷪澤天夬。䷬澤地萃。䷐澤雷隨。䷞澤山咸。䷰澤火革。䷮澤水困。䷹兌爲澤。䷛澤風大過。

(八)巽組

䷈風天小畜。䷓風地觀。䷩風雷益。䷴風山漸。䷤風火家人。䷺風水渙。䷼風澤中孚。䷸巽爲風。

二、九六稱名。

凡陽爻稱九，陰爻稱六。《正義》「陽爻稱九，陰爻稱六，其說有二：一者，乾體有三畫，坤體有六畫，陽得兼陰，故其數九；陰不得兼陽，故其數六。二者，老陽數九，老陰數六，老陰老陽皆變，周易以變者爲占，故稱九稱六」（乾初九爻下）別一說：天地有生成之數，天之生數一、三、五之和爲九；地之生數二、四之和爲六，〈說卦傳〉「參天兩地而倚數」是也，此說至爲簡明、可從。

三、卦有內外

以乾卦例之，乾䷀，上三畫爲外卦，下三畫爲內卦。外卦亦曰「上卦」，內卦亦曰「下卦」，外卦亦曰上體，內卦亦曰下體。內外有主客之分，輕重之別。

爻有六位

以乾卦例之：乾

	上爻	五爻	四爻	三爻	二爻	初爻	天位	人位	地位	
乾	⚊	⚊	⚊	⚊	⚊	⚊	⚊⚊	⚊⚊	⚊⚊	此三才之位。

四、爻之終始

爻有六位，初與上爲兩極。初、爲下之極；上、爲上之極。《易》重終始之義，天道終而復始，爻效萬有之動象，爻位之終始，隱喻天道「終則有（又）始」之大義，故《易》之六爻，以初上含義至深，初上之稱名至繁，名始、名下、名足、名趾、名尾、名履。其例如下：

稱始者〈坤初六象傳〉「履霜堅冰，陰始凝也」〈恆初六象傳〉「始求深也」。

稱下者〈乾初九象傳〉「潛龍勿用，陽在下也」。

〈屯初九象傳〉「以貴下賤，大得民也」。

〈大過初六象傳〉「柔在下也」。

稱足者〈剝初六爻〉「剝牀以足」。

〈鼎初九爻〉「鼎顛趾」。

稱趾者〈噬嗑初九爻〉「屨校滅趾」。

稱尾者〈遯初六爻〉「遯尾厲」。

〈既濟初九爻〉「濡其尾」。

稱窮者〈豫初六爻〉「志窮凶也」。

〈大壯初九象傳〉「其孚窮也」。

稱履者〈坤初六〉「履霜堅冰至」。

〈離初九爻〉「履錯然敬之无咎」。

次言上

名終、名上、名尚、名高、名亢、名天、名首、名頂、名角亦名窮。終謂時，上、高、亢，天、以位言；首、頂、角以體言，窮、以道言也。

稱上者〈履上九象傳〉「元吉在上」。

〈大有上九象傳〉「大有上吉」。

〈豫上六象傳〉「冥豫在上」。

稱尚者〈小畜上九爻〉「尚德載」。

〈蠱上九爻〉「高尚其事」。

稱高者〈蠱上九爻〉「高尚其事」。

〈解上六爻〉「公用射隼於高墉之上」。

稱亢者〈乾上九爻〉「亢龍有悔」。

〈大過上九爻〉「已亢也」。

稱天者〈大有上九爻〉「自天祐之」。

〈大畜上九爻〉「何天之衢」。

稱首者〈明夷上六爻〉「初登于天」。〈比上六爻〉「比之无首」。〈離上九爻〉「有嘉折首」。

稱頂者〈大過上六爻〉「過涉滅頂」。

稱角者〈晉上九爻〉「晉其角」。〈姤上九爻〉「姤其角」。

稱窮者〈坤上六象傳〉「其道窮也」。〈豫上六象傳〉「上窮也」。〈无妄上六象傳〉「窮之災也」。〈姤上九爻〉「上窮吝也」。

五、當位

爻各有位，居得其所曰當位。六爻有陰陽之位：一、三、五陽位也；二、四、上陰位也。凡陽爻居陽位（九三、九五），陰爻居陰位（六二、六四）曰當位，亦曰得位，亦曰正位，亦曰正當，其吉者，以九五、六二爲貴，九三、六四次之。

凡言位當，位不當者，獨三、四、五叁爻耳，初、上皆無之。位雖指爻位，實借明分位之義，初上無位，二雖有位而不高，惟五居尊，而三、四皆居高位。凡言位當者，言其德與位稱也。凡言位不當，皆德不稱其位也。〈繫傳〉「列貴賤者存乎位」（上、三）爻位雖六，而貴者惟此三爻耳，當位與否施於此三爻，知借爻位以明分位之義也。其例如下：

當位者〈賁六四象卦〉「當位疑也」。〈蹇六四象傳〉「當位實也」。

位當者〈臨六四象傳〉「位當也」。

正位者〈渙九五象傳〉「正位也」。

位正當者〈兌九五象傳〉「位正當也」。〈中孚九五象傳〉同。

位不當

陽爻居陰位（九二、九四，居二、四之位）；陰爻居陽位（六三、六五居三五之位）爲位不當，亦曰不當位，亦曰未當位，亦曰非其位，亦曰未得位，其凶、以九四、六三爲甚，九二、六五次之。

位不當者〈履六五象傳〉「位不當也」。〈否六三〉、〈豫六三〉、〈臨六三〉、〈噬嗑六三〉、〈大壯六五〉、〈晉九四〉、〈睽六三〉、〈夬九四〉、〈革九四〉、〈震六三〉、〈豐九四〉、〈兌六三〉、〈中孚六三〉、〈小過九四〉、〈未濟六三〉同。

不當位者〈困九四象傳〉「雖不當位……」。

未當位者〈解九四象傳〉「未當位也」。
非其位者〈恆九四象傳〉「久非其位」。
未得位者〈旅九四象傳〉「未得位也」。
不當位，大多用於九四、六三。六五僅一見，九二則未之見。蓋二五爲中《易》貴中，九二剛中，尤勝於六五之柔中也，初上无陰陽定位（王弼易略傳）故無所謂當位、不當位。〈需上六象傳〉「雖不當位」，「位」字疑衍。

六、應比承乘

六爻之卦由三畫卦錯綜相重而成，有內外卦（上下兩體）之分，內卦與外卦各爻相對應，即六爻言、初與四；二與五；三與上各相對應，陰陽爻之相應尤著。一陽之卦，則五陰皆應；一陰之卦，則五陽皆應。王弼注易多用之，亦以觀爻之一義耳，不必逐文皆以應言之，上下兩體陰陽相求固其正矣，然象傳有以衆爻應一爻者，亦有以一爻應衆爻者，乃不拘於兩體二爻之相對。比、小畜、同人、大有、豫之類是也，有時義所宜，以陰應陰而吉，以陽應陽而吉者，又不拘於陰陽之義也。晉、小過之王母、祖妣，睽、豐之元夫，夷主之類是也，其餘則即其爻之時位。才德起義而不繫於應者多矣，不可一一以應義附會之。凡應惟二五之應最吉，蓋皆有中德，而又各居當時之位也，其次，則初、四間有取焉，三、上取應義絕少、故凡六五、九二之取應義，則无不吉者爲以陰求陽德上而下交，在上有虛中之美，在下有自重之實，蒙、師、泰、大有之類是也。（李安溪周易通論）。應爻之例：

〈蒙彖傳〉「匪我求童蒙、童蒙求我，志應也」。此六五應九二。

〈師彖傳〉「剛中而應」，九二應六五。

〈同人彖傳〉「柔得位得中而應乎乾」，六二應九五。

〈臨彖傳〉「剛中而應」，九二應六五。

〈比彖傳〉「上下應也」，上下五陰應九五。

〈小畜彖傳〉「柔得位而上下應之曰小畜」。上下五陽應六四。

〈大有彖傳〉「柔得尊位大中而上下應之」。上下五陽應六五。

師卦亦一陽之卦，同人亦一陰之卦，不言上下應者？以其重在六五、九五之應也。八純卦（內外同體）六爻皆不應，否泰；咸恆；損益；既濟、未濟八卦六爻皆應。〈文言〉曰「同聲相應」。〈繫傳〉曰「君子居其室出其言善，則千里之外應之」。應者，相感通（見咸卦）之謂。其義吉也。惟否卦天地不交，雖應不吉。

應、亦曰與

〈困九四象傳〉「雖不當位，有與也。」與謂與初六應。

〈井九二象傳〉「无與也。」謂與九五不應。

〈剝六二象傳〉「未有與也。」謂與六五不應。

〈賁六二象傳〉「與上興也。」謂與九三相與（與，親比之義）言六二附九三而起。

乘

陰爻在陽爻之上曰乘剛，其義多凶；陰爻在陽爻之下曰遇剛，曰剛柔接，曰剛柔際，曰剛柔節，其義多吉，乘之例：

〈屯六二象傳〉「六二之難乘剛也。」六二在初九之上。剛，指初九。

〈噬嗑六二象傳〉「噬膚滅鼻，乘剛也。」剛指初九。

〈困六三象傳〉「困於疾藜，乘剛也。」剛，指九二。

〈震六二象傳〉「震來厲，乘剛也。」剛，指初九。

〈睽六三象傳〉「无初有終，遇剛也。」剛指九四。

〈蒙九二象傳〉「子克家，剛柔接也。」柔，指初六。

〈坎六四象傳〉「剛柔際也。」剛指九五。

〈解初六象傳〉「剛柔之際，義无咎也。」剛，指九二。

〈鼎上九象傳〉「剛柔接也。」柔，指六五。

比者，兩爻接近。承與遇義近，某爻在某爻之下也。凡比爻惟上體所居至多，蓋四承五，如人臣之得君，五承上，則如人主之尊賢，主於五，故其近之者，多所取也，然四之承五，惟六四、九五當之；五之承上，惟六五、上九當之，非此者，亦無得君尊賢之義。

七、中

六爻之中，二、五爻稱中，二、在下卦之中，五、在上卦之中，《易》以此譬況中道，又曰中行、中心、中正、正中。正，中直、直（猶正也）。中正以下多用於九五、六二，蓋九五、六二，既得中，又當位，當位爲正，其六五、九二，亦有言正者，則但以位論也。

中例：

〈坤六五象傳〉「文在中也」。〈小畜九二象傳〉「牽復在中」。〈履九二象傳〉「中不自亂也」。〈泰六五象傳〉「中以行順也」。〈大有九二象傳〉「積中不敗也」。〈豫六五象傳〉「中未亡也」。〈臨六五像傳〉「行中之謂也」。〈復六五象傳〉「中以自考也。」〈大畜九二象傳〉「中无尤也」。〈坎九二象傳〉「未出中也」。〈坎九五象傳〉「中未大也」。〈恆九二象傳〉「能久中也」。〈大壯九二象傳〉「以中也」。

中道例：

〈蠱九二象傳〉「得中道也」。〈離六二象傳〉「得中道也」。〈離六二象傳〉「得中道也」。〈解九二象傳〉「得中道也」。〈夬九二象傳〉「得中道也」。〈既濟六二像傳〉「以中正道也」。

中行例：

〈師六五象傳〉「以中行也」。〈泰九二爻〉「得尙乎中行」。〈夬九五爻〉「中行无咎」。

中心例：

〈謙六二象傳〉「中心得也」。〈中孚九二象傳〉「中心願也」。

中正例：

〈訟九五象傳〉「以中正也」。〈豫六二象傳〉「以中正也」。〈巽六二象傳〉「以中正也」。〈姤九五象傳〉「中正也」。〈井九五象傳〉「中正也」。當注意者，中正，爲至善之境。

正中例：

〈乾文言九二爻〉「龍德而正中者也」。〈比九五象傳〉「位正中也」。〈隨九五象傳〉「位正中也」。〈巽九五象傳〉「位正中也」。

正例：

〈坤文言釋六二〉「直其正也」。〈履九五象傳〉「位正當也」。〈否九五象傳〉「位正當也」。〈遯九五象傳〉「以正志也」。〈兌九五象傳〉「位正當也」。〈巽九五象傳〉「正位也」。〈中孚九五象傳〉「位正當也」。

中直例：

〈同人九五象傳〉「以中直也」。〈困九五象傳〉「以中直也」。

稱黃例：

〈坤六五爻〉「黃裳元吉」。〈噬嗑六五爻〉「得黃金」。〈離六二爻〉「黃離元吉」。〈遯六二爻〉「執之用黃牛之革」。〈解九二爻〉「得黃矢貞吉」。〈鼎六五爻〉「鼎黃耳」。按黃，中之色也，稱黃，猶云中也。

按中道、中行、中心、黃，猶稱中也；正中、正、中直。直、猶中正也，其吉，以中正爲上，中次之，中者，不偏不倚，無過，不及之失，中正者，正乎中，中之中也，無毫釐之差也。斯爲至善之境矣。其有二、五爻不稱中者，不取乎中也，其三、四爻亦有稱中者，如〈泰六四象傳〉「中心願也」。〈復六四爻〉「中行獨復」。〈益六三爻〉「有孚中行」。〈益六四爻〉「中行」。〈豐九三爻〉「日中見沬」，之類，則以六畫整體而言之亦偶取爲說，非通例也。

八、二體之際

卦有二體，上下卦是也，三、四兩爻處上下二體之交，象人進退去就之際，故多疑而不定之辭，曰或、曰疑、曰進退、曰反復、曰次且《說文》作「赼趄」曰「行不進也」或作赼跙，皆疑而不定之謂也。

或例：

〈乾九四爻〉「或躍在淵」〈文言〉「或之者，疑之也」。〈坤六三〉「或從王事」。〈訟六三〉「或從王事」。〈无妄六三〉「或繫之牛」。〈恆九三〉「或承之羞」。〈漸九四〉「或得其桷」。〈

中孚六三〉「或鼓或罷、或泣、或歌」。〈小過九三〉「從或戕之」。

疑例：

〈豫九四爻〉「勿疑」。〈賁六四象傳〉「當位疑也」。〈損六三象傳〉「三則疑也」。〈既濟六四象傳〉「有所疑也」。

進退例：

〈乾文言釋九四〉「進退无恆」。〈觀六三〉「觀我生進退」。

反復例：

〈乾九三象傳〉「反復道也」。

次且例：

〈夬九四爻〉「其行次且」。〈姤九三爻〉「其行次且」。

九、往來上下

卦分內外，在外卦曰往或曰上，或曰進；在內卦曰來，或曰下。〈泰卦辭〉「小往大來」。坤小在外卦，乾大在內卦，〈否卦〉反是。〈蠱彖傳〉「剛上而柔下」。是艮剛在外卦，巽柔在內卦。〈咸彖傳〉「柔上而剛下」。兌柔在外卦，艮剛在內卦。〈噬嗑彖傳〉「柔得中而上行」，指六五在外卦。往來上下，爻之動態也。

十、長與壯

凡陰陽爻自下漸次上升，曰長、曰壯，《泰彖傳》「君子道長」。指下三陽〈否卦〉「小人道長」。指下卦三陰。〈臨彖傳〉「剛浸而長」。指下卦二陽，〈遯彖傳〉「小利貞，浸而長也」。指下二陰。〈剝彖傳〉「小人長也」。指初至五五陰。〈復彖傳〉「剛長也」。一陽下生，將長之勢。〈夬彖傳〉「剛長乃終也」。指初至五五陽。〈大壯彖傳〉「大者壯也」。指初至四四陽。陰陽消長《易》之大義也。

十一、陽卦陰卦

八卦以乾、震、坎、艮爲陽卦；坤、巽、離、兌爲陰卦。陽剛陰柔，陽大陰小；陽君子，陰小人；陽男、陰女。〈否彖傳〉「內柔而外剛」。內坤外乾也。〈隨彖傳〉「剛來而下柔」。內震外兌也。〈泰卦辭〉「小往大來」。外卦坤、內卦乾也。陽大陰小。〈否卦〉反是。〈咸彖傳〉「男下女」。男、指內卦艮，女、指外卦兌。〈睽彖傳〉「二女同居，其志不同行」。內兌外離皆陰卦也。故曰二女。〈革彖傳〉「水火相息，二女同居其志不相得曰革」。內離外兌是也。〈下繫第三章〉「陽卦多陰，陰卦多陽。」據此以分也。

十二、卦爻自下而上之理

卦爻一奇一耦，本象陰陽，爻畫，自下而上，即象陰陽之浸長如復卦，一陽在下，〈彖傳〉「利有攸往，剛長也」。臨、二陽在下，〈彖傳〉「臨剛浸而長」。泰、三陽在下。〈彖傳〉「君子道長」。（陽爲君子）大壯四陽方盛。〈彖傳〉「大壯，大者壯也。」至乾而極矣；以陰言，姤、一陰始生。〈彖傳〉「勿用取女，不可與長也」。遯、二陰在下。〈彖傳〉「小利貞，浸而長也」。否、三陰在下。〈彖傳〉「小人道長」。觀、四陰在下，傳无明文，以觀九五中正，象曰「中正以觀天下」。九五能制群陰而巽服之（觀、坤下巽上）故不云陰長。剝、五陰鼎盛。〈彖傳〉「剝、剝也，柔變剛也，不利有攸往，小人長也。」柔變剛爲陰消陽、陽消則陰息，息、滋長之義，至坤則爲純陰，故爻畫自下而上，象陰陽之浸長，即象天道之消息也。

十三、主爻

〈无妄彖傳〉「无妄剛自外來而爲主於內……」无妄與大畜反對（无妄䷘震下乾上，大畜䷙乾下艮上）曰：「剛自外來者」。言初九之剛自大畜上九而來也。无妄內卦爲震，震陽卦，以陽爻爲之主，故曰「爲主於內」。是卦有主爻也。又比卦䷇坤下坎上，九五以剛陽居尊位，爲群陰所比附，則九五爲全卦之主也。比〈彖傳〉「不寧方來，上下應也。」上下群陰相應，九五爲全卦之主也。復卦䷗亦初九爲全卦之主也。

周易六十四卦卦名釋義

易爲群經之冠冕，六藝之樞機，中華文化之本源，而一切學問思想之淵海也。故鄭玄六藝論云：「易者，陰陽之象，天地之所變化，政教之所從生。」洵得其旨要矣。易之組成爲卦、辭、傳三者，卦尤爲易之本始。卦有六十四，以體貌天地萬有之情狀，永古修己治人之道咸畢見。六十四卦，卦各有名，欲究易卦，當先察其名號，顧名以索其義，則思過半矣。莊子逍遙遊載許由曰：「名者，實之賓也。」名與實固相倚而相成。荀子正名篇：「故王者之制名，名定而實辨。」又曰：「知者爲之分別制名以指實。」皆足喻名實相倚之理。又曰：「今聖王沒，名守慢，奇辭起，名實亂。」又曰：「然則所爲有名，與制名之樞要，不可不察也。」此尤徵制名之重要。論語子路篇，子路問孔子曰：「衛君待子而爲政，子將奚先？」子曰：「必也正名乎……名不正則言不順；言不正則事不成。」「名正言順」之大義昭示萬葉，爲不刊之教命，一般名物猶然，而況易卦，故卦之名特爲緊要！由名以探其義蘊，易之大本既立，則易之宏用，故可得而窺見之矣。

周易難讀費解，盡人蓋夙知之，然果求之以其方，則又有津逮可循，其方云何？所謂「以傳通經」也。

歷代易學大師，無不奉「以傳釋經」，爲研讀周易千古不祧之宗法。自漢師費直、康成以下，至於明清，若顧亭林、王夫之、黃宗羲等鴻儒，靡不奉之爲圭臬，篤守而弗渝。今釋六十四卦之卦名，一本於傳，傳有不足，徵之於經，旁及子史百氏，務在得其義而後已。觀歷代易著間有釋卦名者惟吉光片羽偶一寓目至近賢劉申叔氏，亦有釋卦名之作，引傳列表而未能詳具。茲篇雖亦仰紹前昔，亦頗斷以己意，然以樗櫟之材，末學蠡測，其謬誤疏略，諒難幸免，尙祈大雅方家有以校正。

茲按卦序分釋於下：

一、乾

據傳

甲、彖傳：「大哉乾元。」

乙、象傳：「健。」

丙、繫辭傳：「天下之至健也。」

丁、說卦傳：「健也。」

戊、雜卦傳：「剛。」

按右引，則乾有「剛健」之義，乾以剛健而得名也。彖傳首揭「乾元」之名，以立易道之本體，即云萬物之所資始。蓋乾元爲天地之元氣，維繫宇宙生命之無既生機，以明易道生生不已，富有日新，乃在其剛健不息之德能之自然爾，故象傳曰：「天行健。」說文解字十四下乙部曰：「乾，上出也。從乙，乙，物之達也。幹聲。」許訓「上出」段注「健之義生於上出」是也。按實明元氣之剛健不息不已，奮迅發越，蓋其勢有所不得已。莊子天運篇所謂「其有機緘而不得已邪？其運轉而不能自止邪？」即深知乾元之功能而云然也。

二、坤

《傳》

甲、彖傳：「至哉坤元。」

乙、繫辭傳：「天下之至順也。」

丙、說卦傳：「順也。」

丁、雜卦傳：「柔。」

按由右知坤有柔順之義也。彖傳贊之曰：「至哉坤元。」「坤元」，亦天地之元氣。陽動而健，謂之「乾元」；陰靜而柔，謂之「坤元」。萬物資始資生，所資者，天地之元氣也。惟雖有乾元、坤元之稱，實二而一，乾坤總此一元，若以二元目之，則非也。

坤有「柔順」之義者，坤爲純陰之卦，陰氣主靜尚柔，坤彖傳曰：「柔順利貞。」文言傳曰：「坤道其順乎！承天而時行。」又曰：「陰雖有美，含之以從王事，弗敢成也。地道也，妻道也，臣道也。地道无成而代有終也（按此釋六三爻辭）。」「承天而時行」已隱喻柔順之義，以承天時行之故，故含其德美，以從王事，而不敢自成，故以妻道、臣道爲喻，皆明其有柔順之德也。

再據經文：

六三爻辭曰：「含章可貞，或從王事，无成有終」。章，指內在之美，含蘊不發，故曰无成，待乾而成，以德美歸之於乾也。

六四爻辭曰：「括囊，无咎无譽。」括，括約也。緘束之，不令囊中之物外見，亦顯示柔順承乾，不自爲主之義也。說文十三下「坤，地也，易之卦也，從土申，土位在申也。」土位在申者，坤爲地爲土，地當西南，以十二支配八卦方位，申正值西南，故曰「土位在申」此即字形爲訓，不言陰柔，而地承天，乾爲天，坤爲地，其義自具也。

三、屯

《傳》

甲、序卦傳：「屯者盈也，屯者物之始生也。」

乙、雜卦傳：「屯見而不失其居。」

按屯，象物始生之難，故屯有「艱難」之義。

序卦傳：「有天地然後萬物生焉，盈天地之間者爲萬物，故受之以屯，屯者盈也。」「屯者盈也」承上句「有天地然後萬物生焉」而言，蓋萬物滋生之繁盛，如孟子所云「草木暢茂，禽獸繁殖（滕文公篇上）」之盈，非以盈訓屯也。「屯者物之始生也。」此與說文一下「屯，難也。屯象草木之初生，屯然而難，從屮貫一，屈曲之也，一，地也。」義訓相契，序卦傳約成於秦、漢之際，說文或從易傳。

物初生之難者？說文乙部曰：「乙，象春草木冤曲而出，陰氣尙彊，其出乙乙也。」段注：「冤之言鬱，曲之言詘，乙乙，難出之貌……時萬物皆抽乙而出，物之出土艱屯，如車之輾地澀滯。」此由「屯」之字形訓故，已見艱難之義。

雜卦傳：「屯見而不失其居」者？屯卦辭曰：「利建侯。」建侯，經綸有爲，故曰「見」（賢遍切）此「見」字與論語泰伯篇：「天下有道則見（音現），無道則隱。」之「見」同義。經文初九爻曰：「磐桓，利居貞，利建侯。」故雜卦傳曰「不失其居」亦與屯卦辭「勿用有攸往」之句應。

四、蒙

《傳》

甲、序卦傳：「蒙者蒙也，物之稚也。」

乙、雜卦傳：「雜而著。」

按蒙有「蒙昧」、「童蒙」之義，二義相因。

經文卦辭曰：「匪我求童蒙，童蒙求我。」童子蒙昧無知，故曰童蒙。彖傳曰：「匪我求童蒙，童蒙求我，志應也。」言教與學二者之志相通、相應也，又曰：「蒙以養正，聖功也。」作聖之功，植基於童蒙之培養，是經傳皆以蒙爲童蒙無疑。

雜卦傳「雜而著」者？雜，蒙昧，雜蕪義，童稚知識未開故如此，著者，發其蒙則明白著見矣。韓康伯訓「著」爲「定」義似迂曲。

五、需

《傳》

甲、彖傳：「需，須也，險在前也。」

乙、序卦傳：「需者，飲食之道也。」

丙、雜卦傳：「需不進也。」

按需有「須待」，「需求」之義。需須二字同在廣韻上平十虞內，同相俞切，聲韻畢同，故相通假。

彖傳：「需，須也，險在前也。」需卦䷄乾下坎上，坎爲險，險在前，故宜須待之，緩詞。說文十一下曰：「需，須立也。遇雨不進，止也。從雨而（會意）。」段注：「需即須之假借也，而者，須之意。穀梁傳曰：『而，緩詞也。』」按廣韻「須，相俞切。」是需、須、二字音同，通用。詩邶風匏有苦葉「招招舟子，人涉卬否，卬須我友。」須，正訓待。

序卦傳：「需者，飲食之道也。」者？按民以食爲天，人之需求莫急於飲食，此正需求之義。須待、需求二義，亦相因、相足，人所需求，必急待其來至也。

雜卦傳：「需不進也。」此承彖傳「險在前也。」故不進，亦緩詞，姑待之也。

六、訟

《傳》

雜卦傳：「不親也。」

按訟，「爭訟」也。亦兼「獄訟」之義。

彖傳「訟，上剛下險，險而健，訟。」䷅坎下乾上坎險乾健故云。按兩造相爭，互不相讓，每以其個性剛強（健）不憚險難，因而興訟，卒至獄訟之災，故卦辭有「終凶」之誡也。雜卦傳曰「不親也。」者？兩造剛強弄險，本不相親，兩情難以和協也。說文三上「訟，爭也，從言，公聲。」六書故：「訟，爭曲直於有司也。」

七、師

《傳》

甲、彖傳：「衆也。」

乙、序卦傳：「衆也。」

丙、雜卦傳：「憂。」

按師有「師旅」、「軍旅」、「衆多」之意，其義相因。

說文六下曰：「師，二千五百人爲師，從帀從𠂤，𠂤四帀，衆意也。」師爲軍旅，訓「衆」固然。

據經文：

卦辭曰：「師貞，丈人吉，无咎。」丈人，老成長者之稱，當爲三軍之帥，而初六爻辭：「師出以律，否臧，凶。」六三爻辭：「師或輿尸，凶。」，六四爻辭：「師左次，无咎。」六五爻辭：「

長子帥師……。」皆明言「軍旅」無疑。

雜卦傳訓「憂」者？蓋即用兵之後果言，戒不可妄用也。

觀論語述而篇：「子之所愼齊，戰，疾。」「戰」其一也。又子路篇「子曰：以不教民戰，是謂棄之。」又曰：「善人爲邦百年，亦可以勝殘去殺矣。」知聖人戒兵之義至深。

老子於戰爭後慘烈淒愴之情，言之尤詳：老子三十章「以道作人主者，不以兵強天下，其事好還，師之所處，荊棘生焉；大軍之後，必有凶年。」又三十一章：「兵者，不祥之器，非君子之器；不得已而用之，恬淡爲上（不窮兵黷武），勝而不美，而美之者，是樂殺人，夫樂殺人者，則不可以得志於天下矣，夫佳（本佳字商甲文已假爲惟，非佳美字）兵者，不祥之器，物或惡之，故有道者不處。君子居則貴左，用兵則貴右；吉事尚左，凶事尚右，言以喪禮處之，殺人之衆，以哀悲泣之；戰勝，以喪禮處之。」由上知雜卦傳之所謂「憂」者？憂患、災禍之謂也。故孟子於好戰、多殺、痛惡之至！孟子曰：有人曰「我善爲陳，我善爲戰，大罪也（盡心下）。」又曰：「爭地以戰，殺人盈野；爭城以戰，殺人盈城，此所謂率土地而食人肉，罪不容於死，故善戰者服上刑。」於理應服上刑。昔趙之宿將趙奢，嘗大破秦軍，然不敢言兵，其子趙括年少，輕言兵事，後爲將，卒爲秦將白起所殺，秦阬趙降卒四十餘萬衆。先是，其父奢嘗曰：「兵，死地也，而括易言之！趙若將括，破趙軍者必括也。」果然！（見史記卷八十一，趙奢列傳）今乃知師卦辭曰：「師貞，丈人及，无咎。」確有深意，足以垂戒萬世也。

八、比

《傳》

甲、彖傳：「比，輔也，下順從也。」

乙、序卦傳：「比也。」

丙、雜卦傳：「樂。」

按比，「親密」之意。

說文八上：「，密也。二人爲從，反從爲比，，古文比。」段注「本義謂相親密。」極確當。按甲骨文、鍾鼎文反書、正書不分，比與從本一字，其義一也。從爲隨行，比爲密比，必先有親和之情，而後相隨相從，密契而無間也。

彖傳「比，輔也，下順從也。」者？據卦象比☵☷坤下坎上，九五天位其下衆陰以象萬民，陰必從陽，聲氣相應求，勢之自然，故曰「輔」，佐助，擁戴之意，以其順從也。

序卦傳：「比者，比也。」此疊本字爲訓，下比字即爲「親密」之意。

雜卦傳訓「樂」者？人與之比，得人親和之情，萬衆一心，無往而不利，不樂何爲？

九、小畜

《傳》

雜卦傳：「寡也。」

按畜，「蓄積」、「積聚」之義。小畜，所蓄者小也。

說文十三下曰：「，田畜也。淮南王曰元田爲畜。」段注：「田畜，謂力田之蓄積也」。貨殖傳曰：「富人爭奢侈，而任氏獨折節爲儉，力田畜。艸部曰畜，積也，畜與蓄義略同。丑六切，又許六切。」按廣韻畜蓄同在一屋，聲韻畢同，故通用，畜爲田畜，力田所得，若今農民之儲蓄也。小畜，所蓄者小，小即少也。故雜卦傳訓「寡」，寡，少也。

十、履

《傳》

甲、彖傳：「履，柔履剛也。」

乙、繫辭傳：「德之基也。」

丙、序卦傳：「不處也。」

按履，「踐履」、「行進」之義。此以名詞作動詞也。

說文八下曰：「，足所依也，從尸，服履者也。從彳、夊，從舟，象履形。」

據經文：

卦辭曰：「履虎尾，不咥（齧也）人，亨」言履躡虎尾，不干虎威，虎自不噬齧人。又六三爻：「眇能視，跛能履，言跛者亦能行進。」又九四爻：「履虎尾，愬愬終吉。」此與卦辭之意近，言履躡虎尾，雖愬愬危懼而終吉者，以不當虎首也。皆「履」爲「踐履」之義也。

象傳「柔履剛也。」者？履卦䷉兌下乾上，六三在二陽之上，故曰「柔履剛」，即卦象可見。

履訓「踐踏。」

繫辭傳：「德之基也」者？履爲踐履，德貴實踐，躬行實踐，爲入德之基石，此「三陳九德」卦之始。

序卦傳「有禮」者？履卦䷉下兌上乾，其象上天下澤，天高澤卑，卑高以陳，貴賤位矣，高下，尊卑，貴賤，禮之所由起，故曰「有禮」。說文一上：「禮，履也，所以事神致福也。」說文以履訓禮，蓋本序卦傳。

雜卦傳「不處也。」者？履爲「踐履」，遂有「行進」之義，繼小畜之後，於學業小有所畜，可以出而作事，故曰：「不處也。」此牛刀小試之時也。

十一、泰

《傳》

序卦傳：「通。」

按泰有「通泰」、「通暢」之義。

說文十一上曰：「泰，滑也。從廾、水（會意），大聲。」段注「水在手中，下溜甚利也，滑則寬裕，引深爲縱泰、泰侈。」是泰由滑利、寬，自有「通泰」之義。

經文

卦辭：「泰，小往大來吉，亨。」泰☷☰乾下坤上，三陽在內卦，三陰在外卦，凡卦之外曰「往」；適內曰「來」。三陰在外曰「小往」；三陽適內曰「大來」，是以小大稱陰陽，經文已著其義。彖傳又曰：「內君子而外小人。」則是以陽爲君子，而以陰爲小人，易有尊陽抑陰之義矣。經文既曰「小往大來吉亨。」彖傳即曰「『小往大來吉亨。』則是天地交而萬物通也。」此句至緊要！天地如何交？乃天地陰陽二氣之交會也。天地、乾坤、陰陽、剛柔、動靜，異名同實，即一物一事，此義不明，不足言易。又天地陰陽二氣之交會，萬物以通者？蓋二氣和會，元氣淋漓，草木暢茂，百花怒放，民人歡愉，萬物欣欣向榮，此正天地「通泰」，萬物暢達之時，非通而何？禮記月令：「是月（孟春）也，天氣下降；地氣上騰，天地和同，草木萌動。」尤足證驗，群經足以解易，此之謂。泰九三爻「无平不陂，无往不復。」象傳：「无往不復，天地際也。」「小往大來」，乾下坤上（天氣下降，地氣上騰），二氣交會，正是「天地之際」（際，交會）於卦象，九三與六四，亦當二體之際會，故象傳「天地際也」句，亦爲泰可訓「通」之確詁。又按十二消息卦，泰，值正月，正當春令，諺云：「三陽開泰」者，亦有至理存焉。要之，泰有「通泰」之義，無庸置疑。

十二、否

《傳》

雜卦傳：「反其類也。」

按否有「閉塞不通」之義。泰否二卦對待，否正與泰相反，泰訓通；否，則閉塞不通矣。雜卦傳

「反其類也」者，正就兩卦對待之理而言。六十四卦，兩兩相待，以著宇內萬有，悉寓對待之理，惟「道」爲絕待也。

說文十二上曰：「否，不也。從口，不（會意），不亦聲。」段注：「不者，事之不然也。否者，說事之不然也，音義皆同，引申之義訓爲不通，符鄙切。」

經文：

卦辭曰：「否之匪人，不利君子貞，大往小來。」彖傳「『否之匪人，不利君子貞，大往小來』，則是天地不交萬物不通也。」乾上坤下（陽上陰下）陰陽二氣不得交會，故萬物不通也。禮記月令：「孟冬之月，日在尾……是月也，天氣上騰，地氣下降，天地不通，閉塞而成冬。」此明所以不通之理，由於二氣不能交會而和合也。故冬令至，霜雪嚴寒，草木凋零，大地蕭條寂寞，了無生氣，民人亦感瑟縮不安，一若衷心湮鬱不得一舒，蓋時令，氣候之所致，人物胥受其影響也。

十三、同人

《傳》

雜卦傳：「親也。」

按同人，與人和同之義。

雜卦訓「親」，同爲和同，親，即親切、和睦之義。序卦傳：「與人同者，物必歸焉。」和同，則人必親附，歸之者衆矣。孟子萬章下，伊尹曰：「何事非君，何使非民，治亦進，亂亦進……柳下惠不羞污君，不辭小官……」此即和同之謂也。

十四、大有

《傳》

雜卦傳：「衆也。」

按大有，「所有者大」，有衆之義。大，非小大之大，乃是衆、多、盛之義，訓詁之例，中國文字用法之現象，若隱而日章也。雜卦訓「衆」即有衆也。彖傳：「柔得尊位大中而上下應之曰大有。」大有卦☲☰乾下離上，五爲天位，即尊位，上下應之者？六五孤居尊位，上下群陽皆響應之，所擁有者大（衆多），故曰大有。孟子盡心上，孟子曰：「廣土衆民，君子欲之。」大有，所有者大，得衆也。禮記大學：「有德此有人，有人此有土，有土此有財，有財此有用。」有人之大，孰能小之？

十五、謙

《傳》

甲、繫辭傳：「德之柄也。」

乙、雜卦傳：「輕。」

按謙，謙讓，謙沖，謙虛之義。說文三上「謙，敬也。從言，兼聲。」段注「敬，肅也，謙與敬義相成。」

繫辭傳：「德之柄也。」者？此三陳德之二。柄，本也，人所執持，謙德至要，至尊，作易者尤重謙卦，故六爻皆吉，人當操守，終身不渝，故卦辭曰「謙亨，君子有終。」

彖傳曰「謙尊而光，卑而不可踰，君子之終也。」言君子當終生篤守以成其德也。雜卦傳訓「輕」者？位處卑退讓，不自重大，故曰「輕」，蓋云檢束，斂抑，守約之義。彖傳又曰：「天道下濟而光明，地道卑而上行，天道虧盈而益謙，地道變盈而流謙，鬼神害盈而福謙，人道惡盈而好謙。」此言天道、地道，鬼神皆惡盈好謙明「謙」本自然之法則，其理若此。詩小雅十月之交曰：「百川沸騰，山冢崒崩，高岸爲谷，深谷爲陵，哀今之人，胡憯莫懲？」地道變盈，詩人固已知之！揚雄解嘲曰：「高明（顯赫）之家，鬼瞰其室。」此鬼神之害盈也。書說命中：「有其善，喪厥善；矜其能，喪厥功。」大禹謨：「帝曰來，禹……克勤于邦，克儉于家，不自滿假，爲汝賢。汝惟不矜，天下莫與汝爭能；汝惟不伐，天下莫與汝爭功……益贊于禹曰：「惟德動天，無遠弗屆，滿招損，謙受益，時（是）乃天道」有善矜能，易致爭訟，滿損謚益，是乃天道，正與彖傳所示之天道相合，此雖出於僞古文，然必前有所承，亦理之所不可無也。又老子九章：「持而盈之，不如其已。」二十二章：「不自見故明；不自是故彰；不自伐，固有功；不自矜故長。夫惟不爭，故天下莫能與之爭。」二十八章：「知其雄，守其雌，爲天下谿……知其白，守其黑，爲天下式，知其榮，守其辱，爲天下谷……」莊子天下篇評老子曰：「以濡弱謙下爲表。」皆老莊深知易道貴「謙」之旨，宋儒謂老莊深於易者也，可謂知言。

十六、豫

《傳》

雜卦傳：「怠。」

按豫，有寬大、舒緩、悅樂之義（義皆相因）。

說文九下：「豫，象之大者，賈侍中說，不害於物。從象，予聲」段注：「此豫之本義，故其字從象，引申之凡大皆稱豫。」

淮南子、史記循吏傳、魏都賦皆云「市不豫價」謂賣物者大其價以愚人，大必寬裕，寬大則樂，故釋詁曰：「豫，樂也。」

易鄭注曰：「豫，喜豫說樂之貌也。」雜卦傳訓「怠」者？說文十下曰：「怠，慢也。從心，台聲。」是怠，怠慢，懈怠之義。此由悅樂之義引申而來，悅樂稍過則怠慢，玩忽之心生。荒淫，敗亡之果，亦由茲而起。經文初六爻曰：「鳴豫，凶。」六三爻曰：「盱豫悔。」（盱，張目也，又通訏，大也）皆耽於逸樂，故著凶，悔之誡也。

十七、隨

《傳》

雜卦傳：「无故也。」

按隨，有「隨時」之義。

據彖傳：「隨大亨貞无咎（此引經文元亨利貞无咎，釋元爲大），而天下隨時，隨時之義大矣哉。」

據傳意，是天下能隨時，乃可以大亨貞无咎，又曰「隨時之義大矣哉」，足證易強調「隨時」之義也。又象傳：「澤中有雷隨，君子以嚮晦入宴息。」澤潤物而物說，彼動而此說，說而相隨也，嚮晦入宴息，隨時作息（日入而息），「隨時」之義至明！

雜卦傳「无故也」者？不循故常，即隨時之義。易特重「時」，自乾、蒙、需、師、比、履、謙、蠱、臨、觀、噬嗑、賁、剝、復、頤、咸、遯、明夷、家人、蹇、損、困、井、革、鼎、震、艮、漸、歸妹、履、兌、渙、凡三十二卦，皆著「時義」可見。

十八、蠱

《傳》

甲、序卦傳：「事也。」

乙、雜卦傳：「飭也。」

按蠱，「事也」，有「幹事」之義。

觀經文：初六爻曰：「幹父之蠱，有子，考无咎。」九二爻曰：「幹母之蠱。」九三爻曰：「幹父之蠱，小有悔，无大咎。」六四爻曰：「裕父之蠱」六五爻曰：「幹父之蠱，用譽。」幹某之蠱，及幹某之事，亦即「幹事」。焦循易通釋：「序卦傳『蠱者，事也。』文言傳：『貞者，事之幹也，貞固定以幹事。』幹蠱，猶幹事也。」甚得經旨。王引之經義述聞：「蠱爲疑惑，爾疋曰『蠱，疑也。』此一義也，蠱又爲事，釋文曰：『蠱亦音故』，蠱之言故也。襄二十六年左傳：『問晉故焉。』昭三十年公羊傳『習乎邾婁之故。』杜預、何休注並曰：『故』，事也。二義各不相因。」按蠱在廣韻上聲十姥，公戶切；故在十一暮，古暮切，二字雙聲，上，去又一音之轉，故蠱，故得相通假，蠱之訓「事」，迭有徵矣。

雜卦傳訓「飭」者？韓康伯注：「飭，整治也。蠱所以整治其事也。」事之整治，與「幹事」之義正合。

說文十三下曰：「蠱，腹中（去聲）蟲也，春秋傳曰：『皿蟲爲蠱（昭元年左氏文）』，從蟲，從皿（會意）。」此就字形言，蠱之本義。易則假爲「故」而訓「事」也。

十九、臨

《傳》

甲、序卦傳：「大也。」

乙、雜卦傳：「與。」

按臨有監臨、面臨之義。

說文八上曰：「臨，監也。從臥，品聲。」

論語爲政篇：季康子問使民敬忠以勸如之何？子曰：「臨之以莊，則敬。……」又泰伯篇：「臨大節而不可奪也。」是臨有監臨，面臨之義也。復有自上臨下之義；書大禹謨：「臨下以簡。」荀子勸學篇「不臨深谿，不知地之厚也。」史記平原君傳：「美人居樓上臨見，大笑之。」毛奇齡仲氏易曰：「地臨水曰臨（按臨卦䷒兌下坤上，上地下澤，澤蓄水故云），如臨深然，故以卦言之，則爲坤臨兌。」此亦證臨取監臨、面臨之訓也。

序卦傳云「大也」者？按彖傳曰：「臨剛浸而長。」二陽（初九九二）在下方盛故云大，大即盛也。

雜卦傳訓：「與。」者？說文三上：「與黨與也。」黨與，猶朋類也。引申有交際之義，注：「以我臨物。」言臨，必與人，物相交際也。

二十、觀

《傳》

雜卦傳：「求。」

按觀，諦視之義。

說文八下曰：，諦視也。從見，雚聲。」段注「宷（審）諦之視也。凡以我諦視物曰觀；使人得以諦視我亦曰觀。」經文：卦辭「觀盥而不薦，有孚顒若。」彖傳：「大觀在上（觀卦䷓坤下巽上，句指九五爻），順而巽，中正以觀天下（仍指九五），觀盥而不薦，有孚顒若，下觀而化也。……」傳中觀字實兼觀示，瞻仰二義：「中正以觀天下」，觀示也，以威儀示人也；「下觀而化也」，瞻仰之義，爲人所取法也。雜卦傳訓「求」者？爲人所觀瞻，有所取資（求），取法也。論語堯曰：「君子正其衣冠，尊其瞻視，儼然人望而畏之。」則與彖傳「下觀而化也」之句意同。魏了翁觀亭記曰：「觀卦彖、象爲觀示之觀，六爻爲觀瞻之觀。」焦循易通釋曰：「觀，即設卦觀象之觀（觀示）。」亦知觀之有二義也。

二十一、噬嗑

《傳》

甲、序卦傳：「合也。」

乙、雜卦傳：「食也。」

按噬嗑，齧合也。

說文二上曰：「噬，啗也，喙也。從口，筮聲。」又「嗑，多言也，從口，盍聲。」

序卦傳訓「合」者？合，即齧合。雜卦傳訓「食」與序卦傳之訓相足，相成，凡食必上下齒相接，以斷決、咀嚼食物，而後下咽也。卦辭：「噬嗑亨，利用獄。」用獄以鋤強梗，所以斷制桀猾，以安善良，故取噬嗑之象。彖傳：「頤中有物曰噬嗑」頤中有物，必齧合而後可食，皆與卦名應。

二十二、賁

《傳》

甲、序卦傳：「飾也。」

乙、雜卦傳：「无色也。」

按賁，飾之義。

說文六下：「賁，飾也。從貝，卉聲。」

彖傳：「賁亨，柔來而文剛，故亨，分剛上而文柔（按賁與噬嗑對待，二句就兩卦之顛倒相對而言），故小利有攸往，天文也；文明（離爲文明）以止（艮止），人文也。觀乎天文，以察時變，觀乎人文，以化成天下。」據傳，則賁有文飾之義至明，而後世言天文、人文、文化之名，胥源於此。

雜卦傳訓「无色也」者？注「无定色也。」言其色非一，京房易傳：「五色不成謂之賁，文彩雜也。」是。

二十三、剝

《傳》

甲、彖傳：「剝，剝也，柔變剛也。」

乙、序卦傳：「剝也。」

丙、雜卦傳：「爛也。」

按剝有剝裂、殘破之義；亦有剝蝕、剝落之義，相因相足。

說文四下曰：「剝，裂也。從刀、彔，刻也，彔亦聲。」段注：「剝，殘其皮，殘其實也。」

詩豳風、七月：「七月食瓜……八月剝棗。」今食瓜果，每剝其皮，其義至明。

彖傳：「剝，剝也，柔變剛也。」者？剝䷖坤下艮上，五陰剝蝕一陽，一陽見侵偪，幾免於難，故經文上九曰「碩果不食不食」，柔變剛也。即以陰消陽也。此彖傳發明易之大義也。

雜卦傳訓「爛也」者？說文十上作爛云「爛」，火孰（熟）也，從火，蘭聲。」以火熟物，物熟則糜爛，殘破之義在焉。

左傳定三年：「邾子自投於床，廢於鑪炭，爛。」是也，今俗凡物毀壞，破敗仍曰「爛」也。

二十四、復

《傳》

甲、繫辭傳：「德之本也。」

乙、雜卦傳：「反也。」

按復，往來、往復。返還之義。其義相因。

說文二下：「復，往來也。從彳，复聲。」段注：「辵部曰返還也，還，復也。皆訓往而仍來也。」是往來、往復一義，皆返也，還也。雜卦傳訓「反」者？反，返古今字，反，還也。儀禮士冠禮：「主人受眡反之。」注：「反，還也。」漢書董仲舒傳：「反之於天。」注：「反，謂還歸之也。」

復卦之名何以取反、還之義？按復䷗與剝䷖顛倒相對，剝卦倒之爲復，剝上九一陽，未能剝滅，至復而一陽又反還爲初九爻矣。故彖傳曰「剛反」，即指復初九一陽而言也，卦辭曰：「反復其道，七日來復。」亦謂復「初九」之重還也。

繫辭傳云「德之本也」者？此三陳九德之三，反本復初，爲入德之基也。本初，指「仁」，論語顏淵篇：「顏淵問仁，子曰：『克己復禮爲仁。』孔注：『復，反也，身能反禮，則爲仁矣。』」

二十五、無妄

《傳》

雜卦傳：「災也。」

按無妄卦、妄，爲邪、亂；與正、眞相對。無，古文奇字無（說文）。無妄者，祛除邪亂，則爲正大，爲眞誠矣。

說文十二下曰：「妄，亂也。從女，亡聲。」增韻：「妄，誕也，罔也。」妄與眞相對，圓覺經：「認妄爲眞，雖眞亦妄。」史記封禪書：「視其書不經，疑其妄書。」則「妄」有僞義。禮記儒行：「今衆人之命儒也，妄。」釋文「妄，虛妄也。」彖傳：「大亨以正，天之命也。」易言天命即是天道，言天道之正大無妄也。雜卦訓「災」者？經文：卦辭：「無妄元亨利貞，其匪正有眚，不利有攸往。」眚，災也。國語楚語：「夫誰無疾眚。」注：「眚，災也。」後漢書郎顗傳：「景雲降集，眚沴息矣。」注：「眚沴，爲災氣。」經文「其匪正有眚。」言不正之人當有災殃，天道福善禍淫（商書湯誓）所以警邪亂也，故曰災，即云妄則有災也。

二十六、大畜

《傳》

雜卦傳：「時也。」

按大畜，所畜者大也。大，謂厚，多。與前小畜相承。畜，積、養也。所畜者大，謂畜其德業也。象傳：「天在山中大畜，君子以多識前言往行以畜其德。」畜爲畜德，非言財富至明。卦辭曰：「不家食吉。」彖傳：「『不家食吉』，養賢也。」人已德成業備，國家實利賴之，所謂「尊賢使能，俊傑在位，則天下之士皆悅而立於其朝矣。（孟子公孫丑上）。」故卦辭曰：「不家食吉。」言可出而仕宦矣。

雜卦傳訓「時也」者？言時時畜之，不可或已。如膏澤之浸，雨露之潤則德業日進而大成也。

二十七、頤

《傳》

甲、序卦傳：「養也。」

乙、雜卦傳：「養正。」

按頤，爲顄，爲顎，主嚼食物，故有「頤養」之義。

頤爲顎，下顎與上顎之總稱，即面頰也。卦之名頤，取人頤之象，此所謂「進取諸身」也。說文十二上曰：「𦣞，顄也象形（段注：『當横視之，口上、口下、口中之形俱見矣。』）頤，篆文。」

序卦傳：「養也。」者？頤主司飲食，所以養人，故訓養。彖傳；「觀頤，觀其所養也，自求口實，觀其自養也，天地養萬物，聖人養賢以及萬民。」後漢書王符傳：「頤育萬物，以成大化。」韓愈閔己賦：「亦足以頤神而保年。」皆訓頤爲養。

雜卦傳曰「養正」者？卦辭曰：「頤貞吉觀頤，自求口實。」彖傳：「頤貞吉，養正則吉。」是雜卦云「養正」，承彖傳之意也（按傳文年代，彖傳早而雜卦爲晚也）。養正之義，孟子言之尤詳。告子篇：孟子曰：「人之於身也，兼所愛；兼所愛則兼所養也……體有貴賤，有大小，無以小害大；無以賤害貴；養其小者爲小人；養其大者爲大人……飲食之人，則人賤之矣，爲其養小以失大也（只養小體口腹）。」又曰：「公都子問曰：『鈞是人也，或爲大人，或爲小人，何也？』孟子曰：『從其大體爲大人；從其小體爲小人。』曰：『均是人也，或從其大體，或從其小體，何也？』曰：『耳目之官，不思而蔽於物（外物），物交物，則引之而已矣（引之而去）。心之觀則思，思則得之，不思則不得也。此天之所與我者，先立乎其大者（心），則其小者（耳目、口腹等）不能奪也，此爲大人而已矣。』」孟子所謂「養其大體」即養其心（荀子以心爲天君，主宰一身甚是），萬章篇曰：「故苟得其養，無物不長……孔子曰：『操則存，舍則亡。』出入無時，萬知其鄉（向之本字），唯心之謂與。」善養其心，其餘不能動搖（奪），則是養其正也。宋儒每以孟子知易，蓋此之類。

二十八、大過

《傳》

甲、彖傳：「大者過也。」

乙、雜卦傳：「顚也。」

按大過，陽爻過多也。

象傳：「大者過也。」者？大者，指陽爻。陽稱大；陰曰小，泰卦辭「小往大來。」即謂三陽在內，三陰在外已見泰卦各條。

雜卦傳云「顛也」者？說文九上曰：「，頂也，從頁，眞聲。」段注：「顛爲最上（訓頂），倒之則爲冣（最）下，故大雅『顛沛之揭』，傳：『顛，仆也。』論語：『顛沛。』馬注：『偃仆』離騷注：『自上下曰顛』」段注：釋顛爲偃仆，人顛則頭著地（俗曰倒），此由「頂」之義引申，雜卦訓「顛」，正取偃仆、顛倒之義，以房屋言，則倒塌。觀大過卦辭：「棟橈。」象傳：「『棟橈。』本末弱也。」大過䷛四陽二陰，初六爲本；上六爲末（本末即終始）本末均陰爻、陽剛陰柔，弱即柔，棟既橈折（橈，摧折）屋焉有不倒之理，故雜卦云「顛也」，直承卦辭、象傳而言，是也。

象傳又發「大過之時大矣哉」之義者？蓋告人處大過之時（非常時期，如國家成敗、興亡之際），可以大過，有大過人之才，爲人所不敢爲，人所不能爲，特立獨行，撥亂反治以拯生民於水火，措國家於磐石，易則深許之也。故象傳有「君子以獨立不懼」之勸也。

二十九、坎

《傳》

甲、象傳：「重險也。」

乙、說卦傳：「陷也。」

丙、序卦傳：「陷也。」

按坎，陷阱也，故有險義。

說文十三下曰：「埳，陷也。從土，欠聲。」又十四下曰：「險，阻難也。」從阜，僉聲。又曰「陷，高下也，從阜，臽聲」段於陷字下注曰：「自高入於下曰陷，凡深沒其中曰陷。」是陷，自高處墜落極低之處而深沒於其中，不能拔出也。金文宗周中陷字作「臽」形，象人被縛而投入深坑之中，今作陷（臽爲本字），是陷本「陷阱」也。坎爲陷阱，說卦、序卦訓陷正是。

彖傳云：「重險」者？坎卦☵☵坎上坎下，卦辭曰「習坎。」習爲鳥數飛，有重複之義，坎爲險，險而又險，故云。

彖傳又發：「坎之時用大矣哉？」蓋教人知險、用險之道也。故曰「天險不可升也（論語子張篇：『夫子之不可及也，猶天之不可階而升也。』），地險，山川兵陵也（知險）。王公設險以守其國（杜詩：『惟天有設險，劍門天下壯。』此教人用險。）」

三十、離

《傳》

甲、彖傳：「麗也。」

乙、說卦傳：「明也，麗也。」

丙、序卦傳：「麗也。」

丁、雜卦傳：「離上而坎下也。」

按離，本鳥名（離黃），與麗雙聲，有「附著」之義。

說文四上曰：「離，離黃，倉庚也（段注，今之黃雀），鳴則蠶生，從隹，离聲。」又十上曰：「，旅行也。鹿之性見食急則必旅行，從鹿丽。」旅行，群相從。段注「兩相附則爲麗。」是麗有「附著」之義也。按離、麗皆來母字，爲雙聲，故以麗訓離，取附著之義。

彖傳：「離，麗也。日月麗乎天；百穀草木麗乎土，重明以麗乎正，柔麗乎中正，故亨。」按日月麗天，百穀麗土，柔麗中正（六二、六五居中得正）諸「麗」字，皆「附著」之義，百穀草木爲植物，其附著於土至明也。故說卦、序卦同訓麗，說卦又曰：「明也。」者？取其象，離爲日、爲火，故曰「明也」。

雜卦曰「離上而坎下也」者？綜二卦卦象之質性而言，離爲火，火性炎上；坎爲水，水性就下。書洪範曰：「水曰潤下；火曰炎上。」孟子告子篇：「人性之善也，猶水之就下也。人無有不善，水無有不下。」故云然。

三十一、咸

《傳》

甲、彖傳：「感也。」

乙、雜卦傳：「速也。」

按咸有「感動」、「感通」之義。

說文二上曰：「咸，皆也，悉也。從口、從戌，戌，悉也。」又十下曰：「感，動人心也。從心，咸聲。」據咸之字形，無感動意，然感，「從心，咸聲」今聲韻學每稱感爲「聲子」，咸爲「聲母」，聲子之義，每由聲母衍生、孳乳而來，古文字學名之曰「聲化」，取聲母分化爲若干聲子，若干聲子之爲字，又每保有聲母以爲其字之「字根」。此文字學之通例。據此（感，從心咸聲）咸之訓感，乃是以聲子訓聲母，爲形馨字之正例也。

雜卦傳訓「速」者？言感應之速也。易繫傳曰：「易，无思也，无爲也，寂然不動，感而遂通天下之故，非天下至神，其孰能與於此。」不感則已，感而遂通天下之故，誠天下之至神，「遂通」，「至神」，極言其速也。彖傳：「二氣感應以相與……天地感而萬物化生，聖人感人心而天下和平，觀其所感而天地萬物之情可見矣。」傳曰「二氣感應以相與天地感而萬物化生」，言陰陽二氣之交感和會以化生萬物，此自然之律則也。「聖人感人心而天下和平」，此是人之感應，而又曰：「觀其所感，而天地萬物之情可見矣。」則是發明「宇宙萬物確有感通、感應之至理存焉。」彖傳於咸、恆、萃三卦，均有「而天地萬物之情可見矣」句，明此爲哲理（眞理）不可易也。至於人物感通之速，史不乏例。

後漢書卷三十九，列傳第二十九，周槃傳：「槃同郡（汝南）蔡順，字君仲，亦以至孝稱。順少孤養母，嘗出求薪，有客卒至，母望順不還，乃噬（齧也）其指，順即心動，棄薪馳歸，跪問其故？母曰：『有急客來，吾噬指以悟汝耳！』母年九十，以壽終，未及葬，里中災（火災本字），火將逼其舍，順抱扶棺柩，號哭叫天，火遂越燒他室，順獨得免……」此足證人天，人人皆有感通，感應之理也。

三十二、恆

《傳》

甲、彖傳：「久也。」

乙、繫辭傳：「德之固也。」

丙、序卦傳：「久也。」

丁、雜卦傳：「久也。」

按恆，恆久，不變之義。

說文十三下曰：「，常也（段注：「常，當作長，古長久字衹作長，或借下群之常爲之」）從心，舟在一一之間上下（往復），心以舟施恆也。」按一一象兩岸，舟在兩岸之間往復渡人，長久不變，人心有恆亦如是也。段之意長久是本字，常久爲假借，今通用「常久」。

彖、序、雜三傳皆訓久，恆爲「恆久」、「長久」自是。

序傳云「德之固也。」者？此三陳九德之四，固，固執，固守，堅貞不移，持久不渝之謂。固執，擇善固執，非剛愎自用，膠泥不通也。德貴操守，貫徹始終，故云「德之固也。」恆卦之「恆久」，主言天道本如是（恆久不變），易有三義：曰簡易、變易、不易（皆見繫傳），恆久，即不易也，彖傳論恆久之理曰：「『恆亨，无咎，利貞（卦辭）』，久於其道也，天地之道，恆久而不已也。日月得天而能久照；四時變化而能久成；聖人久於其道而天下化成（論語子路篇：子曰：「如有王者，必世而後仁」，又曰：「善人爲邦百年亦可以勝殘去殺矣」正此意），觀其所恆而天地萬物之情可見矣。」傳明「恆久」爲天道，天道至誠無息（見中庸），故曰「恆久不已」「日月得天而能久照。」莊子深諳此理，莊子大宗師篇：「夫道（天道）、有情有信，無爲無形……維斗德之，終古不忒；日月得之，終古不息（此襲彖傳）。」韓非子解老篇：「道者……天得之以高，地得之以藏……日月得之以恆其光……四時得之以御其變氣（仍用彖傳意。）」「觀其所恆而天地萬物之情可見矣。」亦指出「恆久」之爲天道，亙古如斯也。

三十三、遯

《傳》

甲、序卦傳：「退也。」

乙、雜卦傳：「退。」

按遯，逃避、隱退之義，說文二下曰：「，逃也。從辵，豚聲。」今作遁，同音通假。又曰：「，卻也，從彳、日、夊，一曰：行遲。，古文從辵。」知退爲古文、退，乃篆文。卻，即退之義。

序、雜二傳皆訓退，鄭康成易注：「遯者，逃去之名。」與傳義合。遯有「隱退」之義者？遯卦䷠艮下乾上，二陰在下方盛。四陽當隱退逃避，故彖傳曰：「『遯亨』，遯而亨也（明不遯則不能亨），剛當位而應，與時行也。『小利貞』，浸而長也。」浸而長，指初六、六二，二陰方長，不退，將見陵逼，君子見幾而作（繫傳）也。

三十四、大壯

《傳》

甲、彖傳：「大者壯也。」

乙、雜卦傳：「止。」

按大壯，陽爻壯盛也。陽曰「大」。

彖傳「大者壯也。」釋卦名已明足。大壯卦䷡乾下震上，四陽二陰，自初九至九四，由下次第而上，浸長之勢，故云。

雜卦傳云「止」者？韓康伯注：「大正則小人止。」按象傳：「雷在天上大壯，君子以非禮弗履。」言非禮則止也。卦辭：「大壯，利貞。」彖傳：「『大壯利貞。』，大者，正也。正大而天地之情可見矣。」末句，「正大而天地之情可見矣。」言天地有正大之氣也。大壯，正氣壯大，孟子所謂浩然之氣，至大至剛（公孫丑上）充塞兩間者也。雜卦傳云「止」者？以正大為止（極則），知其所止，亦「止」之義也。

三十五、晉

《傳》

甲、彖傳：「晉也。」

乙、雜卦傳：「晝。」

按晉，進也。

說文七上曰：「，進也，日出而萬物進。從日，從臸（段注：「臸，『人質切』到也。從日出而作會意。）」易曰：『明出地上晉（按象傳文）。』」按說文從象傳訓「進」，又引象傳爲說，乃「引經說字」之佳例。晉卦䷢坤下離上，離日坤地，正日出地上之象如晝也。

雜卦傳曰「晝」者，日出地上，天已旦明，故爲白晝。

說文曰「日出而萬物進。」段注：「從日出而作會意。」則進之實，即爲人物之「活動」，其義至精！此亦字書之可貴處也。

三十六、明夷

《傳》

甲、序卦傳：「傷也。」

乙、雜卦傳：「誅也。」

按明夷，明見傷也。

說文十下曰：「，東方之人也，從大從弓。」段注：「夷，傷也，即痍之假借也。」又說文

七下曰：「痍，傷也。（段注：「公羊成十六年：楚何以不稱師？王痍也，王痍者何？傷乎矢也。」）從疒夷聲，是夷訓傷乃假字，本字當作（痍）也。

雜卦傳訓「誅」者？說文三上曰：「誅，討也（段注：「凡殺戮糾責皆是。」）。從言，朱聲。」據段注，誅即有「殺戮」之義。

史記秦本紀：「武公三年，誅三父等而夷三族。」國語周語：「是以人夷其宗廟。」漢書張湯傳：「君所治，夷滅者，幾何人矣？」荀子君子篇：「故一人有罪，三族皆夷。」廣雅釋詁：「夷，滅也。」由上知訓傷訓誅，其義相足。明夷卦☷☲離下坤上，日光沒入地下，其明見傷，故云然。

三十七、家人

《傳》

雜卦傳：「內也。」

按家人，家內之人，父子兄弟夫婦居室之謂也。

雜卦傳訓「內」考？卦辭：「家人，利女貞。」彖傳：「家人，女正乎內；男正乎外，男女正天地之大義也。」據此，則「內」爲家內，猶言閫也。家人卦☴☲離下巽上，二五在中，中，內也，上下卦，又以內卦爲主，六二居中得正，故經文曰：「利女貞。」又按此「內」字，又有親密，和諧之義，以內外；親疏；近遠；主從；主客，其義互通，即所謂「內」，即親，即近，即主；「外」，即疏，即遠，即從，即客是也。春秋「內魯而外諸夏；內諸夏而外夷狄」，此內外，正用親疏，遠近……

…之義。故雜卦傳云「內也」，內亦親密之義，家人以恩情爲主，故重親密、和諧也。易否卦，疏：「內，親也。」至彖傳又曰：「家人有嚴君焉，父母之謂也。父父、子子、兄兄、弟弟、夫夫、婦婦而家道正，正家而天下定矣。」此不僅與春秋正名之旨合，「正家而天下定」，又由內以及於外，又與大學修齊治平之理合也。

三十八、睽

《傳》

甲、序卦傳：「乖也。」

乙、雜卦傳：「外也。」

按睽有乖戾，違背之義。

說文四上曰：「睽，目不相聽也。從目，癸聲。」段注：「聽猶順也，二目不同視也。」爲二目視線不一致，相乖違不順也。又四上曰：「乖，戾也。從𠁥（乖買切，羊角開也）兆（兆，段皆取分背之義）。」是乖，分背之義。

雜卦云「外」者？與家人卦之「內」相對，內爲親密，外自有乖違、「疏離」之義也。

又按睽所以有乖違之訓者？彖傳：「睽，火動而上，澤動而下；二女同居，其志不同行……。」睽卦䷥兌下離上，離火澤水；火性炎上，水性就下，背道而馳，故是睽違；離爲中女，兌爲少女，二女同居，各懷其所好，亦爲乖戾，卦象如是也。睽本乖違，彖傳又發用睽之道而曰：「天地睽而其事同也；男女暌而其志通也；萬物暌其而其事類也，暌之時用大矣哉！」者？言天尊地卑，相去懸絕，而化育萬物之事則同；男女異性而相求相悅之志則通；萬物形別體殊而其稟二氣以生則一類也。用暌之道何？暌雖殊異，聖人則同其異，於衆異之中取其從同，不顯其異而合其同也。儒家以天下爲一家，中國爲一人，人與天地萬物爲一體，所謂大同盛世也。

三十九、蹇

《傳》

甲、彖傳：「難也。」難，乃旦切。

乙、序卦傳：「難也。」

丙、雜卦傳：「難也。」

按蹇行難，險難也。

說文二下曰：「，跛也。從足，寒省聲。」段注：「（烏光切音注。）部曰：『（俗作跛）』，蹇也』，轉注：，曲脛也。易曰『蹇，難也。』行難謂之蹇。」段釋蹇爲行難，此其本意，跛者，不良於行，故云。彖、序、雜三傳皆訓「難」，此爲險難之義（難，乃旦切）。

蹇有「險難」之義者？蹇卦䷦艮下坎上，坎爲險，艮爲止。彖傳曰：「蹇，難也，險在前也。見險而能止，知矣哉！」蹇又有行難之義，象傳：「山上有水，蹇……」上坎爲水，故曰：「山上有水。」山路難行，又遇水，行尤難矣。傳又發「蹇之時用大矣」者？教人用蹇之道，見險而止，不徑犯險，知者也。

四十、解

《傳》

甲、序卦傳：「緩也。」

乙、雜卦傳：「緩也。」

按解即懈怠，「緩和」之義。解，音蟹。解，懈，古今字。

說文四下曰：「解，判也。從刀判牛角（會意）」又十下曰：「懈，怠也（段『古多假解爲之。』）。從心，解聲。」傳訓解爲「緩」者？解卦䷧坎下震上，彖傳曰：「解險以動；動而免乎險，解。」坎險震動，動乎險中，自然緊張，動而脫離險境（免乎險），則心情自趨緩和，天人一理，故曰緩。天地有解緩之時者？彖傳：「天地解而雷雨作；雷雨作而百果草木皆甲坼。」按首句爲倒裝句，當是「雷雨作而天地解。」雷雨大作或方作，一切在嚴急狀態之中，雷雨既作，雨過天青，天氣、人心均趨緩和，自然之勢耳。禮記，鄉飲酒謂「天地溫厚之氣，始於東北而盛於東南，此天地之盛德氣也，此天地之仁氣也……。」天地有溫厚之氣，名之曰「仁氣」，此天地解緩之時之所生也。

四十一、損

《傳》

繫辭傳：「德之修也。」

按損：「虧損」也。

說文十二上：「，減也（段，水部：減，損也。）從手，員聲。」損，減轉注，減少即虧損，說文五上曰：「虧，气損也。（段：引申凡損曰虧。）從亏聲。」

繫傳曰：「德之修也」者？此三陳九德之五也。修有降抑、克制之意，損為「損人肥己」，損卦䷨兌下艮上，澤水上潤山之草木，澤水日損而草木益滋，方之於人，則損人肥己也，君子不為，故當見利思義，見得思義，乃修為之君子故曰：「德之修也。」象傳亦曰：「山下有澤損，君子以懲忿窒欲。」懲忿窒欲，力求克制，修之謂也。

四十二、益

《傳》

甲、繫辭傳：「德之裕。」

乙、雜卦傳：「盛衰之始也。」

按益，饒足，利益也。

說文五上曰：「，饒也。（段：「食部曰：『饒，飽也。』凡有餘曰饒。」）從水，皿，水皿，益之意也。」益、溢，正俗字。又八上曰：「裕，衣物饒也（引申為凡寬足之稱。）從衣，谷聲。」是益，裕皆饒足之義。

繫傳曰：「德之裕也」者？此三陳九德之六也。益為損己利人，與損相對，象傳：「益，損上益下（損己利人），民說无疆，自上下下，其道大光……」「民說无疆，其道大光」，即謂「得道者多助，多助之至，天下順之（孟子公孫丑下）。」其德優游光大，博施而能濟衆也。

雜卦傳云「盛衰之始也」者？盛衰之始，猶言盛衰之幾；其幾在損益一念之間耳！蓋損（損人肥己）則失人；益（損己利人）則得衆；得衆則得國，而有天下，此盛之始也；無道而失人，失人則寡助，「寡助之至，親戚畔之（孟子公孫丑下）。」是損以失人，衰之始也。大學曰：「是故財聚則民散，財散則民聚……康誥曰：『惟命（天命）不于常道善則得之；不善則失之也。』」又曰：「詩云：『殷之未喪師，克配上帝，儀監于殷，峻命不易。』道得衆則得國；失衆則失國。」此以民之散聚，得衆失衆爲盛衰之幾，爲長國家者所宜三復而深思之也。

四十三、夬

《傳》

甲、象傳：「決也。」

乙、序卦傳：「決也。」

丙、雜卦：「決也。」

按夬有分決，排除之義。

說文三下曰：「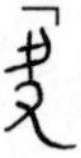，分決也。從又，，象決形（鍇曰：，物也，｜，所以決之）」吉賣切，十五部，又十一上曰：「決，下流也（決水之義，今言洩洪，引申爲決斷）。從水，夬聲。」古

穴切，十五部。按決從夬聲，以決訓夬，亦以聲子訓聲母也，形聲字，聲子、聲母每同部，夬，決同在段十五部可證。

孟子滕文公上：「禹疏九河，瀹濟漯而注諸海；決汝漢，排淮泗而注之江，然後中國可得而食也。」決與排爲同位詞，有除去壅塞、通流之意。

又按夬卦䷪乾下兌上，五陽決去一陰，決，顯有排除之意也。彖傳又發「夬，決也；剛決柔也。」之大義者？此與剝彖傳：「剝，剝也；柔變剛也。」前後輝映，剝爲陰消陽，夬爲陽消陰，有消則有息，消息盈虛，與時行也。用知易言陰陽消息，爲不可易，漢儒之論消息，一本乎此；此固易之大義，言易者所宜深思而熟玩之也。

四十四、姤

《傳》

甲、彖傳：「遇也。」

乙、序卦傳：「遇也。」

丙、雜卦傳：「遇也。」

按姤，本字當作「遘」，遇合也。三傳同訓。

說文二下曰：「遘，遇也。從辵，冓聲。」段注：「易姤卦釋文曰『薛云古人作遘，鄭同。』雜卦傳：『遘，遇也，柔遇剛也。』可以證全經皆當作遘矣。」

今按鄭康成易注本實作「遘」，鄭用古本易，知古文本作「遘」也。今雜卦傳不作遘，仍作姤，恐係後人所改。說文女部無「姤」字，廣韻去聲五十侯：「遘、構、媾、覯、冓、姤」同古侯切，故遘、姤以疊韻通用，然本字當作「遘」。

按遘之訓遇，於其字根「冓」字即可見，說文四下曰：「冓，交積材也，象對交之形。」物之對交，必相遇合，故遘、構、媾、覯諸字，皆有相交、遇合之義，以其字根同也。

姤之有遇義者？姤卦䷫巽下乾上，卦辭：「姤女壯，勿用取女。」彖傳：「姤，遇也，柔遇剛也。『勿用取（今娶字）女』，不可與長也。天地相遇，品物咸章也。」姤初六一陰在下，與陽相遇，初陰，陰長之象，經即曰「女壯」，言陰有滋長之象，當戒，易戒幾微，由此可見。又發「天地相遇，品物咸章」之義者？言天地陰陽二氣之相遇、會合，萬物皆化育而美盛，以見陰陽化育之功至大，難以言喻之矣。

四十五、萃

《傳》

甲、彖傳：「聚也。」

乙、序卦傳：「聚也。」

丙、雜卦傳：「聚也。」

按萃，萃聚，聚會也。

說文一下曰：「萃，草皃，從艸，卒聲。」按草多聚生，故引申有「聚會」之義。彖、序、雜皆訓聚是也。萃卦之取聚義何？萃卦䷬坤下兌上，地載萬物，澤生水草魚鱉，皆有萃聚物類之義。彖傳：「萃，聚也，順以說，剛中而應，故聚也。」順以說，爲人相聚之基本，剛中而應，指六二九五之相應，陰陽正應，應爻之最貴者也，此爲聲氣之應求（同聲相應，同氣相求）人物聚會之主因也。傳又發：「觀其所聚而天地萬物之情可見矣。」者？此爲哲理，言宇宙萬物有萃聚之通性，絕無例外！於人則爲樂群、合群之天性。荀子王制篇：「故人不能無群……君者，善群也。則萬物皆得其宜；六畜皆得其長；群生皆得其命。」其重視群性之義，至矣！

四十六、升

《傳》

雜卦傳：「不來也。」

按升，升起，上升也。

說文十上曰：「升，十合也。從斗，象形。」段注：「十合爲升，十升爲斗，十斗爲斛。」是升本量名。升有上升之義，經傳常見。詩小雅、天保：「如日之升。」論語子張篇：「夫子之不可及也，由天之不可階（梯）而升也。」坎彖傳天險不可升也。皆是。升卦取上升之義者？升卦䷭巽下坤上，彖傳：「柔以時升。」按六四、六五，上六次遞上升在三陽之上。又象傳曰：「地中生木升。」坤地巽本，木自地中生出，日益成長以至於高大，上升之義尤爲顯明。

雜卦曰：「不來也。」者？方上升，其生機正盛發，故不回來，下來也。取方升之勢也。

四十七、困

《傳》

甲、彖傳：「剛揜也。」

乙、繫傳：「德之辯也。」

丙、雜卦傳：「相遇也。」

按困，困難、困窮之義。

說文六下曰：「，故廬也，從木在囗中。」段注：「廬者，二畝半，一家之居，居必有木，樹牆下以桑（孟子梁惠王上：「五畝之宅，樹之以桑。」又盡心上：「五畝之宅樹牆下以桑。」）是也。故字從囗木，謂之困者？疏廣（漢書有傳）所謂『自有舊田廬，令子孫勤力其中』也。困之本義爲「止而不過」，引申之爲極盡，凡言困勉、困苦，皆極盡之義。」段訓困字由故廬有一定之範圍，引申有極盡、窮極之義，甚是。易則主困窮之義。困卦䷮坎下兌上，上澤下水，象傳曰：「澤无水困。」水在澤下，澤中無水；何以濟人利物？此困窮之時也。

彖傳曰：「剛揜」者？陰爻在陽爻之上，陽爲陰所揜蔽，小人道長，君子道消（泰彖傳）之際，不困何待？卦辭曰：「有言不信。」彖傳「『有言不信』，尚口乃窮也。」人處困窮，多說無益，終不見信於人。是經傳皆以困爲「困窮」也。

繫傳曰：「德之辯也。」者？此三陳九德之七也。按辯、辨古通。論語衛靈公篇，孔子曰：「君子固窮，小人窮斯濫矣。」朱注「何氏曰：濫，溢也。」言君子固有窮時，不若小人窮則放溢爲非，君子能處窮，雖窮不易其操，正氣歌：「時窮節乃見，一一垂丹青。」君子行法以俟命而已，於困窮乃見君子也。

雜卦傳曰「相遇」者？言遇困境也，澤無水，故困。

四十八、井

《傳》

甲、繫辭傳：「德之地也。」

乙、雜卦傳：「通。」

按井，水井也。

說文五下曰：「丼，八家爲一井，象構韓形（韓，井上木蘭也）；甕（汲絣。）象也。」字即象水井。卦取井象者？井以養人爲德，終始不渝也。井卦☴☵巽下坎上，巽木爲水桶，取水上出，得井之用也。

繫辭傳云：「德之地也」者？地，所處也，人之賢不肖，在所自處耳。荀子勸學篇：「蓬生麻中，不扶自直；白沙在涅，與之俱黑。」論語子張篇：子貢曰：「紂之不善，不如是之甚也，是以君子惡居下流，天下之惡皆歸焉。」然則人宜何處？

論語里仁篇：孔子曰：「里仁爲美。」孟子盡心上「居惡在？仁是也。路惡在？義是也。居仁由義，大人之事備矣。」滕文公下曰：「居天下之廣居（仁），立天下之正位（禮），行天下之大道（義）。」離婁上：「仁，人之安宅也；義，人之正路也。曠安宅而弗居，舍正路而不由，哀哉！」此所宜處之地也。雜卦云：「通」者？通其用也。彖傳：「井養而不窮也。」「民非水火不生活，昏暮叩人之門戶，求水火，無弗與者。」（盡心上）井以養人爲德，當通其用也。

四十九、革

《傳》

雜卦傳：「去故也。」

按革，改革，更改也。

說文三下曰：「革，獸皮治去其毛曰革，革，更也。」段注：「革更二字雙聲，治去其毛，是更改之義，引申爲凡更新之用。鄭易注：『革，改也。』管子注：『革，更也。』」

按革卦☲☱離下兌上，離火兌澤水，水火不相容，故彖傳曰：「革，水火相息（息滅）；二女（兌少女，離中女）同居，其志不相得曰革。」水火相息，勢必改觀；二女志異，亦須變革，其勢非更改不可。

雜卦云「去故也」者？已改去故有，則面貌一新矣。易之革重在「更新」之義也。彖傳又發革之時義曰：「天地革而四時成，湯武革命順乎天而應乎人，革之時大矣哉。」言天地尚須改革以釐分四時，否則不為恆春耶（台灣省南端有恆春鎮）？湯武誅放桀紂，順天心，應民情亦勢必在行，指明天地有改革之理，人事有更新之例，當革之時，須更新為宜，而革命一詞又源於此。

五十、鼎

《傳》

甲、象傳：「象也。」

乙、雜卦傳：「取新。」

按鼎，取熟飪、取新之義。

說文三上曰：「鼎，三足兩耳，和五味之寶器也。象析木以炊，貞省聲。」今按古器物，鼎本烹飪器，後用為傳國之重器，漢代又用為食器。卦之名鼎，即取鼎之象，故象傳曰：「象也。」為卦巽下離上，巽木離火，故彖傳曰：「以木巽火（以薪然火），烹飪也（即烹飪之）象。」

雜卦傳：「取新」者？物之方熟為新，與革對待，革故鼎新，又易之要旨也。

五十一、震

《傳》

甲、說卦傳：「動也。」

乙、序卦傳：「動也。」

丙、雜卦傳：「起也。」

按震本疾雷，有震動，震驚之義。

說文十一下曰：「震，劈歷振物者，從雨，辰聲。」段注：「劈歷，疾雷之名，引申凡動謂之震。」震本疾雷之名，引申有動義，爲卦䷲震下震上，震，一陽伏於重陰之下，陽氣振奮而起，故雜卦訓「起也」，陰陽相薄成聲是爲雷，皆二氣之動盪有以致之，故說、序二傳皆訓「動也。」卦有震驚之義者？卦辭：「震來虩虩，笑言啞啞，震驚百里，不喪匕鬯。」象傳：「『震來虩虩。』，恐致福也。『笑言啞啞』，後有則也。『震驚百里』，驚遠而懼邇也。」言劈歷入耳，驚心動魄，君子因以恐懼修省（象傳）故致福。

五十二、艮

《傳》

甲、象傳：「止也。」

乙、說卦傳：「止也。」

丙、序卦傳：「止也。」

丙、雜卦傳：「止也。」

按艮本很義，於卦爲限、止之訓。

說文八上曰：「艮，很也（段：不聽從也。釋名曰：『艮，限也』」）。從匕目（會意）匕目，猶目相匕（怒目相視），不相下也（很之意）。……」

象、說、序、雜諸傳皆訓止者？按艮爲山（說卦），山止其所不動也。論語雍也篇：子曰：「知者樂水，仁者樂山，知者動，仁者靜。」據卦象諸傳訓「止」是也。

象傳又釋止之精義曰：「艮，止也。時止則止，時行則行，動靜不失其時，其道光明，艮其止，止其所也……」「時止時行」，易之「時義」也。孟子萬章下：「孔子之去齊，接淅（漬米水）而行；去魯曰：遲遲吾行也，去父母國之道也。可以速而速，可以久而久，可以處而處，可以仕而仕，孔子也……聖之時者也。」公孫丑曰：「可以是則仕，可以止則止，可以久則久，可以速則速，孔子也。」處，止一義，速，久、仕、行也，行止措之得宜，不失其時，孟子深知乎易者也。

五十三、漸

《傳》

甲、彖傳：「進也。」

乙、序卦傳：「進也。」

丙、雜卦傳：「女歸待男行也。」

按漸，水名。通作　，進也。

說文十一上曰：「漸，漸水出丹陽黟南蠻中，東入海，从水，斬聲。」八部。又二上曰：「趣，進也（段：「訓進者當作趣，許所見周易卦名當如是。」）从走，斬聲。」八部。漸，趣二字同在八部，爲疊韻，聲符同，故得相通。卦有進義者？

卦辭曰：「女歸吉。」彖傳曰：「漸之進也？女歸吉也。進得位，往有功也，進以正，可以正邦也，其位，剛得中也。」女子往嫁曰歸，孟子滕文公下「女子之嫁也母命之，往送之門，戒之曰：『往之汝家，必敬必戒。』」往嫁，「往之汝家」，已有進義，進得位，剛得中言九五進於天位，亦進之意。爻辭：「初六鴻鴻于干，六二鴻漸于磐，九三，鴻漸于陸，六四，鴻漸于木，九五，鴻漸于陵。」自干（水涯，見魏風傳），而磐，而陸，而木，以至於陵，由卑而高，其遞次「上進」之義，尤爲顯著也。故彖、序三傳訓「進」。

雜卦云「女歸待男行也」者？漸卦䷴艮下巽上，艮，少男，巽，長女，故云然。

五十四、歸妹

《傳》

雜卦傳：「女之終也。」

按歸妹，嫁女也。

說文二上曰：「歸，女嫁也。」妹，女也。詩大雅大明：「大邦有子，俔天之妹（大邦，莘國，子，太姒，文王之妃。俔，經甸切，譬喻也，妹，少女。）」知歸妹，嫁女之義，今客俗有謂女子爲某妹是也。

雜卦云「女之終也。」者？注「女終於出嫁」此訓非也。此謂女得所歸也。女得所歸，其志已定，其願已足，故云「終」，終，事之遂也。孟子萬章上「男女居室，人之大倫也。」又滕文公上「丈夫生而願爲之有室；女子生而願爲之有家，父母之心，人皆有之。」女得所歸，父母之心也。」彖傳又發天地之大義者？彖傳：「歸妹，天地之大義也！天地不交（陰陽和會）而萬物不興（昌盛），歸妹，人之終始也。」傳於此特揭「大義」之名，深重之也。按人之終始，即天地之大義，有男女然後有夫婦，有夫婦然後有父子，（序卦），父子相承相嬗，代復一代，終而復始，人類歷史，繁衍不輟，宇宙之生命，賴以永續，此非人道之終始，天地之大義耶？

五十五、豐

《傳》

甲、彖傳：「大也。」

乙、序卦傳：「大也。」

丙、雜卦傳：「多故也。」

按豐，豐滿、豐厚、豐大之意。其義相因，一也。

說文五上曰：「豐，豆之豐滿也。從豆，象形。」段注：「謂豆之大者也。方言：『豐，大也。趙魏之郊，燕之江郢，凡大謂之豐。』周頌『豐年』，傳：『豐，大也』」彖，序二傳訓大是也。雜卦云「多故也」者？彖傳曰：「日中則昃；月盈則食，天地盈虛，與時消息，而況於人乎，況於鬼神乎？」天地有盈虛之理，日昃、月食是也，鬼神惡盈（謙卦），人事有盛衰，其理一也。凡盈盛多驕侈，縱恣，易取敗亡，易速災咎，故曰：「多故」（故爲事故，已見蠱卦），易爲衰世之學，「懼以終始，以要無咎（繫傳）」，此之謂也。

五十六、旅

《傳》

雜卦傳：「親寡。」

按旅、客行之義。

說文七上曰：「[illegible]，軍五百人。從於，從[illegible]，[illegible]俱也。」說文以旅爲軍旅，乃後起之義也。按周金文旅鼎，旅字作「[illegible]」形，從[illegible]，旂之初文，從二人、象二人執旂結伴出遊，故爲「客行」之義，客行所止曰旅舍，今人外出遠行曰旅行，猶存朔義，客行在外，故傳曰「親寡」羈旅他鄉，視誼自少也。

五十七、巽

《傳》

甲、繫辭傳：「德之制也。」

乙、說卦傳：「入也。」

丙、序卦傳：「入也。」

丁、雜卦傳：「伏。」

按巽，本訓具也。通愻，有愻順，卑退之義。

說文五上曰：「巺，具也。從丌，㔾聲……巽，從丌，從頭此易顨卦為長女為風者。」段注：「謂顨為易卦名之字，蓋二字皆訓具也。其義同、其音同。伏犧，文王作顨，孔子則作巽，而小篆乃作巽矣。於此特言之者，存周易之古文也。」按段謂巽之古文當作「顨」也。又說文十下曰：「愻，順也，從心，孫聲。」段注：「愻順之字當作愻，遜遁字從辵，今遜專行而愻廢矣，孫，則愻之假借，段謂愻順之字當作「愻」，又假「孫」字為之。」

繫傳曰：「德之制也。」者？巽為愻順，為謙退。所以克己，抑制；節制也，故曰：「德之制也。」

說、序二傳訓「入」者？巽為風，風行旡所不入，故云。

雜卦訓「伏」？巽貴愻順，尚卑退，不自顯露，故曰：「伏」。

詩小雅正月：「潛雖伏矣，亦孔之昭。」謙彖傳：「謙尊而光，卑而不可踰，君子之終也。」則謙愻之德，似伏而實顯揚矣！所謂尊而光？人道惡盈而好謙愻也。

五十八、兌

《傳》

甲、說卦傳：「說也。」

乙、序卦傳：「說也。」

丙、雜卦傳：「見（音現）。」

按兌，和悅也。

說文八下曰：「兌，從儿，㕣聲（㕣，沇一字）」說，悅古今字。兌訓「悅」者？兌卦䷹兌下兌上，彖傳：「剛中而外柔，說以利貞。」爲卦外柔（陰爻在上），象人溫順和悅也。彖傳又曰：「說以先民，民忘其勞；說以犯難，民忘其死，說之大民勸矣哉！」言以和悅之道使民興作，則民忘其勞；以和悅之道（謂以德服人，使民心悅誠服）使民犯難，民則效死而弗去。言和悅之德至大，民無不樂從。此兌所以訓「悅」之故也。

雜卦云「見」者？此與巽相對（兌見而巽伏），巽，謙約，爲伏；兌之和悅，形於顏色，故曰見（現）也。

五十九、渙

《傳》

甲、序卦傳：「離也。」

乙、雜卦傳：「離也。」

按渙，渙散、渙離之義。

說文十一上曰：「渙，㪔（今作散）流也。從水，奐聲。」段注：「散然，分散之流也。」渙之訓「離」，段注已具言。象傳：「風行水上，渙。」風拂過水面，水紋向四面擴散、分離，所謂漣漪（詩魏風）者是。象傳釋渙有離散之義，尤爲明切也。

六十、節

《傳》

雜卦傳：「止也。」

按節，本竹節，有節制、限制之義。

說文五上曰：「節，竹約也，從竹，即聲。」竹之節有紋突起，節之間，其長短每有局限，故有節制之義。

雜卦訓「止」者？於此（節）而止，止此而已，有限制之義。彖傳發「天地節而四時成，節以制度，不傷財，不害民。」之義。正明節制之義也。四時節候分明，此天地之節（亦天地之改革也）也。國家立制度以約束君民上下，則國無虛耗，民不虧損，上下咸蒙其利，此典制之足貴，而節制之用大矣！

六十一、中孚

《傳》

雜卦傳：「信也。」

按中孚，中有孚信，內懷誠信之義。

說文三下曰：「孚，卵即孚也。從爪，子，一曰：信也。」段注：「通俗文：『卵化曰孚。』方言：『雞卵伏而未孚。』信，卵即孚之引申義也。雞卵之必為雞，人言之信如是矣。」據說文孚，為孵之本字，雞卵之必為雞，必然，故有信義。

雜卦訓孚為信，本之彖傳：卦辭：「中孚，豚魚吉。」彖傳即曰：「豚魚吉（省中孚二字），信及豚魚也。」他文如坎卦辭：「習坎，有孚……」彖傳：「習坎，重險也。水流而不盈，行險而不失其信。」此亦以信訓「孚」也。信及豚魚者，韓愈爲潮州刺史，鱷魚爲患，愈作文以祭之，是夕，暴風震雷起谿中，數日，水盡涸，西徙六十里，自是潮無鱷魚患（唐書韓愈傳），此信及豚魚之事例也。

六十二、小過

《傳》

甲、彖傳：「小者過而亨也。」

乙、雜卦傳：「過也。」

按小過，陰爻過多也。

小過卦☳☶艮下震上，四陰二陽，陰爻過盛也。與前大過卦相對，於人，則爲「小事可過」之義。卦辭：「小過亨，利貞，可小事，不可大事……。」彖傳：「小過（亨）？小者過而亨也。過以利貞，與時行也。柔得中，是以小事吉也。剛失位而不中，是以不可大事也。」柔得中，指六二在下卦之中（得位），是以小事吉；剛失位而不中，指九四以陽處陰位，易重剛中，故曰：「是以不可大事也。」經傳皆言可小事，是小事可過也。雜卦云「過也」亦謂可過，不必遲疑也。

六十三、既濟

《傳》

雜卦傳：「定也。」

按既濟，事已完成，安定，爲太平之世也。

說文十一上曰：「，濟水，出常山（郡）房子贊皇（山）東入泜，從水，齊聲。」是濟本水名。又渡也。

禮記、樂記：「濟河而西。」注：「濟，渡也。」左文公三年：「濟河焚舟。」義同。又成也。

禮記、樂記：「事蚤濟也。」注：「濟，成也。」左僖二十年：「以欲從人則可；以人從欲鮮濟。」左文十八年：「世濟其美。」注：「濟，成也。」

廣韻十二霽：「濟，渡也，定也，止也。」既，已然之詞，周金文作；，盛食物之器，象人就食，食已掉首不顧而去，故爲事之已然。

雜卦訓「定」者？說文七下曰：「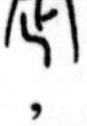，安也，從，正聲。」定爲安定，爲卦䷾離下坎上，水在上，火在下，是爲水火既濟，亦爲定（道家丹鼎派用此意。）又本卦，六二九五陰陽正應，六爻皆當位，其象安定，亦爲定。雜卦訓「定」，誠允當。

六十四、未濟

《傳》

雜卦傳：「男之窮也。」

按未濟，功烈猶未完成，世宇猶未安定，尚須勉力而爲，自強不息之意也。

雜卦云：「男之窮也。」者？本卦䷿坎下離上，火在上，水在下，火水未濟，於人若水在下，則爲腹脹；若火在上，則致頭痛，「煩，熱頭痛也。從火，從頁（說文）」由茲而造字。又按九二、九四、上九，三陽皆失位，陽爻象男，故曰：「男之窮也。」據卦象而言也。

然何以六十四卦，以未濟爲殿？

易繫傳下（包羲氏之王天下章）曰：「神農氏沒，黃帝堯舜氏作，通其變，使民不倦，神而化之，使民宜之，易窮則變；變則通；通則久，是以自天祐之，吉匹不利。」窮變通久，往復不已，富有日新之德業以成。宇宙本一創化之歷程，藉六十四卦完整之符號系統以象徵之，而宇宙創化，則以盈虛消息，窮變通久爲律則，以顯現宇宙之眞際。故「窮變通久」爲宇宙創化之原則，亦爲人類創造之樞機，不可不察也。

本篇綜次六十四卦之卦名，概以經傳本文詮釋其義蘊，易傳中每多引彖傳者？以其作成之時代爲最早，其釋經也，每先引經文，即加說解，對勘經傳原文，宛若兩人晤談，語鋒相對，問答如流，於經義之發皇，有莫大之功！傳中每發明周易之大義（歸妹卦）；人生之哲理；如剝、夬二卦揭示陰陽有「消息之理」，知「陰陽消息」於易，可謂「一以貫之矣」。而咸、恆、萃、大壯等卦，闡明感通、恆久、和群、正義，爲天地之眞理，彌足珍重。而於泰否、剝復、損益、鼎革等兩相對待者，爲六十四卦中最具關鍵性之卦，尤足考見神明之德，宇宙之眞際以及人生之至理。學易者，不僅由卦名以知卦義，而於人生之目的、修爲，在在予人以無既之啓迪，其有功於學術；造福人類，豈淺尠也哉？

參考書目（按引用次第錄列）

鄭玄六藝論。莊子逍遙遊篇。荀子正名論。論語子路篇。劉申叔先生遺書。說文解字。孟子滕文公上。穀梁傳。廣韻。詩邶風。六書故。論語述而篇、子路篇。老子三十章、三十一章。孟子盡心下篇。史記趙奢傳、貨殖傳。禮記月令篇。楊子雲解嘲。尙書說命篇。莊子天下篇。文選魏都賦。經義述聞。論語爲政篇、泰伯篇。史記平原君傳。易通釋。詩豳風七月。論語顏淵篇。圓覺經。經典釋文。國語楚語。尙書湯誓。孟子公孫丑篇、告子篇。金文、宗周鐘。論語子張篇。杜詩。後漢書周燮傳。論語子路篇。史記秦本紀。國語周語。漢書張湯傳。爾雅釋詁。禮記鄉飲酒義、大學篇。孟子滕文公上。周易鄭注輯本。荀子王制篇。孟子梁惠王上、盡心上。漢書疏廣傳。論語衛靈公篇。文信國正氣歌。荀子勸學篇。論語子張、里仁篇。孟子滕文公下篇、離婁上篇、盡心上篇、論語雍也篇、孟子萬章下篇、公孫丑上篇、滕文公下篇。詩魏風。周金文旅鼎。唐書韓愈傳。禮記樂記。

由《禮記》以觀《易》《禮》之會通

——從劉申叔先生《周易與周禮相通考》談起

壹、前言

群經微言大義，謂之經學，二千年來，經學一直主導中國之學術思想，有形無形間，均受其影響，我國近代史當清末民初，此際固衰亂之世。然而奇節獨行與宏濟之略，往往出於衰亂之世，①經學亦然，自民國建立，清室曆數告終時，在歷史、政治上為一鉅大轉捩點、學術思想，面臨存亡絕續之秋，尤其經學方面，歷乾嘉漢學獨伯，道咸後漢宋漸趨調和、此時經學方面，有幾位大師，如餘杭章太炎、儀徵劉申叔、蘄春黃季剛、蜀中廖季平皆是。其中以申叔先生較為突出、先生為江蘇儀徵人，姓劉名師培，申叔其字也。又名光漢、別號左盦，曾祖文淇、祖毓崧、伯父壽曾，均以治《左氏春秋》名，道咸間列入〈儒林傳〉，父貴曾亦以經術著稱東南，先生少承先業，服膺漢學，②年十二即讀畢《四書》《五經》、十九領鄉薦。③民國三年赴北京當蔡元培長北大，聘為教授，時已膺重病，民國八年十二月二十日卒、年三十有六，英年早逝，學界痛惜之至。所著書，經其弟子陳鍾凡、劉文典搜集、其友錢玄同整理，關於論群經及小學者，凡二十二種；論學術及文辭者十三種；群書校釋二十四種，詩文外，率皆民元前九年以後十五年中所作，④著述之盛，世所罕見。當先生與太炎論交時有二叔之目，⑤及入蜀，與今文大師廖季平角立。太炎以國學自任，而於先生寄望彌殷、太炎嘗曰：「學術萬端，不如說經之樂。」⑥及太炎與孫仲容（爲申叔父執）書又曰：「勸其勿爭意氣，勉治經術，牖啓後生。」其企望之切如此。黃季剛先生在燕京時，與申叔同爲教授，季剛能折節師事申叔，申叔既歿，於奠文中有「夫子既亡，斯文誰繫？我滯幽都，數得相見，敬佩之餘，改從北面，夙好文字，經術誠疏，自値夫子，始辨津途。⑦」之句，知季剛先生經學實受自申叔，申叔先生於經學兼通今古文家之說，尤邃於《周官》《左氏》，嘗著《群經大義相通論》又著《周易周禮相通考》，本文即就後者申論《易》《禮》之會通，細審申叔《周易周禮相通考》全文謂：

《周易》爲《周禮》之一，《左氏傳》昭二年，韓宣子觀書於魯見易象曰，周禮盡在魯矣，故鄭氏、虞氏均本禮以說《周易》而《易經》一書，具備五禮，試舉《易經》之言禮者，列證如左：

郊社之禮見於益（按益、六二曰：王用享于帝，吉。）

封禪之禮見於隨（按隨上六爻曰：王用亨于西山。）

張氏曰：是巡狩封禪之禮，張惠言訂爲南郊祭感生帝之禮。宗廟之禮見於觀（按觀卦辭曰：盥而不薦，有孚顒若）張氏曰：此明宗廟之祭。（至於時祭。饋食、省方、賓主、時會、朝覲、聘、田狩、婚喪等禮茲略）以上所舉皆周禮附見於《周易》者，用張氏惠言，虞氏易禮之例，彙而列之，則《周易》一書兼有裨於典章制度之學矣。近儒以《易》爲言禮之書，豈不然哉？

謹按申叔先生文中所列舉《周易》言禮各條，明云是「典章制度」，覈其實皆五禮言制度者。今本文所述則不及制度，專就《易》義與《禮》意論其會通。二者與數度相係而實有分別，即二經之義理以觀其會通，足見群經之大義，確有會通之處，吾人治經當玩索其大旨歸趣，取其精意以爲淑世濟民之用，則經學之時代意義，尤爲章明，本文之初衷在茲，幸方家正之！

貳、經義會通舉隅

一、《史記滑稽列傳》孔子曰：

六藝於治一世，（正義：言六藝之文雖異，禮節樂和，導民立政，天下平定，其歸一揆，至於談言微中，亦以解其紛亂，故治一也）《禮》以節人，《樂》以發和，《書》以道事，《詩》以達意，《易》以神化，《春秋》以道義，天道恢恢，豈不大哉，談言微中，亦可以解紛。

孔子明言六經皆昌明治術，其歸一致，先以《禮》《樂》言：《禮記樂記》曰：「故禮以道其志，樂以和其聲，政以一其行，刑以防其姦，禮樂刑政，其極一也，所以同民心而出治道也。」禮以範其行，行由志之導引，故曰：「道其志」。樂以和其心，和順積中而英華發外，故曰：「和其聲。」皆所以出治道，是禮樂之足以爲治也，孔子曰：「移風易俗，莫善於樂，安上治民，莫善於禮。⑧」言禮樂之爲治至明。至《書》言二帝三王之治，大曰政，小曰事，分言則二，合言則一。《書》固言治，荀子：「《書》音，政事之紀也。」（荀子勸學篇）。《詩》兼風雅，風見民情，知朝政之得失，雅言王政之所由廢興，於治尤切。《易》假天道以明人事，由大化之消息盈虛以喻人世之治亂禍福，政教之所由起也。《春秋》禮義之大宗也（史記自序）。禮以綱紀人倫，義以斷決二百四十二年之是非於治大矣！六經皆爲治之道，政治之效有如此。

二、宋儒楊簡《春秋解自序》：

《易》、《詩》、《書》、《禮》、《樂》、《春秋》一也。天下無二道，六經安得有二旨？以屬辭比事爲《春秋》者，國俗之所教習也非孔子之旨也。《春秋》之不亂，即《詩》之不愚，即《書》之不誣，即《樂》之不奢，《易》之不賊，《禮》之不煩，一也。孔子不得已而有言，吾志在《春秋》，於二百二十二年擾擾顛倒錯亂中，而或因或作，是是非非，靡不曲當，所是是道，所非非道，如四時之錯行，如日月之代明，皆所以章明天道。……

按楊慈湖首明「天下無二道，六經安得有二旨。」孟子曰：「夫道，一而已矣（滕文公上）」六經皆載道之言，道，爲德行，義理之會歸，學術整全之代稱，中國傳統文化之精神在一「道」字。實萬有之本原，人類嚮之所止。凡自然律則、倫理法則靡不賅備。慈湖又曰不亂、不愚、不誣、不奢、不賊、不煩，本《禮記》經解所指之失，不善讀經者之偏差，非謂六經有失也，末以《春秋》之正是非，皆因合道與否而定，即謂六經皆明道之書，其大義自無不會通也。由右二例足見群經之義相通，以其皆言治平，皆所以明道致治之成法也。

叁、會通類屬

一、思想體系

㈠天道

1.《易》、《禮》一源

《禮記鄉飲酒義》：

是故夫禮必本於大一，分而爲天地，轉而爲陰陽，變而爲四時，列而爲鬼神，其降曰命……。

按右段言太一，即《易》之太極〈繫傳上第十一章〉「是故《易》有太極，是生兩儀，兩儀生四象，四象生八卦。……」記曰：「分而爲天地。」〈繫傳〉曰：「是生兩儀」。兩儀即天地，亦指陰陽。記曰：「變而爲四時。」四時，即四象，春爲少陽，夏爲太陽，秋爲少陰，冬爲太陽。記曰：「列而爲鬼神。」鬼神，蓋指造化之功能，《中庸第十六章》「鬼神之爲德，其盛矣夫，視之而弗見，聽之而弗聞，體物而不可遺。」者是也。命者，大化之流行皆自太一、太極而始有也。《莊子天下篇》「主之以太一。」《成玄英疏》「太者，廣大之名，一以不二爲稱，言大道曠蕩，無制圍，括囊萬有，通而爲一，故謂之太一也。」《易上繫第十一章》「易有太極」句下正義曰：「太極，謂天地未分之前，元氣通而爲一，即是太極、太一也，故老子曰道生一，即此太極是也。」正義謂太極即太一，老子直謂之一《說文》一字下曰「惟初太極，道立於一，造分天地，化成萬物。」正的詁。右引，足見《易》、《禮》一源，爲不誣也。

2.《易》、《禮》之本旨同

《禮記禮運篇》：

是故夫禮必本於天，殽於地，列於鬼神，達於喪祭射御冠昏朝聘。

按正義「殽，效（音義同效）也。天遠，故言本，地近故言效。」本天效地，即法效天地也。而《易》則準天地而作，故〈上繫第三章〉曰：「《易》與天地準（準，等、同之義）故能彌綸天地之道。」《易》直取天地之法象而作，皆基於自然之法則，是《易》、《禮》制作之本旨同也。

3.天道不息無為

《禮記哀公問》：

公曰敢問君子何貴乎天道也？孔子對曰貴其不已，如日月東西相從而不已也，是天道也，不閉其久無爲而物成，是天道也。

按《易》道，「天地之大德曰生（下繫第一章）」生生不息，天道之大者，於豫卦之順動，恆卦之恆久（豫彖曰：「豫順以動，故天地如之。」）恆彖曰：「天地之道恆久而不已也。」均足證天道之不息不已。《易》之無爲者，則以天道之動而不息，變化日新無可目睹，故孔子曰：「知變化之道者，其知神之所爲乎。」（上繫第九章）是也。又天道之動與變化

《禮記中庸》：

其次致曲，曲能有誠……明則動，動則變，變則化，唯天下至誠爲能化。

又曰：

故至誠無息，不息則久。……博厚配地，高明配天，悠久無疆，如此者不見而章，不動而變，無爲而成，天地之道，可一言而盡也，其爲物不貳，則其生物不測。

按前章提出動、變、化三字唯至誠能有以致之，次章又指出「不動而變，無爲而成。」「天地之道不貳。」（唯誠而已）至誠爲天道，孟子曰：「是故誠者，天之道也。（離婁上）」《中庸》亦曰：「誠者天之道也。（第二十章）」以其至誠，乃能不息不已，此《易》、《禮》同言天道不息之最著者也。

4.明天地之有生德

《禮記鄉飲酒義》：

天地嚴凝之氣始於西南而盛於西北，此天地之尊嚴氣也，此天地之義氣也；天地溫厚之氣始於東北而盛於東南，此天地之盛德氣也，此天地之仁氣也。

按記明言天地溫厚之氣、仁氣與天地之生物直接有關〈說卦〉「巽，東南也。」又曰：「巽爲木、爲風」木旺於春，風以散之，令天地溫厚之氣，散延於四方，故能生物。於《易》天地之大德曰生（引見前）生、仁之義互通，《易傳》曰「顯諸仁」。是天地之生德顯發於外，《易》、《禮》之意同也。

5.天地有和德以化育萬物

《禮記樂記》：

大樂與天地同和，大禮與天地同節，和，故百物皆化。節，故祀天祭地。（注助天地生物成物）

又曰：

樂者，天地之和也，禮者，天地之序也。和，故百物皆化，序，故群物皆別。

右言天地必有和德，然後物生，即《易》特重「太和」〈乾彖傳〉曰：「大哉乾元，萬物資始乃統天……乾道變化，各正性命，保合太和乃利貞。」《易》之太和，即記言天地之仁氣（溫厚之氣），此《易》、《禮》之均以和爲貴也。

6.天地有動靜之德

《禮記樂記》：

著不息者，天也；著不動者，地也，一動一靜者天地之間也。

按記言天地有動靜之德，《易繫傳上第一章》曰：「天尊地卑乾坤定矣。卑高以陳，貴賤位矣，動靜有常，剛柔斷矣。」〈繫上第五〉曰：「夫乾，其靜也專，其動也直，是以大生焉；夫坤其靜也翕，其動也闢，是以廣生焉，廣大配天地，變通配四時。」於《易》乾坤、天地爲一事此言天地均含動靜之德。記唯言一動（天）一靜（地），則舉其大齊而已。

7.言天道有時有節

《禮記樂記》：

天地之道，寒暑不時則疾，風雨不節則饑，教者（樂教）民之寒暑也，教不時則傷世，事者，民之風雨也，事不節則無功。

按記言樂肖天地之道，天地之道，寒暑當有時，如月令曰：「孟春行夏令，則雨水不時」是其例，風雨當有節，而《易》最重時義，言時義者凡十餘卦。〈乾文言傳〉「先天而天弗違，後天而奉天時，」〈豐彖傳〉「天地盈虛與時消息。」〈益彖傳〉「凡益之道，與時偕行。」皆是。至於節，則六十四卦中，特立節卦，〈彖傳〉曰：「天地節而四時成，節以制度，不傷財、不害民。」制度之宏效如此。此《易》、《禮》二經同重「時」之與「節」也。

(二)陰陽

1.《易》、《禮》皆著重陰陽之大義

《禮記祭義第二十四》：

昔者聖人建陰陽天地之情，立以為《易》，易抱龜南面，天子卷冕北面。雖有明知之心，必進斷其志焉，示不敢專，以尊天也。善則稱人，過則稱己，教不伐，以尊賢也。

按此言聖人（伏羲、文王）發明天地間陰陽之情狀而作《易》（鄭注，立以為易，謂作《易》）易抱龜南面，易為官名（占易之官），於《周禮》為太卜，掌三《易》之官，抱龜南面，尊占筮之事，天子卷冕北面，以尊禮占卜之實也。在《易》主言「陰陽消息」而已。莊子曰：「《易》以道陰陽。」

〈天下篇〉是也。又

《禮記祭統第二十五》：

凡祭有四時，春祭曰礿，夏祭曰禘，秋祭曰嘗，冬祭曰烝，礿禘，陽義也；嘗烝、陰義也。禘者，陽之盛也。嘗者，陰之盛也。……禘嘗之義大矣，治國之本也。

按《論語八佾》「或問禘之說，子曰不知也，失其說者之於天下（治天下），其如示諸斯乎，指其掌。」（如掌上觀紋極言其易）。又《中庸第十九章》子曰：「……郊社之禮，所以祀上帝也宗廟之禮，所以祀乎其先也，明乎郊社之禮，禘嘗之義，治國其如示諸掌乎。」孔子再申禘嘗在祭禮上之重要，以其繫於天地陰陽之大義也。

2.明陰陽相須相求之理

《禮記昏義第四十四》：

故曰天子聽（斷也）男教，后聽女順，天子理陽道，后治陰德。……是故日食，則天子素服而脩六官之職，蕩天下之陽事；月食則后素服而脩六宮之職，蕩天下之陰事。故天子之與后，猶日之與月，陰之與陽，相須而後成者也。

按記言男女（天子與后），日月有陰陽之別。〈上繫第五〉曰：「陰陽之義配日月。」〈下繫第五〉曰：「乾，陽物也，坤，陰物也。」〈上繫第一〉曰：「乾道成男，坤道成女。」昏義此段末句天子與后猶日月、陰陽相須而後成。」明示陰陽有相須之理，孤陰、獨陽不得其平，相須則必相求，陰陽之性能則然，此理至爲緊要。

3.陰陽之交合

《禮記樂記十九》：

地氣上齊（隮，升也。）天氣下降，陰陽相摩，天地相盪，鼓之以雷霆，奮之以風雨，動之以四時，煖之以日月而百化興焉。

按右段與〈說卦傳第四章〉「雷以動之，風以散之，雨以潤之，日以烜之。……」四句內含悉同，雷霆、風雨本陰陽二力（陰陽爲宇宙間最大之兩種動能，近代科學家已予證明）之作用極言二氣之交合，然後能化生萬物（記曰百化興）而與陰陽二氣交合之義有關者尚有五則：

(1)禮樂贊助天地之生養萬物

《禮記樂記第十九》

是故大人舉禮樂，則天地將爲昭焉，天地訢合，陰陽相得，煦嫗覆育萬物，然後草木茂，區萌達，羽翼奮，角觡生，蟄者昭蘇……胎生者不殰而卵生者不殈，則樂之道歸焉。

記明謂樂致天地之和，令萬物生育與《中庸》言「致中和則天地位，萬物育」之義同。言樂之功化如此，令陰陽相得而和合，萬物乃遂其生長也。

(2)樂與天地合德

同篇又曰：

夫歌者，直己而陳德也。動己而天地應焉，四時和焉，星辰理焉，萬物育焉。

按右言歌聲之作令四時和（陰陽調和），萬物育，此與《易》天地生生之大德相合。

(3) 反始以厚其本

《禮記祭義第二十四》：

日出於東，月生於西，陰陽長短，終始相巡，以致天下之和，天下之禮，致反始也，致鬼神也，致和用也，致反始以厚其生，致鬼神以尊上也，致物用以立民紀也。

按日往月來，往復不已，終而復始（記曰：「終始相巡」）此天道之運行不息，並言天地爲人之本始（《史記屈原列傳》曰：「夫天者，人之始也，父母者，人之本也。」）而《易》則乾彖傳曰：「大哉乾元，萬物資始」，由陰陽之終始相巡而知。

(4) 陽有生氣

《禮記月令第六》：

是月（孟春）也。生氣方盛，陽氣發泄，勾者畢出，萌者盡達，不可以內（今作納，鄭注：時可宣出，不可收斂。）

按於《易》春爲少陽，陽氣者，《易》乾初九爻「潛龍勿用。」〈象〉曰：「潛龍勿用，陽氣潛藏。」陽有生氣，二經之意同。

(5) 陰陽相爭

同篇又曰：

是月（仲夏）也，日長至，陰陽爭，死生分（鄭注：爭者，陽方盛，陰欲起，分，猶半也。）

按「月令」兩言「陰陽爭」以證二氣相與消長，相乘而起（夏至、冬至易見），間不容髮，此天道之至大，爲《易》《禮》會通之大端也。按《易坤上六爻》曰：「龍戰于野，其血玄黃（天玄而地黃）」《王注》「固陽之地，陽所不堪，故戰於野。」按陰陽二氣，迭相消息，故有爭戰之時，唯其有消有息，乃能導致盈虛起伏之勢，然後能變化而生成萬物也。又按禮運篇言陰陽終始巡環，並著五行之名曰：「天秉陽垂日星，地秉陰竅於山川，播五行於四時……五行之動，迭相竭也。五行四時十二月還（旋）相爲本也。」五行，今科學家以爲乃五種作用力，經文曰：「播五行於四時。」此力與四時之運行直接相關，以其流動不息。故曰：「行」。不知者不能妄指「五行」爲迷信也。茲附及。

(三)時

《禮記禮器第十》：

禮，時爲大，順次之，體次之，宜次之，稱次之。

按康成於此五句下注：「言聖人制禮所先後。」《正義》曰：「禮洽天時。」而《易》最重「時」，〈乾彖傳〉「六位時成。」〈益彖傳〉曰：「凡益之道，與時偕行。」〈損彖傳〉曰：「損益盈虛與時偕行。」則二經之同重時義也。

(四)中

《禮記坊記第三十》：

故食禮，主人親饋則客祭，主人不親饋則客不祭，故君子苟無禮，雖美不食焉。《易》曰：東鄰殺牛不如西鄰之禴祭，寔受其福。

按記引《易》東鄰三句下《鄭注》「東鄰謂紂國中也，西鄰謂文王國中也，此辭在既濟，既濟離下坎上，離爲牛，坎爲豕，西鄰禴祭則用豕與言殺牛而凶，不如殺豕受福，喻奢而慢，不如儉而敬也。」《春秋傳》曰：「黍稷非馨，明德惟馨信矣。」按《論語八佾》「林放問禮之本子曰：大哉問？禮與其奢也寧儉；喪與其易也，寧戚。」言奢不如儉。奢，太過，過猶不及。明禮之貴於「中」。「中」爲《易》之大義。《易》即二、五爻之中以譬況中道，其例至多，不具引。

㈤節制

《禮記王制第五》：

司徒修六禮以節民性，明七教以興民德，齊八政以防淫，簡不肖以黜惡。

按〈樂記〉「故先王制禮樂，人爲之節，衰麻哭泣，所以節喪紀也」；又曰：「夫物之感人無窮，而人之好惡無節，則是物至而人化物，人化物也者，滅天理而窮人欲者也。」又曰「大禮與天地同節。」禮之尚節也至矣；而《易》則特立節卦而曰：「天地節而四時成，節以制度、不傷財、不害民。」歷代典制皆所以爲節，乃有「不傷財、害民」之宏效，二經之重視節制如此其急。

㈥知幾

《禮記檀弓下第四》：

晉人之覘（窺視）宋者，反報於晉侯曰：陽門之介夫（平民）死，而子罕哭之哀而民說，殆不可伐也，孔子聞之曰：善哉覘國乎！《詩》云：「凡民有喪，扶服（匍匐）救（助）之（邶谷風之什），雖微（非）晉也，天下其孰能當之？

按「善哉覘國乎」句下《鄭注》「善其知微！」《正義》「介夫、匹庶之賤人，子產，國之卿相，以貴哭賤，感動民心皆喜悅，與上共死生，若有人伐，民必致死，故云殆不可代。」注以爲知微者？知微之著，乃知幾也。《易》重知幾「幾者動之微，吉（省凶字）之先見者也，君子見幾而作，不俟終日，斷可識矣，君子知微知彰，知柔知剛，萬夫之望。」（孔子釋豫六二「介于右不終日貞吉之語。」）而〈坤文言傳〉釋坤初六爻經文「履霜堅冰至。」曰：「積善之家必有餘慶，積不善之家必有餘殃，臣弒其君，子弒其父非一朝一夕之故，其所由來漸矣，由辯（辨同）之不早辯也。」言事象之成，由積漸使然，故君子知幾，見幾而作，不待終日，見《易》、《禮》之重知幾也。

(七)人文

《禮記王制第五》：

六禮：冠、昏、喪、祭、鄉、相見；父子、兄弟、夫婦、君臣、長幼、朋友、賓客；

《禮記禮運第九》：

故聖人耐（能）以天下爲一家，以中國爲一人，非意之也。

按王制所言六禮，為人事節文之至大者，七教為五倫之類目，皆以人為本，禮運所云：「天下一家，中國一人。」為人文之理想目標，均以人為本，禮運又曰：「故人者，其天地之德，陰陽之交，鬼神之會，五行之秀氣也。」人之地位尊嚴之至，而《易》則列人於三才之中（三畫八卦，下畫象地，上畫象天，中畫為人，六畫卦，則初二地，五上天，三四為人）禮運又曰：「人者，天地之心也，五行之端也。」復卦彖傳：「復其見天地之心乎。」足見《易》、《禮》指出人文之原理，人之地位，如此其高。〈賁彖傳〉則曰：「觀乎人文以化成天下」長國家者豈可忽視人文？

(八)卜筮

《禮記月令第六》：

是月（孟冬）也，命太史釁龜筴占兆，審卦吉凶（注卦吉凶謂《易》也。）

《禮記禮運第九》：

故先王秉蓍龜，列祭祀。

右二篇均言卜筮，按《易上繫第九章》「《易》有聖人之道四焉，以言者尚其辭。……以卜筮者尚其占。」〈上繫第十章〉曰：「蓍之德圓而神，卦之德方以知。」蓍龜皆卜筮必用之具，二經同言卜筮是也。

(九)天人

《禮記禮運第九》：

故禮義也者。人之大端也。……所以達天道順人情之大竇也。

按禮上達天道，下順人情，先聖制禮之宗旨在此。《易》言天人，主因天道以明人事。即人事以反應天道；於人則修人事以上答天道，則天人一體，天人和諧之境可期，天人之密契若此其切至可知。

二、語文習用

《禮記禮運篇第九》：

大道之行也，天下爲公，選賢與能，講信修睦，故人不獨親其親，不獨子其子，使老有所終，壯有所用，幼有所長，矜寡孤獨廢疾者，皆有所養，男有分，女有歸。……是故謀閉而不興，盜竊亂賊而不作，故外户而不閉，是謂大同。

按此段言大同與《易同人卦辭》「同人于野，亨利涉大川，利君子貞。」之大旨全同。〈彖傳〉曰：「同人于野，柔得位得中而應乎乾曰同人，文明以健，中正而應，君子正也，唯君子能通天下之志。」宋儒伊川《易傳》於〈同人卦辭〉下曰：「夫同人者，以天下大同之道，則聖賢大公之心也，既與天下大同，是天下皆同之也。」是二經文字皆言大同也。又

《禮記樂記第十九》

樂著太始，而禮居成物，著不息者，天也，著不動者地也，一動一靜者，天地之間也，故聖人曰：禮樂云。

按記「樂著太始」句《鄭注》：「著之言處也，太始，百物之始生也。」而《易繫上第一章》曰：「

乾知太始，坤作成物。」太始當即「萬物資始」之始，是二經言「太始」之文畢同。

三、相與發明

《禮記郊特性第十一》：

鼎俎奇而籩豆偶，陰陽之義也，黃目鬱氣之上尊也。黃者，中也，目者，氣之清明者也，言酌於中而清明於外也。

按鄭注：「黃目、黃彝（彝、禮器專名）也。周所重於諸侯爲上也。」《易坤卦六五爻》「黃裳元吉。」《王注》「黃，中之色也，裳，下之飾也（用左昭二年惠伯語）。」黃爲色之中，不濃不淡。爲色之正，以明《易》以黃裳說六五之居中得正，至爲可貴，此二經之相與發明也。

肆、結語

《易》善言天道，《禮》與之同，天道本爲自然法則，吾人所目及者，率皆自然界之一切現象，先民仰觀俯察，已洞矚宇宙萬有現象之背面，實隱有不可悉知之自然法則，有終生由之而不知其道者衆也。《莊子大宗師》所謂：「魚相忘於江湖。」者是，約而言之，四時行焉，百物生焉（論語陽貨篇），日往月來，寒暑代遷，皆常見之現象也，天道之微妙在茲，其平常亦如此，吾人不可置之而不省思也。《中庸》嘗美孔子上律天時，下襲水土，故能聖協時中，人在天地覆載之中一動一靜，一呼一吸，無不與大自然相係，而天道、陰陽二目所述如四運迭序、寒暑風雨，率皆陰陽二氣之力勢所爲

（餘不悉舉）自不可不知，群經爲先代聖哲實際生活之體驗，先民歷經自然界外來一切之襲侵，如天災水患，疾風驟雨之來臨，因而體悟所以因應之方，筆之於書，實則群經所累積之生活經驗與教訓，歷葉相傳，以迄於今，確爲吾先民生活之實錄，後世吟詠諷誦，不徒欣賞其辭彩，而於一字一句之所以啓示後世者，固將深思默識，以其所得於經義者終生服膺奉行，不惟可以範其言行，納於軌物，尤足以安身立命，霑溉於其子孫，凡我族類亦咸沐無疆之休祐也。

【附註】

① 語出王靜安《雪尙校刊群書敘錄序》。
② 見陳鍾凡《劉先生行述》。
③ 先生爲光緒壬寅舉人。
④ 見蔡元培《劉君申叔事略》。
⑤ 太炎初名枚叔，故曰二叔。
⑥ 〈太炎與光漢書一〉。
⑦ 〈先師劉君小祥合奠文〉。
⑧ 《孝經廣要道章第十二》。
⑨ 程頤謂方道輔曰：「經所以載道也。」見《二程全書河南程氏遺文》，邵長衡曰：「夫六經道之淵藪也。」

見邵〈與魏叔子論文書〉。

國立臺灣師範大學國文所中國學術年刊第十三期　民國八十一年四月

史記易學觀

《史記易學觀》。本文從《史記》鉤抉《周易》要義，即史文、史事足以發明易道及史記所述之人與事，涉及《周易》義蘊者，條舉而疏證之，蓋使史事與經義相與疏通。要在以史證經；以經說史，令經史會通合一、以符章實齋氏「六經皆史」之說。凡分五目、一曰、發明易理。二曰天人際會。三曰推聞易理。四曰卜筮。五曰易之制作。皆逐條引史說易，披覽即得，不煩辭費也。

嘗念《周易》，經也；《史記》，史也，經史本爲一體，可分而不可分。語其名可分，覈其實則爲一體。中國學術，自來即爲一整體。孔子嘗曰：「吾道一以貫之（《論語．里仁篇》）」。孟子曰：「夫道、一而已矣（〈滕文公上〉）。」荀子則曰：「君子知夫不全不粹之不足以爲美也。」又曰：「天見（現）其明，地見其光（廣），君子貴其全也（〈勸學篇〉）」。莊子又曰：「古之所謂道術者，果惡乎在？曰：無乎不在。曰：神何由降？明何由出？聖有所生，王有所成，皆原於一（道術根元）。」又曰：「（百家）判天地之美，析萬物之理，察（與上判、析一義）古人之全，寡能備於天地之美。」

又曰：「後世之學者，不幸不見天地之純，古人之大體（皆見天下篇）」。上引孔子、孟子之所謂「一」，荀子之所謂「全、粹」，莊子之「全、一純、大體」，先聖、載籍總名之曰「道」，或曰「道術」。學術之本一整體可見。又即經、史之內容言，經多記言；史則記事。言爲事發；事以言立，二者亦不可分。經史之爲一體，清儒實齋章氏言之尤爲明確，曰「六經皆史也。古人不著書，古人未嘗離事而言理，六經，皆先王之政典也。或曰：《詩》、《書》、《禮》、《樂》、《春秋》，則既聞命矣。易以道陰陽，願聞所以爲政典而與史同科之義焉？曰：聞諸夫子之言矣，夫開物成務，冒天下之道，知來藏往，吉凶與民同患，其道蓋包政教典制之所不及矣。象天法地，是興神物，以前民用（引並見易繫傳）。其教蓋出政教典章之先矣。夫懸象設教與治憲明時，天道也；禮樂詩書與刑政、教令，人事也。天與人參，王者治世之大權也。韓宣子之聘魯也，觀書於太史氏，得見《易象》、《春秋》，以爲《周禮》在魯。夫《春秋》乃周公之舊典，謂《周禮》在魯可也，易象亦稱《周禮》，其爲政教典章，切於民用，而非一己空言，自垂昭代，而非相沿舊制，則又明矣。若夫六經皆先王得位行道，經緯世宙之迹，而非託於空言也（《文史通義．內篇．易教上》）」。今觀章氏所指：「古人未嘗離事而言理」，史敘事而經言理，經、史之本爲一至明。又以經「包政教典章之所不及，又出政教典章之先」，是經，史之不可分。更就天道、人事之相參，爲王者治世之大權，則經、史之爲用，又復合於一，而《易象》、《春秋》，俱稱《周禮》，其爲政教而切於民用，尤能明經史之爲一體也。進而反觀《史記》，太史公自謂作此書，「亦欲以究天人之際，通古今之變，成一家之言（〈史公報任少卿書〉）」。究天人之際者，易道也；通古今之變者，史職也。明言《周易》、《史記》之會通。《史記》自序更謂：「略以拾遺補藝（當作闕），成一家之言，厥協六經異傳，整齊百家雜語。」明言《史記》之旨，妙合於六經也，而於《周易》尤甚。逢不敏嘗讀《史記》，知司馬談受易於楊何，遷承父業，淵源至深，每見史公所述，多能發明易道：於易有極深研幾之助，夷考自兩《漢》以下，易道否塞不彰久矣。若能引史以證經，令後人讀易宛如讀史，其於學易者，奚啻事半功倍而已哉？康成一代通儒也，觀其注易，於乾之「用九」條下引舜既受禪，禹與稷契之屬；坤六五黃裳元吉條下，引舜試天子、周公攝政；大有卦辭元亨條下引周公朝諸侯於明堂；隨卦辭元亨利貞无咎條下，引高帝與項籍（見小著《周易鄭氏學》），餘多不具）。引史事以說經，如兩人對話，情意直通，詞不煩費，而理自明曉。其後以《史記》證《周易》者，宋儒楊萬里著〈誠齋易傳〉，即多引史傳爲證，《四庫總目提要》曰：「聖人作易，本以吉凶悔吝，示人事之所從，如箕子之貞，鬼方之伐，帝乙之歸妹，周公明著其人，則三百八十四爻，可以例舉矣。舍人事而談天道，正後儒說易之病，未可以引史證經病萬里也（〈誠齋易傳評語〉）」。是則以《史記》說《周易》，有何不可。《史記．田敬仲完世家》太公史曰：「蓋孔子晚而喜易，易之爲術，幽明遠矣，非通人達才，孰能注意焉！故周太史之卦，田敬仲完占，至十世之後，專齊國之政，非必事勢之漸然也，蓋若遵厭兆祥云。」史公意謂田氏代齊有國，非必事勢之積漸使然，易卜之占，已兆其端，史之與易，豈可偏忽哉！吾人學易若從《史記》發明易理之處深思而熟玩之，於讀易者，諒非止章句之開釋而已。今茲恭逢吾　師八秩華誕，及門多有鴻篇，以爲上壽之資，逢不才，深望吾　師永若蒼松翠柏，郁郁菁菁，壽考而康寧，乃所以爲士林壽，爲斯文祝，固不啻壽吾　師而已也。

本篇分五目：一曰發明易理。二曰天人際會。三曰推闡易理。四曰卜筮。五曰易之制作。茲按《史記》卷頁分次於後：

一、發明易理

1.**《史記》卷一，《五帝本紀》，黃帝。**

舉風后、力牧、常先、大鴻（《正義》：四人皆帝臣。以下省《正義》云等）以治民，順天地之紀（黃帝順天地陰陽四時之紀），幽明之占，死生之說，存亡之難（難，猶說也）。

按陰陽、四時，爲天道之大者，故曰天地之紀。易以道陰陽，四時代序，見天道之運行不已，此固天地之綱紀也。〈上繫〉第二：「易與天地準，故能彌綸天地之道。仰以觀於天文，俯以察於地理，是故知幽明之故，原始反終，故知死生之說。」是幽明、死生自係天地之道，由天文地理之觀察而後有以知之。至存亡之說，〈易乾文言傳〉：「知進退存亡而不失其正者，其唯聖人乎！」盛衰、存亡，人道之大者，唯聖人乃能知。要之，陰陽、四時、幽明、死生、存亡、易道之大端，已首揭於此矣。

2.**卷四、《周本紀》。**

幽王四年，西州山川皆震，伯陽甫曰：周將亡矣？夫天地之氣，不失其序，若過其序，民亂之也。陽伏而不能出，陰迫而不能蒸，於是有地震。今三川實震，是陽失其所而塡陰也。陽失而在陰，原必塞，原塞，國必亡。昔伊洛竭而夏亡，河竭而商亡，今周德若二代之季矣，其川原又塞，塞必竭，夫國必依山川，山崩川竭，亡國之徵也。是歲也，山川竭，岐山崩，（其後）犬戎攻幽王，幽王舉烽火徵兵，兵莫至，遂殺幽王驪山下。

按伯陽甫謂「天地之氣，不失其序」天地之氣，即陰陽之氣也。故曰：「陽伏而不能出，陰迫而不能蒸」、「陽失而在陰」，以明二氣失序，則川竭山崩，其國必亡。按說〈卦傳〉：「天地定位，山澤通氣」，天地之氣，滯塞不通，是失其序矣，故有亡國之徵。

3.卷二十四、《樂書》第二。

人生而靜，天之性也。感於物而動，性之頌（《禮記》作欲）也，物至知（智同）知，然後好惡形焉，好惡無節於內，知誘於外，不能反己，天理滅矣。

按〈上繫〉第四章：「一陰一陽之謂道，繼之者善也，成之者性也，仁者見之謂之仁，知者見之謂之知，百姓日用而不知。」繼之，成之，二「之」字，承「道」言，道是天道，或單名「天」，即謂人性稟之於天。本條史公引自《樂記》，記亦言人性受之於天，人若好惡無節，縱欲以汨亂其性，則天理滅。天理，亦概指天道，「道之本原出於天而不可易（《朱子．中庸》章句）」。此段與〈易傳〉同，蓋推明人性受之於天也。

4.卷二十四、《樂書》第二。

樂者，天地之和也；禮者，天地之序也。和故百物皆化；序故群物皆別。樂由天作；禮以地制，明於天地，然後能興禮樂也。

按此言禮樂象天地而制作，易亦準天地而作：「易與天地準，故能彌綸天地之道（〈上繫〉第二）」曰樂，象天地之和者？天地之氣，和合而生物。《呂氏春秋．孟春紀》：「是月也，天氣下降，地氣上騰，天地和同，草木繁動。」荀子《天論》：「陰陽大化，風雨博施，萬物各得其和以生。」此和，即天地之和，《中庸》第一章：「致中和，天地位焉，萬物育焉。」中和一事，未發爲中，發而中節爲和。義尤明白。又禮，天地之序者？〈上繫〉第一：「天尊地卑，乾坤定矣。卑高以陳，貴賤位矣。」此天地自然之秩序也。《尙書》謂之天敘、天秩，〈皐陶謨〉：「天敘有典；天秩有禮。」是禮樂皆取象於天地，與易理正同。

5. **卷二十四、《樂書》第二。**

地氣上隮，天氣下降，陰陽相摩，天地相盪，鼓之以雷霆，奮之以風雨，動之以四時，煖之以日月，而百化興焉。如此，則樂者，天地之和也。著不息者，天也；著不動者，地也。一動一靜者，天地之間也（見《樂記》）。

按〈上繫〉第一：「是故剛柔相摩，八卦相盪，鼓之以雷霆，潤之以風雨。日月運行，一寒一暑。」〈說卦傳〉：「雷以動之，風以散之，雨以潤之，日以烜之。」史公右段鎔鑄〈繫傳〉，說卦而用之，易「剛柔」爲「陰陽」，在易，則陰陽、剛柔、乾坤爲一事。「動之以四時」，則沿「日月運行，一寒一暑」二句，而要之以「一動一靜者，天地之間也」？明陰陽二氣之動靜消息，天道如此（至誠不息）而已，於易道爲至大。

6. 卷二十七、《天官書》第五。

> 北斗七星……斗爲帝車，運於中央，臨制四鄉，分陰陽，建四時，均五行，移節度，定諸紀，皆繫於斗。

按〈索隱〉引宋均云：「言是大帝乘車巡狩，故無所不紀也」實言北斗位居樞要，當其運行，而陰陽、四時、五行、十二度、二十四節，均由之以定。於易、四時、五行、節令，皆取決於「陰陽」〈革彖傳〉：「天地革而四時成」。天地革，陰陽爲之也。以明陰陽消息，易道之大者也。

7. 卷三十、《平準書》第八。

> 今上即位數歲，漢興七十餘年之間，國家無事，民則家給人足，都鄙廩庾皆滿，而府庫餘貨財，京師之錢累巨萬，太倉之粟，陳陳相因，充溢露積於外，宗室有土，公卿大夫以下，爭於奢侈，室廬輿服，僭於上無限度，物盛而衰，固其變也。又
>
> 安寧則長庠序，先本絀末，以禮義防於利，事變多故，而亦反是，是以物盛則衰，時極而轉。

按消息，盈虛，本爲天道（自然現象、法則）。〈剝彖傳〉：「剝，剝也，柔變剛也。君子尚消息盈虛，天行也。」〈損彖傳〉：「損益盈虛，與時偕行。」自昔賢哲，胥有見於此。〈左哀十一年傳〉：「吳伍子胥曰：『盈必毀，天之道也』《國語》、《越語》下范蠡曰：「天道盈而不溢（盈不過甚）」。再

者，〈謙彖傳〉：「天道虧盈而益謙；地道變盈而流謙；鬼神害盈而福謙；人道惡盈而好謙。」天人鬼神均戒盈盛，史公謂「物盛而衰」，盛極必衰，天道本然，發明易理之大者也。

8. **卷三十一、《吳太伯世家》**。

（季札）去齊適於鄭，見子產如舊交，謂子產曰：鄭之執政侈，難將至矣！政必及子。子為政，慎以禮，不然，將敗。

按季札，當世之賢公子，博聞篤行，右云云，蓋戒盈也。侈，奢泰之名，盈之義也。盈不可久。故告子產，愼以禮自抑損，守約之道也。

9. **卷三十三、《魯周公世家》第三**。

毋逸稱，為人父母為業至長久，子孫驕奢忘之，以亡其家。為人子，可不愼乎！

按此戒盈之義。書無逸，周公曰：「自時厥後，立王生則逸，不知稼穡之艱難，不聞小人之勞，惟耽樂之從。自時厥後，亦罔或克壽，或七八年，或五六年，或四三年。」言其享祚之短，史公約其文，故云子孫驕奢以亡其家。是戒盈之義，與易理合。

10. **卷四十九、《外戚世家》第十九**。

孔子罕稱命，蓋難言之也。非通幽明之變，惡能識乎性命哉？

按〈上繫〉第三：「仰以觀於天文，俯以察於地理，是故知幽明之故；原始反終，故知死生之說。」〈乾彖傳〉：「乾道變化，各正性命」。幽，指鬼神，明，指人物。乾道變化者？「天地絪縕，萬物化醇（〈下繫〉第三）」，使各得正其性命，天地之生德本如此。

11.卷七十二、〈穰侯列傳〉第十二。

秦昭王三十六年，范雎說秦昭王，昭王於是用范雎，范雎言宣太后專利，穰侯擅權於諸侯，涇陽君、高陵君之屬太侈，富於王室。於是秦昭王悟，乃免相國，令涇陽之屬皆出關封邑，穰侯出關，輜車千乘有餘，穰侯卒於陶而葬焉，秦復收陶爲郡。太史公曰：穰侯，昭王舅也，而秦所以東益地，弱諸侯，嘗稱帝於天下，天下皆西鄉稽首者？穰侯之功也。及其貴極富溢，一夫（范雎）開說，身折勢奪，而以憂死，況於羈旅之臣乎？

按物極必反，天道反復。宣太后專制，穰侯擅權，涇陽，高陽富侈，而穰侯尤貴極富溢。及范雎一說，卒遭貶黜逐斥，穰侯竟以憂死。極則必反，不知持盈之過也。

12.卷七十三、《白起列傳》第十三。

趙使趙括代廉頗將以擊秦，秦陰使武安君白起爲上將軍，而王齕爲裨將，令軍中有敢泄武安君爲將者斬。趙括至，則出兵擊秦軍，秦軍佯敗而走，張二奇兵以劫之，趙軍逐勝，造秦壁，壁堅拒，不得入，而奇兵二萬五千人絕趙軍後，又一軍五千餘騎絕趙壁間，趙軍分而爲二，糧道絕，而秦出輕兵擊之，趙戰不利，因築壁堅守。秦王聞趙食道絕，王自之河內，賜民爵各一級，悉發年十五以上，悉詣長平，遮絕趙救兵及糧食。至九月，趙卒不得食四十六日，皆內陰相殺食，來攻秦壘欲出，爲四隊，四五復之，不能出，趙括出銳卒自搏戰，秦軍射殺趙括，括軍敗，卒四十萬人降武安君，武安君計曰：前秦已拔上黨，上黨民不樂爲秦而歸趙，趙卒反覆，非盡殺之，恐爲亂，乃挾詐而盡阬殺之，遺其小者二百四十人歸趙，前後斬首，虜四十五萬人。……四十九年，秦使王陵攻邯鄲，少利，秦王欲使武安君代王陵，武安君不肯行，秦王乃使應侯請之，武安君終不肯行，遂稱病，秦彊起武安君，武安君遂稱病篤，於是免武安君爲士伍，遷之陰密，後又使人遣白起，不得留咸陽中。武安君既行，出咸陽西門十里，至杜郵，秦乃使使者賜之劍，自裁，武安君引劍：曰我何罪於天而至此哉？良久曰：我固當死，長平之戰，趙降者四十萬人，我詐而盡阬之，是足以死，遂自殺。又

始皇帝命王翦將兵六十萬人，大破荊軍，殺其將軍項燕，虜荊王負芻，竟平荊地爲郡縣，而王翦子王賁與李信破定燕，齊地。始皇二十六年，盡并天下，秦二世之時，王翦及其子王賁皆已死，陳勝反秦，秦使王翦之孫王離擊趙，或曰：「王離，秦之名將也。今將彊秦之兵，攻新造之趙，舉之必矣！」客曰：「不然？夫爲將三世者必敗。必敗者何也？以其所殺伐多矣，其後受其不祥！今王離已三世將矣。」居無何，項羽救趙擊秦軍，果虜王離。

按綜引右兩段，一爲武安君白起，敗趙括軍於長平，降卒四十萬人，詐而盡阬殺之。其後秦王賜劍令武安君自裁，武安君呼天自告無罪，沈思良久乃曰「我固當死」，我詐阬趙降卒四十萬人，「此足以死矣」，遂自殺。其二，王翦、王賁、王離三世爲大將。王翦嘗將大軍六十萬人，夷荊地爲郡縣。王賁破定燕齊地，所殺傷至多。故客曰：「夫三世爲將者必敗，何也？以其所殺伐（伐本訓斬殺，見甲

文）多矣」。後王離果爲項羽所虜。此二者，皆以殺戮過多，而身死名滅者何？以其皆逆天地之生德也。〈繫傳〉下第：「天地之大德曰生。」逆天生德，自「受其不祥」。〈乾彖傳〉：「乾道變化，各正性命」天生萬物，欲各得遂其生，逆天之生德已甚，是自求禍也，禍福無不自己求之者。

13. **卷七十四、《孟子荀卿列傳》第十四。**

騶衍睹有國者益淫侈，不能尚德，若大雅整之於身，施及黎庶矣。乃深觀陰陽消息，而作怪迂之變，終始大聖之篇十餘萬言，……。

按陰陽消息，可以概含整部周易，周易全書，一言以蔽之曰：「陰陽消息而已」。善讀易者，當自知之。

14. **卷七十七、《信陵君列傳》第十七。**

魏安釐王二十七年，秦昭王已破趙長平軍，又進兵圍邯鄲，（信陵君）得虎符奪晉鄙軍，北救趙而西卻秦，已卻秦存趙，意驕矜而有自功之色。客有說公子曰：物有不可忘；或有不可不忘。夫人有德於公子，公子不可忘也；公子有德於人，願公子忘之也。且矯魏王令奪晉鄙軍以救趙，於趙則有功矣；於魏則未爲忠臣也。公子乃自驕而功之，竊爲公子不取也，於是公子立自責，似若無所容者。趙王埽除自迎，執主人之禮，引公子就西階，公子側行辭讓，從東階上，自言辠過以負於魏，無功於趙。趙王侍酒至暮，口不忍獻五城，以公子退讓也。

按易道尙謙，特立謙卦以垂訓。信陵君已卻秦兵，而解邯鄲之危，意驕矜而有自功之色。客說之曰：

公子有德於人，願公子忘之。況矯奪晉鄙軍以存趙，於魏實不為忠臣。公子立自責，深自改悔，不敢當趙王尊優之禮，而有退讓之風，深與易理合。

15.卷七十八、《春申君列傳》第十八。

秦昭王令白起與韓魏共伐楚，未行，而楚使黃歇（春申君）至秦，歇上書說秦昭王曰：臣聞物至則反，冬夏是也；致（本作安）至則危，累棋是也。今大國之地偏天下，有其二垂（極東西），此從生民以來，萬乘之地，未嘗有也。

按春申君說秦昭王謂「物至則反」，即易「物極必反」之理。正義：「至，極也。極則反也。冬至，陰已極；夏至，陽之極。」是也。

16.卷七十八、《春申君列傳》第十八。

黃歇說秦昭王曰：今王使盛橋守事於韓，盛橋以其地入秦，是王不用甲，不信（伸同）威，而得百里之地，王可謂能矣；王又舉兵而攻魏，杜大梁之門，舉河內，魏之兵雲翔而不敢捄，王之功亦多矣；王又割濮磨之北，注齊秦之要（腰本字），絕楚趙之脊，天下五合六聚，而不敢救，王之威亦單（殫同）矣。王若能持功守威，絀攻取之心，而肥仁義之地，使無後患，三王不足四、五伯不足六也。王若負人徒之眾，仗兵革之強，而欲以力臣天下之主，臣恐其有後患也。

按春申君勸秦昭王當持盈守威，不可驕溢。故再警之曰：「王可謂能矣」，「功亦多矣」，「威亦殫矣」，倘知收斂自守之道，必無後患，否則貽禍無窮。此告以持盈之道，與易理合。

17. **卷七十九、《范睢列傳》第十九。**

范睢入秦説秦昭王曰：臣居山東時，聞秦之有太后、穰侯、華陽、高陵、涇陽，不聞其有王也。夫擅國之謂王，能利害之謂王，制殺生之威之謂王。今太后擅行不顧，穰侯出使不報，華陽、涇陽等擊斷無諱，高陵進退不講，四貴備而國不危者，未之有也。爲此四貴者下，乃所謂無王也。然則權安得不傾，令安得從王出乎？臣聞善治國者，乃內固其威，而外重其權。詩曰：木實繁者披其枝，披其枝者傷其心，大其都者危其國，尊其臣者卑其主。崔杼、淖齒管（掌權）齊，射王股，擢王筋，縣之於廟梁，宿昔而死。李兌管趙，囚主父於沙丘，百日而餓死。今臣聞秦太后、穰侯用事，高陵、華陽、涇陽佐之，卒無秦王，此亦淖齒、李兌之類也。且夫三代所以亡國者？君專授政，縱酒馳騁弋獵，不聽政事，其所授者，妒賢嫉能，御下蔽上，以成其私，不爲主計，而主不覺悟，故失其國。今自有秩以上，至諸大吏，下及王左右，無非相國之人者，見王獨立於朝，臣竊爲王恐萬世之後，有秦國者，非王子孫也。昭王聞之大懼，曰善！於是廢太后，逐穰侯、高陵、華陽、涇陽於關外。秦王乃拜范睢爲相，號爲應侯。

按易言陰陽消息。於人事，則爲盛衰、興亡、得失。范睢謂三代之所以亡國者？君專授政，從酒馳騁弋獵，此指三代末世亡國之君，如桀紂等，謂君權旁落也。然桀紂實有君權，故得專殺生而肆虐，又以爲君權宜在君手，則爲法家「尊主卑臣」之言。至云「大其都者危其國」，此本末失序，國易以危。西漢賈誼陳政事疏所謂「尾大不掉」者是也。而言四貴太盛，則易理也。

18.**卷七十九、《蔡澤列傳》第十九**。

蔡澤曰：天下莫敢欺犯其主，主之威蓋震海内，功彰萬里之外，聲名光輝於千世，君孰與（如也）商君，吳起，大夫種？應侯曰：不若。蔡澤曰：今主之親忠臣、不忘舊故，不若孝公、悼王、勾踐；而君之功績、愛信、親幸，又不若商君、吳起、大夫種。然而君之祿位貴盛，私家之富，過於三子，而身不退者，恐患之甚於三子，竊爲君危之。語曰：日中則移；月滿則虧，物盛則衰，天地之常數（理也）。進退盈縮，與時變化，聖人之常道也。

按蔡澤所言「物盛則衰」，爲天地之常數（猶言定理）。「進退盈縮，與時變化，爲天地之常道」。深與易理密契。物盛則衰，已嘗著之矣！然而「進退盈縮，與時變化」正與《剝彖傳》：「君子尙消息盈虛，天行也」。《損彖傳》：「損益盈虛，與時偕行」之義合。此發明易理之大者也。常道、常數、不變之理，即是天道。易言天道，所謂「天地萬物之情可見矣。」恆、萃諸卦彖傳，皆揭示此理，其重要可知。

19.**卷同右**。

夫商君爲秦孝公明法令，禁姦本，尊爵必賞，有罪必罰，平權衡，正度量，調輕重，決裂阡陌，以靜生民之業，而一其俗，勸民耕農利土，力田稸積，習戰陳之事。是以兵動而地廣；兵休而國富，故秦無敵於天下，立威諸侯，成秦國之業，功已成矣，而遂以車裂；楚地方數千里，持戟百萬，白起率數萬之師，以與楚戰，一戰舉鄢郢，以燒夷陵，再戰、南并蜀漢，又越韓魏而攻彊趙，北阬馬服，誅屠四十餘萬之眾，盡之於長平之下，流血成川，沸聲若雷，遂入圍邯鄲，使秦有帝業。楚趙天下之彊國，而秦之仇敵也。自是之後，楚趙皆懾伏，不敢攻秦者，白起之勢也。身所服者七十餘城，功已成矣，而遂賜死於杜郵。吳起為楚悼王立法，卑減大臣之威重，罷無能，廢無用，捐不急之官，塞私門之請，一楚國之俗，禁遊客之民，精耕戰之士，南收揚越，北并陳蔡，破橫散從，使馳說之士，無所開其口。禁朋黨以厲百姓，定楚國之政，兵震天下，威服諸侯，功已成矣，而卒枝解；大夫種為越王深謀遠計，免會稽之危，以亡為存，因辱為榮，墾草入邑，辟地殖穀，率四方之士，專上下之力，輔勾踐之賢，報夫差之仇，卒禽勁吳，令越成伯，功已彰而信矣。勾踐終負而殺之。此四子者，功成不去，禍至於身。此所謂信而不能詘；往而不能返者也。

按右段，蔡澤引商君之車裂；白起之賜死杜郵；吳起之枝解；大夫種之偪令自殺。此四子者，胥由「往而不能返，信而不能詘」。「功成不去」，故禍及其身，皆發明易道「能屈能伸」，知「進退存亡」之至理。按〈下繫〉第二：「往者，屈也；來者，信也。屈信相感而利生焉。尺蠖之屈，以求信也；龍蛇之蟄，以存身也；利用安身，以崇德也。」尺蠖欲信，必先能屈，龍蛇之蟄伏，為存其身，欲存其身，必須崇德。崇德者，即〈乾文言傳〉：「亢之為言也，知進而不知退；知存而不知亡；知得而不知喪。其唯聖人乎？知進退存亡而不失其正者。其唯聖人乎！」兩言聖人，其意至深。《論語・述而篇》，子謂顏淵曰：「用之則行；舍之則藏，惟我與爾有是夫。」用舍行藏（即進退存亡），孔子止許顏淵，其餘弟子，皆不能爲，況商君、白起、吳起，皆一勇之夫，急功貪利，烏足以語易理。老子第四十章：「知足不辱；知止不殆。」又第九章：「功成、名遂、身退，天之道。」老莊善言易，故曰：此「天之道。」易道即天道也。

二、天人際會

1. **卷一、《五帝本紀》。《顓頊高陽》。**

養材之任地，載時以象天，依鬼神以剬（古制字）義，治氣以教化。

按此法天地之事。「養材物以任地」，使地盡其利也。「載時以象天」者，順四時以爲政也。《禮記・月令》：「是月（孟春）也，命相布德和令，行慶施惠。是月也，不可以稱兵，稱兵必天殃。是月（孟夏）也，繼長增高，毋有壞墮，毋起土功，毋伐大樹。（餘略）」「治氣以教化」者，治理四時五行之氣，以教化萬民。「依鬼神以制義」，即敬事鬼神，報本反始，不忘其初，義之大者也。〈上繫〉第十：「是故天生神物，聖人則之；天地變化，聖人效之；天垂象，見吉凶，聖人象之。」六十四卦之象如乾象曰：「天行健，君子以自強不息。」天行健，天道也，君子以者，人法天之事，餘六十三卦率如此。天應人；人法天，此天人之際會也。

2. **卷一、《五帝本紀》，《帝堯》。**

乃命羲和，敬順昊天，數法日月星辰，敬授民時。

按右史公用書〈堯典〉文，《正義》：「歷數之法，日之甲乙，月之大小，昏明遞中之星，日月所會之辰，定其天數，以爲一歲之曆。」此即觀測天象以定人民耕作收穫之時節，法天之事也。又

舜乃在璿璣玉衡，以齊七政

按在，察也。璿，美玉。璣，渾天儀。衡，渾天儀中觀察星宿之橫筩也。七政，日月五星。齊，正也。觀測天象，以測定日月五星運行之律則，以決定人事之取舍，吾華學術，以天人爲至深。見之於天者，爲自然之法則；施之於人者，爲倫理之法則。倫理法則基於自然之法則，此所以人倫規範，放諸四海而皆準，百世以俟聖人而不惑也。

三、推闡易理

1. 卷一、《五帝本紀》。《帝堯》。

帝堯者，放勳。其仁如天，其知如神。

按〈上繫〉第一：「天地之大德曰生。」天地有好生之德，天心至仁也。〈上繫〉第四：「一陰一陽之謂道，繼之者，善也；成之者性也。仁者見之謂之仁……顯諸仁，藏諸用。」一陰一陽，一動一靜，此天道也。仁者見之謂之仁，各見其性之所近，是天有仁德也。孟子曰：「仁，人心也」（《告子上》）〈禮運篇〉：「人者，天地之心也」天心至仁，仁，人心也「則天人之理一」，由《史記》以推明易理，

其事易爲。

2. **卷四、《周本紀》**。

先王之於民也，茂正其德，而厚其性，阜其財求，而利其器用。

按《乾彖傳》：「乾道變化，各正性命。」言乾元化育萬物，務使各正其性命，「阜其財求，利其器用」，使各遂其生以篤厚其天性，即「正性命」之意也。

3. **卷六、《始皇本紀》、太史公曰**。

善哉乎賈生推言之也。……秦王足已不用，遂過而不變。二世受之，因而不改，暴虐以重禍……故秦之盛也，繁法嚴刑而天下振，及其衰也，百姓怨望而海內畔矣。故周五序得其道而千餘歲不絕；秦本末並失，故不長久，由此觀之，安危之統，相去遠矣。是以君子爲國，觀之上古，驗之當世，參以人事，察盛衰之理，審權勢之宜，去就有序，變化有時，故曠日長久，而社稷安矣。秦王懷貪鄙之心，廢王道，立私權，禁文書而酷刑法，先詐力而後仁義，以暴虐爲天下始……故先王見始終之變，知存亡之機，是以救民之道，務在安之而已。

按《乾文言傳》：「知進退存亡而不失其正者，其唯聖人乎？」右論「存亡」之道：指秦先詐力而後仁義，不知安民以固其本，嚴刑峻法，務以暴虐立威，是未察安危之統，盛衰存亡之理，其滅亡固宜。易言聖人知「進退存亡」，由史公語，可推見易所謂存亡之理也。

4. **卷八、《高祖本紀》。太史公曰**。

夏之政忠，忠之敝，小人以野；故殷人承之以敬；敬之敝，小人以鬼；故周人承之以文，文之敝，小人以僿（蔽意），故救僿，莫若以忠。三王之道若循環，終而復始。周秦之間，可謂文敝矣，秦政不改，反酷刑法，豈不繆乎？故漢興承敝易變，使人不倦，得天統矣。

按復〈卦辭〉：「反復其道，七日來復」。《復彖傳》：「反復其道，七日來復，天行也。」《泰九三爻辭》：「無平不陂；天往不復。」是天道有「反復」之理，；此理至爲重要。《蠱彖傳》：「終則有始，天行也。」易言天行，即指天道。史公謂「三王之道若循環，終而復始。」深得易之本原也。又曰「承敝易變，使人不倦」則直承易〈下繫〉第二「通其變，使民不倦」之語，〈下繫〉第二又曰：「易窮則變；變則通；通則久。是以自天祐之，吉，無不利。」窮變通久之律則，不僅天道如是，而政教典制之應用，因革損益之原則，要當遵守不移，所謂得其環中，以應無窮也。

四、卜筮

1. **卷四、《周本紀》**。

武王病，天下未集，群公懼，穆卜。

按《易》、本爲卜筮之書，後聖作十翼，全書以成，其理乃大美備。周襲殷俗，大事仍用卜，卜用龜，其後用蓍以筮，故合稱卜筮。

2. **卷十、《孝文本紀》**。

代王自代邸中都入，卜之龜，卦兆得大橫，占曰：大橫庚庚，余為天王，夏啓以光。代王曰：寡人固已為王矣「又何王？曰：所謂天王者？乃天子。

按此用龜卜，有占辭。夏啓以光者，猶啓之繼禹，言孝文繼高祖而為天子也。

3. **卷四十六、田完世家第十六**。

陳完者，陳厲公佗之子也。完生，周太史過陳，陳厲公使卜完，卦得觀之否，是為觀國之光，利用賓於王，此其代陳有國乎！不在此，而在異國乎！非此其身也，在其子孫，若在異國，必姜姓，姜姓四嶽之後，物莫能兩大，陳衰，此其昌乎！

按右段，史公用《左傳》，事見莊公二十二年。《易》本卜筮之書，〈上繫〉第九：「《易》有聖人之道四焉……以卜筮者尚其占，是以君子將有行也，將有為也？問焉而以言，其受命也如響」厲公使卜完「遇觀之否」，此占得之卦也。遇卦為觀，之卦為否。《易》觀卦六四爻辭：「觀國之光，利用賓於王。」「此其代陳有國乎，不在此，其在異國，非此其身，在其子孫。」此筮辭也。筮辭，主斷此事之吉凶，以答求筮之人，引觀六四爻辭「觀國之光」云云以斷事，以爻辭為筮辭也。右段言敬仲他日當作賓於王家。子孫將於異邦，代陳而有國。其後田太公和遷齊康公於海上，姜齊遂滅，卜辭果驗。

五、易之制作

1. **卷四、《周本紀》**。

西伯蓋即位五十年，其囚羑里，蓋益易之八卦為六十四卦。

按此言文王因八卦相重而為六十四卦也。史公定重卦之人為文王。《周易正義》卷首：「重卦之人，凡有四說：王輔嗣等以為伏羲重卦，鄭玄之徒以為神農重卦，孫盛以為夏禹重卦，史遷等以為文王重卦。」各有辯說，辭煩不具。史公作《史記》時，典籍尚備，今從史公說定為文王重卦。

2. **卷四十七、《孔子世家》**。

孔子晚而喜易，《序彖繫象說卦文言》，讀易韋編三絕曰：假我數年，若是，我於易則彬彬矣。

按史公謂〈彖〉，〈象〉、〈繫〉、〈說卦〉、〈文言〉等，為孔子所作，先儒多以易傳作自孔子，於此可徵。

3. **卷一百二十七、《日者列傳》第六十七**。

今夫卜者必法天地，象四時，然後言天地之利害，事之成敗。自伏羲作八卦，周文王演三百八十四爻而天下治。

按此言伏羲畫八卦，而文王重之，故曰演三百八十四爻。以六十四卦，每卦六爻計，實得此數。自有易以來，言伏羲畫卦，迄今無異辭。

4. **卷一百三十、《史記自序》**。

余聞之先人曰：伏羲至純厚，作《易八卦》，西伯拘羑里，演《周易》。

按司馬談受《易》於楊何，遷承父業，家學有自，史公迭言伏羲畫〈八卦〉，文王演〈六十四卦〉，當可昭信也。

本篇參用各書，篇中已注明出處，不另列書目。

此篇綜論易之大義，特爲高仲華師祝壽而作　民國七十八年二月

史記與周易

《史記》，史也。《周易》，《經》也。《經史》之名殊，而其爲用則一。蓋中華學術文化，源於《經》而見之於《史》。《經》者，先聖德慧術智之總匯；《史》者，先民言行生活之實錄也。故中華文化，以歷史傳統爲之基；中華學術，以群《經》大義爲其宗。是《經》也，《史》也，固中華學術文化之淵藪，所以主導學術文化，令其恆久不渝，而輝光日新，以牖啓斯民於未來者也。章實齋氏謂「六《經》皆史（《文史通義》、《易教上》）」，洵爲通論。故《經史》之爲用，互爲倚存，實不可須臾離。先聖作《易》，仰觀俯察，遠取近譬，於是始作八卦，重而爲六十四卦，以究天人之幾，窮萬有之象，所謂「通神明之德，類萬物之情（易大傳）」也。陰陽大化，神妙不測，通神明之德也；品彙萬千，流布成形，是類萬物之情也。凡此，皆易道也。《易》準天地而作（《大傳》：《易》與天地準，故能彌綸天地之道），《易》道，即天道，天常也。至若君臣之仁忠；父子之慈孝；夫婦之義順，兄弟之友恭，則人紀也。人紀本乎天常，則天人固不可分。〈說卦傳〉：「立天之道，曰陰與陽；立人之道，曰仁與義」。而〈記〉曰：「天地嚴凝之氣，始於西南，而盛於西北，此天地之尊嚴氣也，此天地之義氣也；天地溫厚之氣，始於東北，而盛於東南，此天地之盛德氣也，此天地之仁氣也（《禮記．鄉飲酒義》）」。據《說卦》，人道賴仁義以立，而〈記〉言天地亦有仁義之氣，天人之理一也，至明！太史公作《史記》，自謂「亦欲以究天人之際，通古今之變，成一家之言（〈報任少卿書〉）」，究天人之際，正《易》道也；通古今之變，則史職耳。是則《史記》與《周易》，本有會通之理，史公已明言之。余課餘披覽《史記》，觀史公所傳之人，其言也，每及夫《易》道，所述之事，又每與《易》義合，更有直引《易》文，以加重其說者，史公論贊，又復用《易》以為斷，其所以不期而然之者？蓋史公去聖人未遠，其父談又嘗受《易》於楊何（《史記》自序），淵源所漸，言必用《易》，臨事風發，理有固然。今擷取《史記》有發明《易》道，足以證成經義者，凡六十二則，舉之以說《易》，則經義必渙然而冰釋，怡然而理順，其於贊《易》、明《經》之功，豈可謂小？善讀《易》者，取《史記》各條，與《周易》兩相比勘，當有會心之妙，不言而喻。聖人先得我心之所同然者，蓋謂是矣，豈可忽哉。

今按一，發明《易》理。二、天人際會。三、推闡《易》理。四、證成《易》義。五、引用《易》文。六、約用《易》文。七、與《易》義相應等目，分次於後：

一、發明易理

1. 卷八十、樂毅列傳第二十

燕昭王使樂毅約趙惠文王，別連楚、魏，諸侯害齊湣王之驕暴，皆爭合從，與燕伐齊，破之濟西。諸侯兵罷歸，而燕軍樂毅獨追至於臨菑，齊湣王保（退守）於臨菑……樂毅留徇齊，五歲，下齊七十餘城，皆爲郡縣以屬燕。

按湣王之大敗，種因於驕暴，《易》戒驕盈，《謙．豐》二卦已著其理。《謙．彖》曰：「天道虧盈而益謙；地道變盈而流謙；鬼神害盈而福謙；人道惡盈而好謙。」明天人均疾驕盈。《豐．彖》曰：「日中則昃；月盈則食，天地盈虛，與時消息，而況於人乎！」其戒盈之義尤著。後樂毅〈報燕惠王書〉曰：「以天之道，先王之靈……大敗齊人。」天道惡盈。故云：「天之道」也。

2. 卷八十四、賈生列傳第二十四。

賈生既以適（謫、讁同，罰也）居長沙，長沙卑溼，自以爲壽不得長，乃爲賦以自廣（寬解），其辭曰：「萬物變化兮，固無休息。斡（轉也）流而遷兮，或推而還（旋同），形氣轉續兮，化變而嬗（變蛻也），沕穆（深微貌）無窮兮，胡可勝言。」

按《繫上傳》第五：「富有之謂大業，日新之謂盛德，生生之謂易。」生生不息，《易》道之大本。中國學術思想，多緣此義而滋生以至於光大。「萬物變化兮，固無休息」，已示「生生不息」之理。「斡流而遷，或推而還」者，即明天道之往復不已。還，復返也。「或」之云者？《莊子．天運篇》所謂：「天其運乎，地其處乎，孰主張是？孰綱維是？孰居無事（天道無爲）而推行是？意者，其有機緘而不得已邪？其運轉而不能自止邪？」天道之陰陽大化，絪縕鼓盪，莫或爲之，若或爲之，推而使之往復也。「形氣轉續，變化而嬗」者？形氣轉續，正〈上繫〉第四：「精氣爲物；游魂爲變」之說。精氣聚則成形，散則爲死，死死生生，生生死死，安有止期？故云「化變而嬗」也。「沕穆無窮」，正結出生生之理，幽微不盡，難以言喻。《易》道之大，於此可見。

3. 同卷

禍兮福所倚；福兮禍所伏。憂喜聚門兮，吉凶同域。彼吳彊大兮，夫差以敗；越棲會稽兮，句踐伯世。斯（李斯）遊遂成（遊秦爲丞相）兮，卒被五刑（腰斬咸陽市）。傅說（殷高宗相）胥靡（相隨坐輕刑之名）兮，乃相武丁（高宗）。夫禍之與福兮，何異糾纆（繩索相纏繞）？命不可說兮，孰知其極？

按《易》言「對待」之理，六十四卦，皆兩兩相待，陰陽爲對待之顯例。賈生《賦》文所云：禍福、憂喜、吉凶，皆爲對待之名。下舉史事：吳王夫差彊大，稱雄爭伯，後卒爲句踐所滅亡，故結之曰：「禍之與福兮，何異糾纆」言禍福相倚，因福轉禍，夫差是也；由禍得福，句踐是也。《老子》五十八章：「禍兮、福之所倚；福兮，禍之所伏，孰知其極？正復爲奇，善復爲妖，人之迷，其日固久」。賈生右段蓋本《老子》，老子又原於《易》。《老莊》，皆深知《易》理者也。

4. 卷八十七，李斯列傳第二十七。

李斯長男由爲三川守，諸男皆尙秦公主，女悉嫁秦諸公子。三川守李由告歸咸陽，李斯置酒於家（家宴），百官長皆前爲壽（賀喜），門廷車騎以千數！李斯喟然而嘆曰：嗟乎！吾聞之荀卿曰：物禁太甚！夫斯乃上蔡布衣，閭巷之黔首，上不知其駑下，遂擢至此。當今人臣之位，無居臣上者，可謂富貴極矣。物極則衰，吾未知所稅駕（解駕休息）也！

按物極必反，盛極則衰，《易》之常理（消息盈虛）。《老子》二十九章：「是以聖人去甚、去奢，去泰。」四十六章：「禍莫大於不知足。」《易》道戒盈尚謙，《損》卦在損己以利人《卦辭》曰：「元吉无咎」象曰：「君子以懲忿窒欲」可知！《老子》深明《易》理，故有去甚、知足之戒！李斯雖知「物禁太盛」「物極則衰」，然卒貪富貴，不能急流勇退（知所稅駕）終腰斬咸陽市，悲夫！

5. 卷九十二，淮陽侯列傳第三十二。

且臣（蒯通）聞勇略震主者，身危，而功蓋天下者不賞。臣請言大王功略，足下涉西河，虜魏王，禽夏說，引兵下井陘，誅成安君，徇趙，脅燕，定齊，南摧楚人之兵二十萬，東殺龍且，西鄉以報，此所謂功無二於天下，而略不世出者也。今足下戴震主之威，挾不賞之功，歸楚，楚人不信；歸漢，漢人震恐！足下欲持是安歸乎？夫勢在人臣之位，而有震主之威，名高天下，竊爲足下危之！

按《乾卦》上九〈爻〉：「亢龍有悔。」亢者，極高之名。上九，爻位之最高者，蒯通謂韓信功蓋天下，勇略震主，名溢海內。而有震主之威，其危也，勢之必然，正足以發明「亢龍有悔」之理也。

6. **同卷**。

高帝以陳平計，發使告諸侯會陳，實欲襲信，信謁高祖於陳，上令武士縛信，遂械繫信至洛陽，信知漢王畏惡其能，由此日怨望，居常鞅鞅（懟恨），羞與絳灌等列。信嘗過樊將軍噲，噲跪拜送迎，言稱臣，曰：大王乃肯臨臣，信出門，笑曰：生乃與噲等爲伍！上常從容與信言諸將能不？各有差，上問曰：如我能將幾何？信曰：陛下不過能將十萬。上曰：於君何如？曰：臣多多而益善耳。上笑曰：多多益善，何爲爲我禽？信曰：陛下不能將兵而善將將，此乃信之所以爲陛下禽也。且陛下所謂天授，非人力也。

按《易》重謙，前已數言之。《繫上傳》第七：「勞謙，君子有終，吉（九三〈文辭〉）。」子曰：「勞而不伐，有功而不德，厚之至也，語以其功下人者也。德言盛，禮言恭，謙也者？致恭以存其位者也。」右段史公所記信自命功高，有德於漢，驕倨之至！絳侯勃、灌嬰，位皆列侯大臣，而信羞與同列；樊噲以呂后弟須爲妻，貴戚封侯，噲見信，跪拜稱臣，執禮甚恭，信自負曰：「生乃與噲等伍。」何輕慢之至！又答高祖問將，只許高祖將兵十萬，而自高云多多益善。恃功而驕，大言不遜，與孔子言：「語以其功下人者也。」遠矣！能不見誅耶？本傳史公曰：「假令韓信學道謙讓，不伐己功，不矜其能，則庶幾哉，於漢可以比周召太公之徒，後世血食矣。」惜哉！

7. **卷九十七、酈生列傳第三十七**。

漢王數困滎陽、成皐，計欲捐成皐以東，屯鞏洛以拒楚。酈生因曰：臣聞知天之天者，王事可成；不知天之天者，王事不可成。王者以民人爲天；而民人以食爲天。夫敖倉，天下轉輸久矣。臣聞其下乃有藏粟甚多。楚人拔滎陽，不堅守敖倉，迺引而東，令適（謫同）卒分守成皐，此乃天所以資漢也。

按《頤・卦辭》：「頤，貞吉，觀頤，自求口實。」〈象〉曰：「觀頤，觀其所養也。自求口實，觀其自養也。天地養萬物；聖人養賢以及萬民，頤之時大矣哉！」頤，象人之頰輔，所以納飲食，故傳以養爲訓。天地養萬物；聖人則當養賢以及萬民。民以食爲天，養民必資乎糧食，「王者以民爲天；民以食爲天」，正發明〈頤〉卦養萬民之理也。

8. 卷九十七、陸賈列傳第三十七。

陸賈使越歸報，高祖大悅，拜賈爲中大夫，陸生時時前說稱《詩・書》，高帝罵之曰：迺公居馬上而得之，安事詩書？陸生曰：居馬上得之，寧可以馬上治之乎？且湯武逆取而以順守之，文武並用，長久之術也。昔者吳王夫差、智伯極武而亡，秦任刑罰不變，卒滅趙氏（此謂趙氏自取覆滅，即秦氏。秦先封於趙，故稱爲秦姓），鄉使秦已并天下，行仁義，法先聖，陛下安得而有之？高帝不懌，而有慚色。迺謂陸生曰：試爲我著秦所以失天下，吾所以得之者何？及古今成敗之國。陸生乃粗述存亡之徵，凡著十二篇。每奏一篇，高帝未嘗不稱善，號其書曰《新語》。

按《易》著古今存亡，得失之理。〈下繫〉第三：《易》曰：「何校滅耳，凶（《噬嗑》上九〈爻辭〉）」子曰：「危者，安其位者也；亡者，保其存者也；亂者，有其治者也。是故君子，安而不忘危；存而不忘亡；治而不忘亂，是以身安而國家可保也。」〈文言傳〉：「知進退存亡，而不失其正者，其唯聖人乎！」右引，陸生以秦漢之近事明之，要在謂湯武逆取而順守，「文武並用者」？文治武功，交相爲用，徒恃武力必亡。文治，則以「行仁義，法先聖」爲宗。仁者無敵，誅暴安民，義無反顧。興亡得失之理，已具於此矣。

9. **卷一百九、李將軍廣列傳第四十九**。

初、廣之從弟李蔡，與廣俱事孝文帝、景帝時，蔡積功勞至二千石，封樂安侯。元狩二年，代公孫弘爲丞相，蔡爲人在下中，名聲出廣下甚遠！然廣不得爵邑，而蔡爲列侯，位至三公。諸廣之軍吏及士卒，或取封侯，廣嘗與望氣（星相之流）王朔〈燕語〉曰：自漢擊匈奴，而廣未嘗不在其中，而諸部校尉以下，才能不及中人，然以擊胡軍功取侯數十人，而廣不爲後人，然無尺寸之功，以得封邑者，何也？豈吾相不當侯邪？且固命也！朔曰：將軍自念，豈嘗有所恨乎？廣曰：吾嘗爲隴西守，羌嘗反，吾誘而降，降者八百餘人，吾詐而同日殺之，至今大恨獨此耳！朔曰：禍莫大於殺已降（爲其無備），此乃將軍所以不得侯者也。

按〈下繫〉第一：「天地之大德曰生。」《乾．彖》曰：「乾道變化，各正性命。」天地有好生之德，欲物各遂其生。李廣爲隴西守，誘羌人降者八百餘人，而同日俱殺之，逆天之生德滋甚，故至於老不封侯。王維詩：「李廣不封緣數奇。」而委之命者，亦非也。

10. **卷一百十、匈奴列傳第五十**

孝文帝後二年使使遺匈奴《書》曰：聖人者，日新改作更始，使老者得息；幼者得長，各保其首領，而終其天命。朕與單于俱由此道，順天恤民，世世相傳，施之無窮。

按《乾彖傳》：「大哉乾元；萬物資始乃統天……乾道變化，各正性命。……」乾元，為天地之元氣，乾道變化，即陰陽大化，以生萬物，曰「老息」、「幼長」，得「長保其首領，而終其天命。」是「各正性命」之確詁，深得易理。

11. **卷一百十二、主父偃列傳第五十二**。

徐樂曰：臣聞天下之患，在於土崩，不在於瓦解，古今一也。何謂土崩？秦之末世是也。陳涉無千乘之尊，尺土之地，身非王公大人名族之後，無鄉曲之譽，非有孔、墨、曾子之賢，陶朱、倚頓之富也。然起窮巷，奮棘矜（矛柄），偏袒大呼，而天下從風，此其故何也？由民困而主不恤；下怨而上不知也。俗已亂而政不脩。此三者，陳涉之所以為資（藉賴之以起事）也，是之謂土崩。故曰：天下之患，在於土崩。何謂瓦解？吳、楚、齊、趙之兵是也。七國謀為大逆，號皆稱萬乘之君，帶甲數十萬，威足以嚴其境內，財足以勸其士民，然不能西攘（奪）尺寸之地，而身為禽於中原（長安首都）者，其故何也？當是之時，先帝之德澤未衰，而安土樂俗之民衆，故諸侯無境外之助，此之謂瓦解。故曰：天下之患，不在瓦解。此二體者（土崩瓦解），安危之明要也。故賢主獨觀萬化之原，明於安危之機。修之廟堂之上，而銷未形之患。其要！期使天下無土崩之勢而已矣。

按《易》重安危存亡之幾（已見前第八條），徐樂上書論秦之亡，在於土崩。土崩者？山崩地裂，一發而不可收拾；瓦解者，一時之猝變，大本未搖，其勢猶可爲力。秦之亡，民困，下怨、俗亂，而君上不恤、不知，又不能修政。此誠安危之幾，未形之患，長國家者能不留心，徐樂所論甚是，深契《易》理。又

嚴安上書曰：臣聞周有天下，其治三百餘歲，成康其隆也，刑措四十餘年而不用。及其衰也，亦三百餘歲，五伯更起，當佐天子興利除害，誅暴禁邪，五伯既沒，天子孤弱，諸侯恣行，強陵弱，衆暴寡，田常篡齊，六卿分晉，并爲戰國，此民之始苦也……秦貴爲天子，富有天下，滅世絕祀者？窮兵之禍也。故周失之弱，秦失之彊，不變之患也……上觀齊、晉之所以亡者？公室卑削，六卿太盛也；下觀秦之所以滅者？嚴法刻深，欲大無窮也。

按右段、嚴安論周衰，仍維繫三百餘年，賴五伯之佐，爲民興利除害。至五伯沒，而戰國紛爭，然後民始苦矣。齊、晉之亡，由於六卿太盛，秦之絕祀，由於嚴法刻深，欲大！窮兵之禍，推其滅亡之因，亦至中肯，伍被曰：「夫百年之秦，近世之吳楚，亦足以喻國家之存亡矣（卷一百十八）」。善讀《易》、《史》者，可以知矣。

12. **卷一百二十六、滑稽列傳第六十六**。

孔子曰：六藝於治，一也。《禮》以節人；樂以發和；《書》以道事；《詩》以達意；《易》以神化；《春秋》以道義。

按史公右總群經大義，可謂至精約！節人爲《禮》，《樂》發和、《詩》達意，《易》神化，

不過兩字，《書》之事，爲「政事」，《春秋》之義，止用一字。皆能曲盡其妙。《易》以神化者？言大化之神妙難測也。〈上繫〉第九：「夫《易》、聖人之所以極深而研幾也。唯神也，故不疾而速，不行而至！」〈下繫〉第二：「窮神知化，德之盛也！」〈上繫〉第九：「子曰：知變化之道者，其知神之所爲乎！」大化之神妙，不可知，不可言，讀《易》之後，仍可以默識心通，史公以「神」字狀之，於《易》理可謂一言以舉之矣。

13.**卷一百二十六、滑稽列傳第六十六。**

齊威王之時喜隱（隱語），好爲淫樂長夜之飲，沈湎不治，委政卿大夫，百官荒亂，諸侯並侵，國且危亡，在於旦暮，左右莫敢諫，淳于髡說之以隱曰：國中有大鳥，止王之庭，三年不蜚，又不鳴，王知此鳥何也？王曰：此鳥不飛則已，一飛沖天；不鳴則已，一鳴驚人。於是乃朝諸縣令長七十二人，賞一人，誅一人，奮兵而出，諸侯振驚，皆還齊侵地，威行三十六年。

按隱語、與《易》之有象，其理幾近，而其爲用亦同。《易》之象有自然之象，有人心擬設之象。人心擬設之象與隱語，同爲人之意象，皆避免直言。而假物以爲喻，使人樂聞而易從也。與《詩》之比興，亦復同工而異曲，清儒章實齋先生曰：「《易》之象也，《詩》之興也，變化而不可方物矣。象之所包廣矣，非徒《易》而已，六藝莫不兼之，蓋道體之將形而未顯者也……《易》與天地準，故能彌綸天地之道，萬事萬物，當其自靜而動，形迹未彰而象見矣。故道不可見，人求道而怳若有見者，皆其象也……（《文史通義》、《易教》下）。」章氏之言極是。故知隱語，亦足以發明《易》理也。淳于髡以大鳥之不飛不鳴爲象，以此諷諫，威王果一奮其威，三十六年而諸侯懾服。

14. 卷同右

威王八年，楚大發兵加齊，齊王使淳于髡之趙請兵，齎金百斤，車馬十駟，淳于髡仰天大笑，冠纓索絕。王曰：先生少之乎？髡曰：何敢。王曰：笑豈有說乎？髡曰：今者臣從東方來，見道旁有穰田（求豐收）者，操一豚蹄，酒一盂而祝曰：甌窶滿篝（籠），汙邪（低田）滿車，五穀蕃熟，穰穰滿家。臣見其所持者狹（短少），而所欲者奢，故笑之。於是齊威王乃益齎黃金千鎰，白璧十雙，車馬百駟，髡辭而行，至趙，趙王與之精兵十萬，革車千乘，楚聞之，夜引兵而去，威王大悅。

按此亦爲隱語以諷，髡不直言其所持者少，王果加其幣物，而趙亦發重兵相援，卒退楚兵，隱語之有效如是。

15. 卷同右。

故（髡）曰：酒極則亂，樂極則悲，萬事盡然，言不可極；極之而衰。

按「物極必反」，《易》之常理。《禮記曲禮》：「欲不可從；志不可滿；樂不可極。」與《易》理同。曰：「萬事盡然，言不可極」者，《易》於：《咸》、《恆》、《萃》諸卦皆曰：「天地萬物之情可見矣。」易著天地萬物之常理，故云然。「極之而衰」，即「盛極必衰」，天道如是而已。

16.卷一百二十七、日者列傳第四十七。

司馬季主閒坐，弟子三四人侍，方辨天地之道，日月之運，陰陽、吉凶之本……司馬季主，復理前語，分別天地之終始，日月星辰之紀，差次仁義之際，列吉凶之符，語數千言，莫不順理。

按司馬季主所言，皆《易》理也。《易》言陰陽、吉凶，彌綸天地之道，天道終而復始，日往月來，寒往暑來，星移斗轉可證。說卦：「立天之道，曰陰與陽，立地之道，曰柔與剛；立人之道，曰仁與義。」所謂「仁義之際」也，此亦足相互證發。要皆《易》道之大者也。

二、天人際會

1.卷四、《周本紀》。

今殷王紂，乃用其婦人之言，自絕于天……故今予發維共（恭同）行天罰……今殷王紂，維婦人言是用，今予發維共行天之罰。

按武王臚陳紂之罪，而屢曰：「恭行天罰」，是代天以討有罪。《書皐陶謨》：「天工，人其代之」是也。《湯誓》：「非台小子，敢行稱亂，有夏多罪，天命殛之。」《多士》：「旻天大降喪于殷，我有周佑命，將（奉也）天明威，致王罰（行王者之誅）。」是明天人有際會、相與之理。《易・乾・文言傳》：夫大人者，與天地合其德……」天人合德，於此始發其端，是天人之際會。

2. 卷二十四、樂書第二。

凡音由於人心，天之與人，有以相通，如景（影）之象形；響之應聲。故爲善者，天報之以福，爲惡，天與之以殃，其自然者也。

按《咸彖傳》：「天地感而萬物化生；聖人感人心而天下和平，觀其所感而天地萬物之情可見矣。」此言感應之速，史公所謂「如景之象形，響之應聲」者是。《彖》言，天地萬物之情可見矣」者？言感應，爲天地萬物同具之常理。天人相通，由感應而通也。史公又謂：「爲善，天報之以福；爲惡、天與之以殃」正《易・坤・文言》：「積善之家，必有餘慶；積不善之家，必有餘殃。」之意，均明《易》天人際會之理。

三、推闡易理

1. 卷二十四、樂書第二。

天地欣合，陰陽相得，煦嫗覆育萬物，然後草木茂，區萌達，羽翮奮，角觡生，蟄蟲昭蘇，羽者嫗伏，毛者孕育，胎生者不殰，而卵生者不殈，則樂之道歸焉耳。

史公右段用《樂記》，大推明陰陽二氣和合而後能化生萬物，萬物各得其和以生。「天地欣合，陰陽相得」二句，其義相因，陰陽相交而親和乃相得。此天地欣和之情，溫厚寬仁之氣，洋溢兩間之所致，故能化生萬品也。

2. **卷四十一、越王句踐世家第十一**。

越王三年，句踐聞吳王夫差日夜勒兵，且以報越，越欲先吳未發，往伐之。范蠡諫曰：不可！臣聞兵者，凶器也；戰者，逆德也。爭者，事之末也。陰謀逆德，好用凶器，試身於所末，上帝禁之，行者不利。

按〈下繫〉第一：「天地之大德曰生」。天地有好生之德，兵，凶器，殺傷積野，血流漂杵，有違上天好生之德，故曰：「戰，逆德」。上帝，天也。「上帝禁之，行者不利」所以深警越王，此與《易》理正符。

3. **卷四十一、越世家**。

句踐之困會稽也，喟然嘆曰：吾終於此乎？種曰：湯繫夏臺，文王囚羑里，晉重耳犇翟，齊小白犇莒，其卒王伯。由是觀之，何遽不爲福乎？

按禍福相倚。湯繫夏臺，卒滅夏桀；文王拘羑里，而武王滅紂；重耳奔翟，小白奔莒，爲齊晉之伯主，以明禍福之相依，天道往復，終而復始，文種言「何遽不爲福」，深明《易》理，不啻存慰而已。

4. **卷同右**。

句踐號稱伯王，范蠡遂去，自齊遺大夫文種書曰：蜚鳥盡，良弓藏；狡兔死，走狗烹。越王爲人，長頸鳥喙，可與共患難，不可與共樂。子何不去？種見書稱病不朝。人或讒種，且作亂，越王乃賜種劍曰：子教寡人伐吳七術，寡人用其三而敗吳，其四在子，子爲我從先王試之，種遂自殺。

按《易》重幾微。《經》文已具。《坤初六》「履霜堅冰至。」《象》曰：「履霜堅冰，陰始凝也，馴致其道，至堅冰也。」《文言》更暢發其義而曰：「臣弒其君，子弒其父，非一朝一夕之故，其所由來者，漸矣，由辯（辨同）之不早辯也！」〈下繫〉第三子曰：「知幾，其神乎！幾者，動之微，吉之先見者也。君子見幾而作，不俟終日。」范蠡夙知越王之爲人，狡兔死，必烹其走狗，種不早覺，卒遭殺身之禍，惜哉！

5. **卷同前。**

范蠡耕於海畔，父子治產，居無幾何，致產數千萬，齊人聞其賢，以爲相。范蠡嘆曰：居家則致千金；居官則致卿相，此布衣之極也。久受尊名不祥，乃歸相印，盡散其財，以分於知友鄉黨。

按《易》道極則必反。《剝．象》曰：「君子尚消息盈虛，天行也。」卿相，爲布衣之極，不可以處，故歸相印。又復散其積財者？大學第十章：「德者，本也；財者，末也。外（輕）本內（重）末，爭民施奪（開其爭而教之奪）。是故財聚則民散；財散則民聚。」《禮記．曲禮》：「積而能散，安安而能遷。」《易．謙象》曰：「君子以掊（聚）多益寡：稱物平施。」是則范蠡不啻明《易》，而又知《禮》，爲難能也。

6. **卷四十五、韓世家第十五。**

昭侯二十五年，旱，作高門。屈宜臼（楚大夫在魏）曰：昭侯不出此門，何也？不時。吾所謂時者，非時日也。人固有利不利時。昭侯嘗利矣，不作高門。往年，秦拔宜陽，今年旱。昭侯不以此時卹民之急，而顧益奢，此所謂時絀舉贏。二十六年，高門成，昭侯卒，果不出此門。

按《易》最重「時」，《乾文言傳》：「終日乾乾（不息），與時偕行。」又於《隨》卦著「隨時」之義，《隨彖傳》：「大亨貞，无咎而天下隨時，隨時之義大矣哉！」昭侯不於國家功威鼎盛之時作高門，而於敗、旱之際，大興土木，屈宜臼謂其「時絀舉贏」，其論極是而果驗。

7. 卷四十九、外戚世家第十九。

故《易》基《乾坤》，《詩》始《關雎》，《書》美《釐降》，《春秋》譏不親近。

按《詩》、《書》、《春秋》胥重婚嫁，男女居室，人之大倫也（〈孟子萬章〉上）。「《易》基（始）《乾坤》」者？《乾坤》本卦名，三畫卦之乾坤，生六子卦：〈震〉、〈巽〉、〈坎〉、〈離〉、〈艮〉、〈兌〉。六畫卦之乾坤，又生其餘六十二卦。實則六十二卦，皆自《乾坤》衍生，乾坤，爲六十二卦之父母，固爲之基也。又《易》言乾坤，有時指目陰陽爻畫「⚊ ⚋」而言，而「⚊ ⚋」，尤爲易之基本，無疑。

8. 卷八十一、廉藺列傳第二十一。

趙括自少時學兵法，言兵事，以爲天下莫能當，嘗與其父言兵，奢不能難，然不謂善。括母問其故？奢曰：兵，死地也，而括易言之，使趙不將括即已，若必將之，破趙軍者，必括也。及括將行，其母上書言於王曰：括不可使將。王曰：何以？對曰：始妾事其父時爲將，身所奉飯飲而進食者以十數，所友者以百數，大王及宗室所賞賜者，盡以與軍吏士大夫。受命之日，不問家事。今括一旦爲將，東向而朝，軍吏無敢仰視之者，王所賜金帛，歸藏於家，而日視便利田宅可買者買之，王以爲何如其父？父子異心，願王勿遣，王終遣之，即有如不稱，妾得無隨坐乎？王許諾，趙括既代廉頗，悉更約束，易置軍吏，秦將白起聞之，縱奇兵佯敗走，而絕其糧道，分斷其軍爲二，士卒離心，四十餘日、軍餓，趙括出銳卒自搏戰，秦軍射殺趙括，趙括軍敗，數十萬之衆，遂降秦，秦悉阬之。

按〈師卦〉辭：「師貞，丈人吉，无咎！」王注：「丈人，嚴莊之稱也。爲師之正，丈人乃吉也。」丈人，固持重長者之稱謂。蓋數十萬生命，繫於一人之身，主帥安得不用老成持重之人乎！觀史公所記，趙括言兵，自謂：「天下莫能當」。其父趙奢謂括：「兵，死地也，而括易言之。」是括輕易論兵，不知其嚴重性也。括母述括父趙奢爲將時，身所親捧飲食而尊視之者有十人，所與友者以百數，奢能尊賢、友益，受教兵事如此；而括爲將、擅作威福，軍吏不敢仰視，其不能撫愛士卒又如彼，奢受朝廷賞賜，盡以與軍吏士大夫，其得人用衆又如此，而括則以所受賞賜，大置田宅，貪財自私又如彼。總括有此數失，而輕浮，喜談兵，不知優禮賢將士，又貪財好利，其敗軍亡身也，固宜然。此段史實，可推闡〈師卦〉卦辭行師必以丈人爲統帥，老成持重，方可无咎，其理明甚！

四、證成易義

1. **卷四十、楚世家第十。**

（韓宣子）曰：昔我文公，狐季姬之子也。有寵於獻公，好學不倦，生十七年，有士五人：有先大夫子餘、子犯，以爲腹心；有魏犨、賈佗，以爲股肱；有齊、宋、秦、楚以爲外主；有欒、郤、狐、先以爲內主。亡十九年，守志彌篤，惠、懷棄民，民從而與之，故文公有國，不亦宜乎！

按《大有卦辭》：「大有，元亨。」《象》曰：「大有、柔得尊位，大中，而上下應之曰大有。」大有䷍《乾》下《離》上。六五居極尊之位，上下皆陽，五陽應一陰，故曰上下應之，是爲大有。大有者，有眾、有國之象也。若晉文公，其上（對民眾言）者，有齊、秦、晉、楚以爲外主（與國、外援）；有欒、郤、狐、先諸家（皆晉卿）以爲內主。「惠、懷棄民」，晉之民眾，又從而擁戴之，正上下相應之象，與《易》義相符。「大學」第十章：「道德眾，則得國。」得國，大有之義也。

在象傳有

1. **卷二十七、天官書第五。**

魁下六星，兩兩相比者，名曰：三能（音台），三能色齊（中正也），君臣和；不齊爲乖戾。

按《賁卦象傳》：「觀乎天文，以察時變。」日月星辰，天之文也。由天文可知人事之現象。魁者，斗魁也。斗魁下有三能，三能以象三公，觀三能之色，而知君臣之和與否，正符《象傳》之義。又火守南北河（鉞北，北河；南，南河），兵起，穀不登。

廁（天廁）下一星，曰：天矢。矢黃則吉，青、白、黑，凶。

長庚（星名，《詩・小雅》、大東：西有長庚），如一匹布著天，此星見，兵起。

天精（明也）而見景星。景星者，德星也。其狀無常，常出於有道之國。

秦始皇之時，十五年，彗星四見，久者八十日，長或竟天，其後，秦遂以兵滅六王，并中國，外攘四夷，死人如亂麻。

凡天變過度，乃占。國君彊大有德者昌；弱小飾詐者亡。太上修德，其次修政，夫常星之變希見，而三光之占亟用。日月暈（日旁氣）適（災變咎徵）雲風，此天之客氣，其發見亦有大運，然其與政事俯仰，最近大人之符。此五（五星）者，天人之感動。爲天數者，必通三五（三辰五星），終始古今，深觀時變，察其精粗，天官備矣。

按史公此段，總言天人之占。日月星辰在天，政事在人。而曰：「終始古今，深觀時變。」言古今如是，與《彖傳》：「觀乎天文，以察時變」之意密契。美國太空航空總署，早已搜存我國二十四史中，天官書、天文志之紀載，而加以研幾，視爲奇珍，而我國反略而不顧，何耶？

2. 卷四十、楚世家第十。

楚懷王六年，使柱國昭陽將兵攻魏，破之於襄陽，得八邑，又移兵而攻齊，齊王患之。陳軫適爲秦使齊，齊王曰：爲之奈何？陳軫曰：王勿憂，請令罷之，即往見昭陽軍中曰：願聞楚國之法：破軍殺將者，何以貴之？昭陽曰：其官爲上柱國，封上爵，執珪。陳軫曰：其有貴於此者乎？昭陽曰：令尹。陳軫曰：今君已爲令尹矣。此國冠之上。今君相楚而攻魏，破軍殺將，功莫大焉！冠之上。不可以加矣。今又移兵而攻齊，攻齊勝之，官爵不加於此，攻之不勝，身死爵奪，有毀於楚，此爲蛇爲足之說也。不若引兵而去，以德齊，此持滿之術也。昭陽曰：善，引兵而去。

按《豐卦彖傳》：「日中則昃；月盈則食。」此戒盈滿之意也。昭陽已爲上柱國。攻魏有功，按楚法：必升令尹，故云：「已爲令尹」。此《國冠之上》，臣之位極，已居盈滿。盈必虧，天之道。故陳軫勸其止不攻齊。此持盈之道，與《易》義相足。

3. 卷四十一、越世家第十一。

吳發精兵擊越，敗之夫椒，越王乃以餘兵五千人，保（退守）於會稽。越王謂范蠡曰：以不聽子，故至於此，爲之奈何？蠡對曰：持滿者與天。……。

按《集解》引韋昭曰：「與天，法天也，天道盈而不溢。」持滿，即持盈也，守約自斂，克己抑畏，持盈之道也。

4. 卷四十六、田完世家第十六。

三十六年，王爲東帝，秦昭王爲西帝，蘇代入齊，齊王曰：秦使魏冉致帝，子以爲何如？對曰：王之問臣也卒（猝同），而患之所從來微。願王受之而勿備稱也。秦稱之，天下安之，王乃稱之，無後也。且讓爭，帝名無傷也。秦稱之，天下惡之，王因無稱，以收天下，此大資也。且天下立兩帝，王以爲天下爲尊齊乎、尊秦乎？王曰：尊秦。曰：釋帝，天下愛齊乎，愛秦乎？曰：愛齊而憎秦。與秦爲帝（齊秦並帝），而天下獨尊秦而輕齊；釋（捨也）帝，則天下愛齊而憎秦，敬秦以爲名，而後使天下憎之，此所謂以卑爲尊者也，願王熟慮之！於是齊去帝，復爲王，秦亦去帝位。

按帝，至尊之號也。有德，則天下服；無德，則天下憎，不如讓秦爲帝，而自居卑退，其利滋大，故代曰：「此大資也。」讓帝於秦，而使天下服齊，此「所謂以卑爲尊也。」正與《謙象傳》：「謙尊而光，卑而不可踰。」及《謙初六象》曰：「謙謙君子，卑以自牧（養也）也」之義合。

5. 卷七十九、蔡澤列傳第十九。

蔡澤復曰：富貴顯榮，成理萬物，使各得其所，性命壽長，終其天年，而不夭傷，天下繼其統，守其業，傳之無窮。

按《乾象傳》：「乾道變化，各正性命。」謂天道陰陽二氣絪縕變化，而萬物以生。蔡澤謂萬物性命壽長，各得其所，而終其天年，正足《易傳》「各正性命」之義，而尤爲圓融。

6. 同卷。

應侯曰：善！吾聞欲而不知止，失其所以欲；有而不知足，失其所以有。先生幸教，睢敬受命。……應侯因謝病，卒歸相印，（秦王）拜（蔡澤）爲秦相。

按《艮象傳》：「艮，止也。時止則止；時行則行，動靜不失其時，其道光明。」應侯納蔡澤之言，即避相位而引退，可謂時當止則止，動靜不失其時。卒保祿位，其道豈不光明乎？

7. 卷八十一、廉藺列傳第二十一。

太史公曰：知死必勇，非死者難也，處死者難。方藺相如引璧睨柱，及叱秦王左右，勢不過誅，然士或怯懦而不敢發。相如一奮其氣，威信（伸同）敵國，退而讓頗，名重泰山，其處智勇，可謂兼之矣。

按相如能奮其威武以屈辱秦王又復幡然讓頗，故史公深服其智勇。《謙卦辭》：「謙亨，君子有終。」〈彖〉曰：「謙尊而光，卑而不可踰，君子之終也。」言君子終生秉守謙德，雖自處卑退讓，然謙光之風，卑而不可踰也。相如廷叱秦王，退而讓頗，「名重泰山」。其受後世尊仰，孰能有以踰之者？

8. 卷九十七、陸賈列傳第三十七。

陸賈從高祖定天下，名爲有口辯士。高祖時，尉他平南越，因王之，高祖使陸賈賜尉他印爲南越王。陸生至，說他曰：今足下反天性，棄冠帶，欲以區區之越，與天子抗衡爲敵國，禍且及身矣。且夫秦失其政，諸侯豪傑並起，惟漢王先入關，據咸陽。項羽倍（背同）約，自立爲西楚霸王，諸侯皆屬，可謂至彊！然漢王起巴蜀，鞭笞天下，劫掠諸侯，遂誅項羽滅之。五年之間，海內平定。此非人力，天之所建也。尉他曰：我孰與皇帝賢？陸生曰：皇帝起豐沛，討暴秦，誅彊楚，爲天下興利除害，繼五帝三皇之業，統理中國，中國之人以億計，地方萬里，萬物殷富，政由一家，自天地剖泮（判同），未始有也。今王衆不過數十萬，皆蠻夷，崎嶇山海間，譬若漢一郡，王何乃比於漢？

按《革象傳》：「天地革而四時成，湯武革命，順乎天而應乎人，革之時大矣哉！」右段史公引陸生語：五年之間，平定海內，「此非人力，天之所建也！」此上順乎天也；又曰：討暴秦，誅彊楚，弔民伐罪，「爲天下興利除害。」因人之所大欲，是應民人之所需求也。正足《革象傳》：「順乎天而應乎人」之義，爲湯武革命之後繼者，曰：「繼五帝三王之業」，又固賢於湯武矣。

9. **卷一百十八、淮南王安傳**。

建元（漢武帝年號）六年，慧星見，淮南王（安）心怪之。或說王曰：先吳軍起時（淮南王長謀反），彗星出，長數尺，然尚流血千里，今慧星長竟天，天下兵當大起，王心以爲上無太子，天下有變……而謀反滋甚。

按《賁象傳》：「觀乎天文，以察時變。」淮南王欲反之前，天上慧星出，其長竟天，後安果反，是天文足以察時變也。

其在《文言傳》，有

1. **卷三十一、吳太伯世家第一**。

吳王餘祭四年，使季札聘於魯，請觀周樂，歌〈王〉，曰：善哉！思而不懼，其〈周〉之東乎！歌〈鄭〉，曰：其細已甚，民不堪也，是其先亡乎！

按《文言傳》：「知進退存亡而不失其正者，其唯聖人乎！」季札由音而推知興衰、存亡，是其睿知過人。審音以知樂，審樂以知政。《孟子・公孫丑》上：「子貢曰：見其禮而知其政；

聞其樂而知其德。」季札知音，知鄭之先亡者？孔子曰：〈鄭〉聲淫（《論語》，〈衛靈篇〉）故也。

2. **卷五十五，留侯世家第二十五。**

留侯從上擊代，出奇計馬邑下，及立蕭何相國，所與上言天下事甚衆，非天下所以存亡，故不著。留侯乃稱曰：家世相韓，及韓滅，不愛萬金之資，爲韓報仇彊秦，天下振動，今以三寸舌，爲帝者師，封萬戶，位列侯，此布衣之極，於良足矣。願棄人間事，從赤松子游耳。

按《乾文言傳》：「亢之爲言也，知進而不知退；知存而不知亡；知得而不知喪。其唯聖人乎！知進退、存亡而不失其正者，其唯聖人乎？」傳釋《乾上九》：「亢龍有悔。」句，亢者，高極之詞，上九之位象之。故當知進；尤當知所以退。良佐高帝定天下，一海內，封萬户侯，爲帝王之師，誠「布衣之極。」即棄人間事，不顧而去，洵所謂急流勇退，知進而亦知退，賢於韓信、彭越等遠矣。

3. **卷六十八，商君列傳第八。**

商君相秦十年，宗室貴戚多怨望者。趙良見商君，商君曰：子觀我視秦也，孰與五羖大夫（百里奚）賢？趙良曰：夫五羖大夫，荊之鄙人也。聞秦繆公之賢，而願望見。繆公知之。舉之牛口之下，而加之百姓之上。相秦六七年，而東伐鄭，三置晉國之君，一救荊國之禍。發教封內，而巴人致貢；施德諸侯，而八戎來服。五羖大夫之相秦也，勞不坐乘，暑不張蓋，行於國中，不從車乘，不操干戈。功名藏於府庫，德行施於後世。五羖大夫死，秦國男女流涕，童子不歌謠，舂者不相杵，此五羖大夫之德也。今君之見秦王也，因嬖人景監以爲主，非所以爲名也；相秦不以百姓爲事，而大築冀闕，非所以爲功也。刑黥太子之師傅，殘傷民以峻刑，是積怨畜禍也。君又南面而稱寡人，日繩秦之貴公子，非所以爲壽也。公子虔杜門不出，已八年矣。君又殺祝懽而黥公孫賈，《詩》曰：得人者興；失人者崩。此數事者，非所以得人也。君之出也，後車十乘，後車載甲，多力而駢脅者爲驂乘，持矛而操戟者，旁車而趨，此一物不具，君固不出。《書》曰：恃德者昌；恃力者亡。君之危若朝露，尚將欲延年益壽乎？則何不歸十五都，灌園於鄙，勸秦王顯巖穴之士，養老存孤，敬父兄，序有功，尊有德，可以少安，秦王一旦捐賓客而不立朝，秦國之所以收君者，豈其微哉？亡可翹足而待！商君弗從。後五月，而秦孝公卒，太子立，公子虔之徒，告商君欲反，發吏捕商君，商君亡，秦發兵攻商君，殺之於鄭黽池，秦惠王車裂商君以徇，遂滅商君之家。

按《乾．文言傳》：「知進退、存亡，而不失其正者，其唯聖人乎！」趙良歷述五羖大夫百里奚之賢而有德，愛民如子；商君之殘刻賊害，恃力暴虐，大失民望。相形之下，仁、暴立見。五羖大夫之得人，尚德以興；商君之失人，恃力以亡。興亡、得失之幾，洞若觀火，與《易傳》知「存亡」之語相契。本傳末，史公謂商君，天資刻薄，不師趙良之言，卒受惡名，有以也夫。」誠然。

4. **卷六十九，蘇秦列傳第九。**

蘇秦說趙蕭侯曰：臣聞堯無三夫之分，舜無咫尺之地，以有天下，禹無百人之聚，以王諸侯。湯武之士，不過三千，車不過三百乘，卒不過三萬，立爲天子，誠得其道也。是故明主外料其敵之彊弱；內度其士卒賢不肖，不待兩君相當，而勝敗，存亡之機，固已形於胸中矣。

按蘇秦論存亡之機，謂堯舜禹湯之有天下，立爲天子，誠得其道也。其道爲何？蘇秦乃以料敵之彊弱，度士卒之賢不肖當之者不侔。孟子曰：「堯舜之道，孝悌而已矣，（告子下）」秦詭辯傾危之士，宜其所見如此。知存亡之名，而不知存亡之理也。

5. **卷八十四，屈原列傳第二十四**。

其存君興國，而欲反覆之，一篇之中，三致志焉。人君無愚智賢不肖，莫不欲求忠以自爲，舉賢以自佐，然亡國破家相隨屬（連），而聖君治國、屢世而不見者？其所謂忠者不忠；而所謂賢者不賢也。懷王以不知忠臣之分，故內惑於鄭袖；外欺於張儀，疏屈平而信上官大夫，令尹子蘭，兵挫地削，亡其六郡，身客死於秦，爲天下笑，此不知人之禍也。

按《乾・文言傳》：「知進退、存亡而不失其正者，其唯聖人乎」史公推治亂，存亡之因，在於人君不知忠奸、賢不肖之分。以屈平之忠而見疏；上官、子蘭之佞而反信。其愚之不可及，身客死於秦，固宜。故曰：「此不知人之禍。」然知人良難也，《書・皋陶謨》：「皋陶曰：都，在知人，在安民。禹曰：吁？咸若是，惟帝（堯）其難之！知人則哲，能官人；安民則惠，黎民懷之。」存亡之幾固多，知人其首也。

又卷一百三十，自序，律書第三。

非兵不彊，非德不昌，黃帝、湯、武以興；桀、紂、二世以崩，可不愼歟！

王迹所興，原始察終，見盛觀衰，論考之行事，略推三代，錄秦漢，上記軒轅，下至於茲，作十二本紀。

按史公於此，總論黃帝湯武之興，桀紂二世之亡，在德而已。原始察終，見盛觀衰，存亡之幾，要亦可見，誠能通古今之變也。

其在《繫傳》，有

1. **卷一，五帝本紀第一，帝嚳高辛**。

聰以知遠，明以察微，順天之義，知民之急。

按〈上繫〉第十：「神以知來；知以藏往。」〈下繫〉第三：「君子知微知彰。」《中庸》第二十四章：「至誠之道，可以前知。國家將興，必有禎祥；國家將亡，必有妖孽，見乎蓍龜，動乎四體，禍福將至，善，必先知之；不善，必先知之，故至誠如神。」「知來」，是「知遠」之事。「察微」，即知微，其義，《中庸》已明著之，則「知來」，理固有之也。

2. **卷四，周本紀**。

召公曰：訪民之口，甚於防水……口之宣言也，善敗於是乎興，行善而備敗，所以產財用衣食者也。

按〈上繫〉第六：「言行，君子之樞機；樞機之發，榮辱之主也。」右言口不可防堵，善敗胥出於口，其後厲王以殺止謗，果出奔于彘。

3. **卷三十一，吳太伯世家第一。**

（季札）適晉，說趙文子（名武）、韓宣子（名起）、魏獻子（名舒）曰：晉國其萃於三家乎！將去，謂叔向曰：吾子勉之！君侈而多良，大夫皆富，故政將在三家，吾子直，必思自免於難。

按〈上繫〉第十：「神以知來。」《中庸》第二十四章：「禍福將至，善，必先知之；不善，必先知之。」（已見前1條）季子誠有之矣！其後，韓、趙、魏三家分晉而戰國始，季子之言果驗。本篇末，史公曰：延陵季子之仁心，慕義無窮。見微而知清濁，何其閎覽博物君子也」。信然。

卷四十一，越世家第十一。

范蠡事越王句踐，既苦身戮力，與句踐深謀二十餘年，竟滅吳，報會稽之恥，北渡兵於淮，以臨齊、晉，號令中國，以尊周室。句踐以霸，而范蠡稱上將軍，還反國，范蠡以爲大名之下，難以久居，且句踐爲人，可與同患難。難與處安。爲書辭句踐，自與其徒屬乘舟浮海以行，終不反。

按〈下繫〉第四：「子曰：危者，安其位者也……故君子安而不忘危……」居安思危，遂爲千世之警策。范蠡輔句踐以霸，身爲上將軍，國已安定，以爲「大名之下，難以久居」，遂毅然退隱，正與《易》義合。

5. **卷四十二，鄭世家第十二。**

鄭厲公四年，祭仲專國政，厲公患之，陰使其壻雍糾，欲殺祭仲，糾妻，祭仲女也。知之，謂其母曰：父與夫孰親？母曰：父，一而已；人盡夫也。女乃告祭仲……反殺雍糾，戮之於市，厲公無奈祭仲何！怒糾曰：謀及婦人，死固宜哉。

按〈上繫〉第七：「子曰：亂之所生也，則言語以爲階！君不密則失臣；臣不密則失身；幾事不密則害成，是以君子愼密而不出也。」厲公令雍糾殺祭仲，糾與其妻謀，幾事外洩，其妻告祭仲，祭仲卒殺雍糾，「幾事不密則害成。」雍糾遭殺身之禍，不知「愼密」之過也。

6.**卷四十七，孔子世家第十七**。

孔子適周問《禮》，蓋見老子云，辭去，而老子送之曰：吾聞富貴者送人以財；仁人者送人以言。吾不能富貴，竊仁人之號，送子以言，曰：聰明深察而近於死者，好議人者也；博辯廣大危其身者，發人之惡者也。爲人子者，毋以有己；爲人臣者，毋以有己。……。

按〈繫傳〉上第六：「子曰：言行，君子之樞機，樞機之發，榮辱之主也。言行，君子之所以動天地也，可不愼乎？」言語爲榮辱之主，由人自招取。好議人及發人之惡，此言語之大忌，孔子尚受戒，況其下焉者乎！

7.**同卷**。

魯哀公十四年春，狩大野（澤名），叔孫氏、車子鉏商獲獸，以爲不祥。仲尼視之，曰：麟也。取之，曰：河不出〈圖〉，洛不出《書》，吾已矣夫。

按〈上繫〉第十一：「河出〈圖〉，洛出〈書〉，聖人則之。」《論語・子罕篇》：子曰：「鳳鳥不至，河不出〈圖〉，吾已矣夫。朱注：河圖，河中龍馬負圖。伏義氏出。」《易傳》明著「河〈圖〉洛〈書〉」，《論語》但言河圖，是古有是說。但漢人著述，已不能指明二者究爲何物，清人胡渭力辨宋儒所謂圖書，非古之所有，而近人仍有信圖書之說者，姑存之而已。

8. 卷七十五，孟嘗君列傳第十五。

自齊王毀廢孟嘗君，諸客皆去，孟嘗君太息，嘆曰：文常好客，食客三千餘人。客見文一日廢，皆背文而去，今賴先生得復其位，客亦有何面目復見文乎？如復見文者，必唾其面而大辱之。馮驩結轡下拜，孟嘗君下車曰：先生爲客謝乎？馮驩曰：非爲客謝也，爲君之言失！夫物有必至，事有固然，君知之乎？孟嘗君曰：愚，不知所謂也。曰：生者必有死，物之必至也。富貴多士，貧賤寡友，事之固然也……。

按馮驩曰：「物有必至；事有固然。」此理之常也。曰：「生必有死，物之必至也。」與《易》理正相契。〈上繫〉第三：「原始反終，故知死生之說。」生爲始，死爲終。天道終而復始，《蠱彖傳》：「終則有始，天行也。」〈上繫〉第四：「精氣爲物」，言精氣聚則物生，耗散至盡則物死。《莊子》深知此理，〈至樂篇〉：「……雜乎芒芴之間，變而有氣，氣變而有形，今又變而之死，是相與爲春秋冬夏，四時行也。」《論語・先進篇》：季路曰：「敢問死？曰：未知生，焉知死？」朱注：「非原始而知所以生，則必不能反終，而知所以死。蓋幽明始終，初無二理。」朱子蓋亦以《易》理解之也，甚是。

9.卷一百二，張釋之列傳第四十二。

（文帝）拜（張）釋之爲謁者僕射，釋之從行，登虎圈，上問上林尉諸禽獸簿，十餘問，尉左右視，盡不能對。虎圈嗇夫從旁代尉對上所問禽獸簿，甚悉。欲以觀其能，口對，響應無窮者，文帝曰：吏不當若是邪？尉無賴（不才），乃詔釋之拜嗇夫爲上林令。釋之久之，前曰：陛下以絳侯周勃何如人也？上曰：長者也。又復問，東陽侯張相如何如人也？上復曰：長者。釋之曰：夫絳侯、東陽侯，稱爲長者，此兩人言事，曾不能出諸口，豈斅此嗇夫諜諜（多言）利口捷給哉！且秦以任刀筆之吏，吏爭以亟疾苛察相高，然其敝，徒文具耳（有文無實），無惻隱之實，以故不聞其過，陵遲而至於二世，天下土崩。今陛下以嗇夫口辯而超遷之，臣恐天下隨風靡靡，爭爲口辯而失其實，且下之化上，疾於景（影）響，舉措不可不審也。文帝曰善！乃止，不拜嗇夫。

按《易》不尚口辯，〈繫下〉第九曰：「吉人之辭寡；躁人之辭多。」吉，善也。善人寡言，蓋深警多言也。《頤象》曰：「山上有雷頤，君子以愼言語，節飲食。」《易》戒利口，甚明。〈論語・先進篇〉：子曰：「是故惡夫佞（口辯禦人）者。」〈公冶長篇〉：「禦人以口給（辯也）屢憎於人。」〈陽貨篇〉：子曰：「惡利口之覆邦家者。」〈里仁篇〉：子曰：「君子欲訥於言而敏於行。」聖人戒利口辯給，如此其至，與《易》義合。右段言釋之勸文帝勿拜嗇夫爲上林令，以其徒逞口辯，終非長者，並舉秦以重苛察巧言，不聞其過，以至滅亡。上之化下，捷於影響，願文帝舉措不可不審，此誠長者之言，與《易》傳意合。本傳末，太史公曰：「季（釋之字季）之言長者。」誠然。

10. **卷一百三，萬石張叔列傳第四十三。**

萬石君石奮，積功勞至太中大夫，無文學，恭謹無與比。奮長子建，次子甲，次子乙，次子慶，皆以馴行孝謹，官皆至二千石，號爲萬石君。萬石君家，以孝謹聞乎郡國，雖齊魯諸儒質行，皆自以爲不及也。建元二年，郎中令王臧以文學獲罪，皇太后以爲儒者文多質少，今萬石君家不言而躬行，乃以長子建爲郎中令，少子慶爲內史，建老白首尚無恙。

按〈上繫〉第十二：「默而成之，不言而信，存乎德行。」右言萬石君家無文學，恭謹無與倫比，以孝謹聞乎郡國，雖齊魯諸儒質行，皆自以爲不及。明言萬石君家，躬行質直，與當時儒者文多而質少者絕異。而萬石君家不言而躬行，正與《易傳》：「默而成之，不言而信，存乎德行」之義合。本傳末，太史公曰：「仲尼有言，君子欲訥於言而敏於行（〈里仁〉），其萬石君之謂邪。是以其教不肅而成，不嚴而治。」信然。

11. **卷一百五，扁鵲倉公列傳第四十五。**

扁鵲過齊，齊桓侯客之，入朝見，曰：君有疾在腠理（皮膚），不治將深。桓侯曰：寡人無疾。扁鵲出，桓侯謂左右曰：醫之好利也，欲以不疾者爲功；後五日，扁鵲復見曰：君有疾在血脈，不治恐深！桓侯曰：寡人無疾。扁鵲出，桓侯不悅；後五日，扁鵲復見曰：君有疾在腸胃間，不治將深！桓侯不應，扁鵲出，桓侯不悅。後五日，扁鵲復見，望見桓侯而退走，桓侯使人問其故，扁鵲曰：疾之在腠理也，湯熨之所及也；在血脈，鍼石之所及也；其在腸胃，酒醪之所及也；其在骨髓，雖司命，無奈之何？今在骨髓，臣是以無請也。後五日，桓侯體病，使人召扁鵲。扁鵲已逃去，桓侯遂死。使聖人預知微，能使良醫得早從事，則疾可已。

按〈下繫〉第四：「君子知微知彰。」此與《中庸》第三十三章：「知微之顯」意同，即知微之必至於著矣！〈坤卦〉初六：「履霜堅冰至。」即知微之必致乎彰也，此段與《易》義合。

12. **卷一百二十四，游俠列傳第六十四**。

今游俠其行雖不軌於正義，然其言必信，其行必果。已諾必誠，不愛其軀，赴士之阨困，既存亡死生矣，而不矜其能，羞伐其德，蓋亦有足多者焉。

按〈上繫〉第七：「勞謙君子有終吉（《謙九三爻辭》）。子曰：勞而不伐，有功而不德，厚之至也！」右段言「不矜不能，羞伐其德。」正與《傳》意合。亡者存之；死者生之。自古亂世多而治世少，若當亂世，俠客之義，固不可少也。

五、引用易文

1. **卷八十四，屈原列傳第二十四**。

易曰：井渫不食，爲我心惻，可以汲，王明，並受其福，王之不明，豈足福哉？

按《易・井卦・九三爻》：「井渫不食，爲我心惻，可用汲，王明，並受其福。」《象》曰：「井渫不食，行惻也，求王明，受福也。」渫，清除也。屈原引《井・九三爻》全文，並約用《經傳》之文，謂王之不明（忠奸之辨），焉能獲福。唯經文作「可用汲」，史公改爲「可以汲」，則訓詁字耳。

六、約用易文

1. **卷十二，孝武本紀第十二。**

朕臨天下二十有八年，天若遺朕士而大通焉（言欒大能通天意），〈乾〉稱蜚龍，鴻漸于般（水涯堆）意庶幾與焉，其以二千石封丈爲樂通侯。

按《乾・九五爻》曰：「飛龍在天。」《漸・六四爻》曰：「鴻漸于磐（山石之安者）。」武帝云得欒大如鴻進於般，一舉千里；得道若飛龍在天（《集解》）。此約用〈乾〉、〈漸〉二卦《爻辭》，以明高翔遠舉之意。

2. **卷二十四，樂書第二。**

天尊地卑，君臣定矣。高卑以陳，貴賤位矣。動靜有常，小大殊矣。方以類聚，物以群分，則性命不同矣。在天成象，在地成形，如此，則禮者，天地之別也。

按〈上繫〉第一曰：「天尊地卑，乾坤定矣。卑高以陳，貴賤位矣。動靜有常，剛柔斷矣。方以類聚，物以群分，吉凶生矣。。在天成象，在地成形，變化見矣。」史公易「乾坤」爲「君臣」，易「剛柔斷矣」爲「小大殊矣」。易「吉凶生矣」爲「性命不同矣」。在《易》，乾坤有君臣之象，以尊卑言之也。易言剛柔，與小大義近、剛柔、即陰陽，陽大陰小（見泰卦），故以小大言。其易「吉凶生」爲「性命不同」者？史公以上承「類聚群分」人物萬殊，所稟賦有清濁，多寡之分，故曰「性命不同」，要與易理一致。

3. **卷三十，平準書第八**。

禹貢九州，各因其土地所宜，人民所多少而納職焉。湯武承弊易變，使民不倦，各兢兢所以爲治。

按〈下繫〉第二：「神農氏沒，黃帝堯舜氏作，通其變，使民不倦。」史公謂「承弊易變」，正「通其變」之意。易「窮則變；變則通。」故能使民不倦也。

4. **卷六十一，伯夷列傳第一**。

同明相照，同類相求，雲從龍，風從虎，聖人作而萬物覩。

按《乾．文言傳》：「〈九五〉曰：飛龍在天，利見大人，何謂也？子曰：同聲相應，同氣相求，水流溼，火就燥，雲從龍，風從虎，聖人作而萬物覩。」史公約用《易》文，凡物各從其類，有聲氣相求之應。《咸．彖傳》：「聖人感人心而天下和平。」，聖人在上位，而萬物莫不瞻仰而嚮化也。

5. **卷七十八，春申君列傳第十八**。

黃歇說秦昭王曰：《詩》曰：靡不有初，鮮克有終。《易》曰：狐涉水，濡其尾。此言始之易，終之難也。

按《未濟・卦辭》：「未濟亨，小狐汔濟，濡其尾，无攸利。」黃歇引《易》文：「濡其尾」，狐之涉水。以釋「小狐汔濟」之義也。汔，音乙，水涸也。小狐力有未逮，必待水涸乃能濟渡，否則必濡其尾。卦辭蓋謂：大才方可以成未濟之功，引詩：「靡不有初，鮮克有終」則《大雅・蕩》之什之句，以明克終之難。

七、與易義相應

1. **卷十，孝文本紀第十。**

丞相陳平等議曰：大王，高皇帝長子，宜爲高廟嗣，願大王即天子位？代王曰：奉高帝宗廟，重事也！寡人不佞，不足以稱宗廟，願請楚王（名交，高帝弟）計宜者？寡人不敢當。群臣皆伏固請，代王西鄉（向本字）讓者三；南鄉讓者再，丞相平等皆曰：大王奉高帝宗廟最宜稱，雖天下諸侯萬民以爲宜。臣等爲宗廟社稷計，願大王幸聽臣等！代王曰：宗室將相王列侯以爲莫宜寡人；寡人不敢辭，遂即天子位。

按群臣請文帝即天子位，文帝自謂不佞，願請楚王交議宜者。群臣固請，文帝西鄉三讓，南鄉再讓，丞相平等齊聲稱爲天下社稷計，莫如文帝最宜！文帝始允，其謙讓之度，世所罕見。《

易》立〈謙卦〉，六爻皆吉，謙尊而光，禮讓之風，遂永爲中華文化之特色。子曰：「能以禮讓爲國乎？何有？（《論語・里仁篇》）」史稱文景之治，蓋有以也。

2. **卷二十四，樂書第二。**

禮樂見天地之情，達神明之德。

按〈下繫〉第二：「古者包羲氏之王天下也……於是始作八卦以通神明之德；以類萬物之情。」傳言伏羲作八卦之目的，「以通神明之德」者？神明之德，喻造化之功能，直指天道言。以類萬物之情者，謂狀貌萬物之現象也。情，眞實之意。蓋樂象天地之和，禮法天地之序也。史公易「萬物」爲「天地」，以道觀之，天地一物也。又易「通」爲「達」，其義一也。

右列：一、發明易理，得十六條。二、天人際會，二條。三、推闡易理，八條。四、證成易義，卦辭，一條；彖傳，九條；文言傳，六條；繫傳，十二條。五、引用易文，一條。六、約用易文，六條。七、與易義相應，二條。凡六十二條。

綜上，於易理：陰陽消息，天人合德，融貫經傳，引用易文等，皆於治易有發皇光大之助。此爲以史證經之例。漢儒康成，已導夫先路，宋儒楊萬里等繼之，於《易》理多有闡明。今《易》道否塞不彰已久。凡能疏通《易》道者，皆於《經》義有羽翼襄贊之功，其可忽哉？

本文參用各書已注篇中，不另列書目。

胡自逢：前國立中央大學文學院院長，現已退休，兼任多所中文研究所教授。著有「周易鄭氏學」、

「周易彖傳釋義」、「先秦諸子易學通考」、「鄭尹子研究」、「金文釋例」、「莊子學述」、「周金文選」、「殷契選集」、「論語文例」等書，及散文數十篇。

《中國國學》第十六期　七十七年十一月

從史記抉發周易思想

太史公作史記，爲本紀十二，表十，書八章，世家三十，列傳七十，凡百三十篇。自序以爲上承春秋。司馬貞索隱亦曰：「遷自以承五百之運，繼春秋而纂是史。」五百之運，至矣，美矣！孟子曰由堯舜至於湯；由湯至於文王；由文王至於孔子，其年皆適五百，遷作史記，不惟繼春秋，而又以道統自期。然春秋，經也，固亦史也。經史，爲吾華一切學術思想之大本，自有其會通之處，毋庸置疑；逢於課餘，披覽史記，觀其傳述一人一事，每引易理以爲說，所傳之人，常若出諸其口者，又多與易義脗合無間，是固有因。蓋周易有象，其大本也。而六經莫不兼而有之，清儒章實齋氏嘗曰：「易之象也，詩之興也，變化而不可方物矣！象之所包廣矣，非徒易而已，六藝莫不兼之，蓋道體之將形而未顯者也。雎鳩之於好逑，樛木之於貞淑，甚而熊蛇之於男女，象之通於詩也；五行之徵五事，箕畢之驗風雨，甚而傅巖之入夢賚，象之通於書也；古官之紀雲鳥，周官之法天地四時，以至龍翟章衣，熊虎志射，易之通於禮也。易與天地準，故能彌綸天地之道，萬事萬物，當其自靜而動，形迹未彰而象見矣。易以天道而切人事；春秋以人事而協天道，其義例之見於文辭，聖人有戒心焉（文史通義、易教中）。」萬物將動未動之先，其象已見，「象，蓋道體之將形而未顯者」，先儒論象，未有若是其至者也。章氏明言周易重象，六經亦言象。又謂「易以天道而切人事；春秋以人事而協天道」。合天人而一之。然春秋爲史；周易爲經。經與史實密契而不可分，固有其會通之理。今取史記全書中，有發明易象之理者，彙而成篇名曰「從史記抉發周易思想」以此小文爲高師八秩嵩壽之獻禮，亦以見逢之受易於吾師者，於茲尚有薪傳之餘意在也。六十四卦，卦有象辭，今悉按六十四卦之次，首揭史文，即就易象說之於後：

一、坤卦

卷十，文帝紀

南越王尉佗自立爲武帝，然上召貴尉佗兄弟，以德報之，佗遂去帝稱臣。與匈奴和親，匈奴背約入盜，然令邊備守，不發兵深入，惡煩苦百姓。吳王詐病不朝，就賜几杖。群臣如張武等，受賂遺金錢，覺，上乃發御府金錢賜之，以愧其心，弗下吏，專務以德化民，是以海內殷富，興於禮義。

按坤卦象曰：「地勢坤，君子以厚德載物。」此爲全卦之象，習稱大象，地勢坤」，象地道；「君子以厚德載物」，則人之法象之也，六十四卦之大象，皆上揭天道，下切人事，天人之理具焉。象傳曰：「坤厚載物，德合无疆。含弘光大，品物咸亨。」象、象傳言坤德、地道備矣。惟其德厚，故能含容；惟其博厚，故「載華嶽而不重，振河海而不洩（中庸二十六章）」，有容德乃大。文帝之包容，務以德化。後世絕無僅有，此足證成坤象傳：「厚德載物」之義。景帝元年美文帝之德，詔曰：「德厚侔天地；利澤施四海。」誠然。

二、師　卦

卷八十四、賈生列傳第二十四

臣聞地廣者粟多，國大者人衆。是以太山不讓土壤，故能成其大；河海不擇細流，故能就其深；王者不卻衆庶，故能明其德。是以地無四方，民無異國，四時充美，鬼神降福，此五帝三王之所以無敵也。

按師卦象曰：「地中有水、師，君子以容民畜衆。」師，訓軍旅，又爲衆多。地中有水，言地中蓄水量廣厚，君子法之以招徠人民，容納群衆。如太山之大者，以不辭土壤；如河海之深者，以不辭細流。王者亦不卻拒衆庶，故廣招徠，與師象傳「容民畜衆」之義相足。

三、履　卦

1. 卷二十三、禮書第一。

是以君臣朝廷尊卑貴賤之序，下及黎庶車輿衣服、宮室飲食嫁聚喪祭之分，事有宜適，物有節文。

按履象曰：「上天下澤履，君子以辨上下，定民志。」右言尊卑貴賤之序，即「辨上下」也。車馬衣服喪祭，各有差等，皆禮之節文，正所以辨上下也。上下之分定，而後民志乃定，社會秩序，賴以維護，其重要可知。按説文一篇上，示部：「禮，履也，所以事神致福也。从示、从豊，豊亦聲。」禮貴實踐，故以履訓禮，然履又訓禮，詩長發：「率履不越」，傳：「履，禮也。」序卦傳：「物畜然後有禮，故受之以履」亦以禮訓履。卦象䷉上天下澤，天尊、澤卑，自然法象，已示尊卑之分，先聖設履卦，大象以「辨上下」明示其訓，其意至爲深遠，其可忽哉！

2. **卷二十四、樂書第二。**

是故先王有上有下：有先有後，然後可以有制於天下也。

按集解引鄭玄曰：「言尊卑備，乃可制作以爲治。」言有尊卑上下之分序乃可制禮作樂以爲治，禮樂刑政，治之具也。又

使親疏貴賤長幼男女之理，皆形見於樂，故曰：樂觀其深矣。

按正義曰：「此引古語證樂觀感人之深矣。」

3. **卷四十三、趙世家第十三。**

智伯韓魏三國攻晉陽，歲餘，引汾水灌其城，城不侵者三版，城中縣釜而炊，易子而食。群臣皆有外心，禮益慢！唯高共不敢失禮，襄子懼，乃夜使張孟同和於韓魏，韓魏與合謀，以三月丙戌，三國反滅智伯，共分其地。於是襄子行賞，高共爲上！張孟同曰：晉陽之難，唯共無功！襄子曰：方晉陽急，群臣皆懈，唯共不敢失人臣禮，是以先之。

按履象曰：「上天下澤履，君子以辨上下，定尼志。」當晉陽圍急，群臣皆懈散無序，而高共獨不失君臣上下之禮，故滅智伯解危之後，襄子賞功，獨以高共爲上。上下有禮，治國之本也，襄子可謂知所先後矣。

4.卷九十六，申屠丞相嘉列傳第三十六。

申屠丞相嘉，爲人廉直，是時、太中大夫鄧通方隆，愛幸，賞賜累巨萬，文帝嘗燕飲通家，其寵如是。是時，丞相入朝，而通居上傍，有怠慢之禮，丞相奏事畢，因言曰：陛下愛幸臣，則富貴之，至於朝廷之禮，不可以不肅。罷朝，坐府中，嘉爲檄召通詣丞相府，通至免冠徒跣頓首謝，（嘉）責曰：夫朝廷者，高皇帝之朝廷也。通小臣戲殿上，大不敬，當斬，吏今行斬之，通頓首，首盡出血不解，文帝度丞相已困通，使使持節召通，而謝丞相曰：此吾弄臣，君釋之。

按履大象云云，天尊澤卑，有禮之象，禮所以辨上下尊卑，以等差爲貴，丞相責通以維朝廷之禮，甚是！朝廷，萬民之所瞻仰，上無禮，下無法守，國必危？故云：「朝廷之禮，不可以不肅。」

5.卷一百一、袁盎列傳第四十一。

孝文帝即位，盎兄噲任（保任）盎爲中郎，絳侯爲丞相，朝罷趨出，意得甚，上禮之恭，常自送之，袁盎進曰：陛下以丞相何如人？上曰：社稷臣。盎曰：絳侯，所謂功臣，非社稷臣，社稷臣，主在與在；主亡與亡。方呂后時，諸呂用事，擅相王，劉氏不絕如帶，是時絳侯主兵柄，弗能正。呂后崩，大臣相與共畔諸呂，太尉主兵，適會其成功。所謂功臣，非社稷臣，丞相如有驕主色，陛下謙讓，臣主失禮，竊爲陛下不取也。

按履象曰「……辨上下……」。辨上下，禮之大節。文帝臨朝，禮遇絳侯益恭，常目送之，丞相意得甚，有驕主之色。文帝以帝王之尊，遇大臣足恭，失禮之尊；絳侯以臣而驕主，失臣下之卑，均之爲失，不辨上下尊卑之序，正與易傳合，絳侯不知書，失禮，固也。文帝則當知禮，盎以絳侯非社稷臣，宜然。又

上（文帝）幸上林（苑名），皇后、愼夫人從，其在禁中，常同席坐，及坐，郎署長布席，袁盎引卻（退後）愼夫人坐，愼夫人怒，不肯坐，上亦怒，起，入禁中。盎因前說曰：臣聞尊卑有序，則上下和。今陛下既已立后，愼夫人乃妾，妾、主豈可與同坐哉？且陛下幸之，即厚賜之，陛下所以爲愼夫人，適所以禍之！陛下獨不見人彘乎（戚夫人）？於是上乃說，召語愼夫人，愼夫人賜盎金五十斤。

按履象曰：「……辨上下……」文帝溺幸愼夫人，在禁中常與后齊席坐已久，故盎引退愼夫人席，愼夫人與上俱怒，而不知尊卑有序，已失上下之分。盎又曰「尊卑有序，則上下和」。「上下和」，正所以冰釋「定民志」之深意。盎以人彘（呂太后斷戚夫人手足，去眼，煇耳，飲瘖藥，置廁中，命曰人彘）喻之，足見不「辨上下」之禍，一至於此，可不戒乎！

四、泰　卦。

卷五十六，陳丞相世家第二十六。

孝文皇既益明習國家事，朝，而問右丞相勃曰：天下一歲決獄幾何？勃謝曰：不知。問天下一歲錢穀出入幾何？勃又謝不知，汗出沾背，愧不能對。於是上亦問左丞相平，平曰：有主者。上曰：主者謂誰？平曰：陛下即（若也）問決獄，責廷尉。問錢穀，責治粟內史。上曰：苟各有主者，而君所主者，何事也？平謝曰：主臣（惶恐之詞）。陛下不知其駑下，使待罪宰相，宰相者，上佐天子理陰陽、順四時，下育萬物之宜；外鎮撫四夷諸侯；內親附百姓，使卿大夫各得任其職焉。孝文帝乃稱善。

按泰象曰：「天地交泰，后以裁成天地之道，輔相天地之宜，以左右民。」平所謂：「上理陰陽，順四時，下育萬民之宜。」陰陽大化，四時代序，此正天地之道（天道）。乾道變化，各正性命，即育萬物之宜，亦天地好生之宜。至「親附百姓」，使百姓親睦，爲佐佑百姓嚮化致治之事，是佐佑之也（左右、佐佑、古今字），惟右段言「宰相」、泰象言「后」爲稍異，其理致則同。是右段正與泰象傳之義相足。本傳太史公曰：「平常出奇計，救紛糾之難，振國家之患」，「救難振患」，正「以左右民」之事也。

五、否　卦

卷三十一、吳太伯世家第一

（季札）去魯適齊說晏平仲曰：子速納邑與政，無邑與政，乃免於難。齊國之政，將有所歸，未得所歸，難未息也。故晏子因陳桓子以納政與邑，是以免於欒高之難。

按否象曰：「天地不交，否，君子以儉德辟（避同）難，不可榮以祿。」否，當天地閉塞之時（卦有時而爻有位），坤文言傳：「天地閉，賢人隱。」儉德，守約也。處困窮之時，不可榮祿，所以避難也。魯昭公八年，齊欒、高二家作亂，陳桓子和之，乃解。季札逆知此者？以易理規之也。

六、大有卦

1. 卷六十二、管晏列傳第二。

其爲政也，善因禍而爲福；轉敗而爲功。貴輕重，愼權衡，桓公實怒少姬，南襲蔡，管仲因而伐楚，責包茅不入貢於周室；桓公實北征山戎，而管仲因而令燕修召公之政；於柯之會，桓公欲背曹沫之約，管仲因而信之。諸侯由是歸齊。

按大有象曰：「火在天上大有，君子以遏惡揚善，順天休命。」史公謂管仲善因禍而爲福，實則因過以爲功，謂之「遏惡而揚善」，誰曰不宜？桓公遷怒少姬而襲蔡、無端征戎、背曹沫之約，皆惡事也；而責楚不貢包茅，以尊天子爲名、令燕修召公之政、善述先業爲孝、歸魯之侵地，守信而和與國，皆善舉也。天道福善禍淫，固順天之休命也。太史公引語曰「將順其美，匡救其惡，故上下能相親，其管仲乎。」正美管仲能遏惡而揚善也，宜然。

2. 卷一百、季布列傳第四十。

季布爲氣任俠，拜爲河東守，與竇長君善，曹邱生欲得（竇長君）書請季布（使竇爲介於布），竇長君曰：季將軍不說足下，足下勿往，固請書，遂行，使人先發書，季布果大怒，待曹邱，曹邱至，即揖季布曰：楚人諺曰：「得黃金百斤，不如得季布一諾。」足下何以得此聲於梁楚閒哉？且僕楚人，足下亦楚人也。僕游揚足下之名於天下，顧不重邪？何足下距僕之深邪？季布乃大悅，引入，留數月，爲上客，厚送之。季布名所以益聞者，曹邱生揚之也。

按大有象曰：「火在天上、大有，君子以遏惡揚善，順天休命。」季布一諾千金，名重天下，流聲後世者？以曹邱生力爲之游揚也。此「揚善」之事。天道無親，常與善人（伯夷列傳史公語），順天「揚善」，正與易象之義相符。

3. 卷同右、季布列傳第四十。

丁公爲項羽逐窘高祖彭城西，短兵接，高祖急，顧丁公曰：兩賢豈相厄哉？於是丁公引兵而還，漢王遂解去。及項王滅，丁公謁見高祖，高祖以丁公徇（遊行）軍中，丁公爲項王臣不忠，使項王失天下者，迺丁公也。遂斬丁公曰使後世爲人臣者，無效丁公。

按楚漢相爭，急，丁公縱高祖，高祖不以爲德者？丁公背項羽不忠，卒使項羽失天下，人臣不忠、不足以訓後世，此惡之大者，故斬之。此即大有象「遏惡」之意也。

七、謙卦

卷六十二、管晏列傳第二

晏子爲齊相，出，其御之妻，從門閒而窺其夫，其夫爲相御，擁大蓋，策駟馬，意氣揚揚，甚自得也。既而歸，其妻請去（以爲羞），夫問其故？妻曰：晏子長不滿六尺，身相齊國，名顯諸侯，今者，妾觀其出，志念深矣，常有以自下者。今子長八尺，乃爲人僕御，然子之意，自以爲足，妾是以求去也。其後，夫自抑損，晏子怪而問之？御以實對，晏子薦以爲大夫。

按謙初六爻：「謙謙君子。」象曰：「謙謙君子，卑以自牧也。」晏子爲相，常自下於人，其御之妻有感而提撕其夫，其夫立自抑損，知謙抑之爲美，非御者之能卑以自牧（養也）；其相實先之矣。

八、噬嗑卦

1. 卷二十五、律書第三。

故教笞不可廢於家；刑罰不可捐於國；誅伐不可偃於天下。用之有巧拙，行之有逆順耳。

按噬嗑象曰：「雷電噬嗑，先王以明罰勑法。」噬嗑䷔下震上離。震爲雷，威震之象；離爲日爲電，明察之象。卦辭曰：「噬嗑亨，利用獄！」刑罰以威懾彊暴，禁暴，所以安良。右引數語，極言國家不可無刑罰，惟用之得當與否，若嚴刑峻法，濫用酷刑，亦絕不可。此蓋合於「勅法」（勅、整飭也）之義也。

2.**卷四十六、田完世家第十六**。

齊威王初即位以來，不治，委政卿大夫，九年之間，諸侯並伐，國人不治。於是威王乃召即墨大夫而語之曰：自子之居即墨也，毀言日至，然吾使人視即墨，田野闢，民人給，官無留事，東方以寧，是子不事吾左右以求譽也。封之萬家；召阿大夫語之曰：自子之守阿，譽言日聞，然使使視阿，田野不闢，民貧苦。昔日趙攻甄，子弗能救，魏取薛陵，子弗知，是子以幣厚吾左右以求譽也。是日烹阿大夫及左右嘗譽者，皆并烹之，遂起兵，西擊趙魏，敗魏於濁澤，而圍惠王，惠王請觀以和解，趙人歸我長城，於是齊國震懼，人人不敢飾非，務盡其誠，齊國大治。

按噬嗑卦象曰：「雷電噬嗑，先王以明罰勅法。」噬嗑震下離上，震雷離電，有威嚴明察之象。卦辭曰：「利用獄」。威王賞即墨大夫，而烹阿之大夫及導諛者，賞罰嚴明，與傳「明罰勅法」之意相足。

3.**卷八十一、廉頗藺相如列傳第二十一**。

趙奢者，趙之田部吏也。收租稅，而平原君家不肯出，趙奢以法治之，殺平原君用事者九人。平原君怒，將殺奢，奢因說曰：君於趙爲貴公子，今縱君家而不奉公則法削；法削則國弱；國弱則諸侯加兵，諸侯加兵是無趙也，君安得有此富乎？以君之貴，奉公如法，則上下平；上下平則國彊；國彊則趙固，而君爲貴戚，豈輕於天下邪？平原君以爲賢，言之於王，王用之治國賦，國賦大平，民富而府庫實。

按噬嗑象曰：「雷電噬嗑，先王以明罰勑法。」平原君在趙，威權並重，而趙奢不畏權貴，殺其用事者九人，是「明罰」也。又說平原君曰：「法削則國弱；國弱則諸侯加兵。」若「奉公如法」，則「上下平，上下平則國彊」，是整飭法令也。正與「明罰勑法」之義相足，勑通敕，有整治之義。

4. **卷一百二、張釋之列傳第四十二。**

上（文帝）行，出中渭橋，有一人從橋下走出，乘輿馬驚，於是使騎捕，屬之廷尉，釋之治，問曰：縣人來，聞蹕，立橋下，久之，以爲行已過，即出，見乘輿車騎即走耳。廷尉奏，當（罰當其辠也）一人犯蹕，當罰金。文帝怒曰：此人親驚吾馬，吾馬賴柔和，令他馬，固不敗傷我乎？而廷尉乃當之罰金？釋之曰：法者，天子所與天下公共也。今法如此，而更重之，是法不信於民也。且方其時，上使立誅之則已，今既下廷尉，廷尉，天下之平也，一傾，而天下用法，皆爲輕重，民安所錯（措同）其手足？唯陛下察之。良久，上曰：廷尉當（處罰）是也。當是時，中尉條侯周亞夫與梁相山都侯王恬開，見釋之持議平，乃結爲親友，張廷尉由此天下稱之。

按噬嗑象曰：「雷電噬嗑，先王以明罰勑法。」張廷尉議縣人犯蹕，驚天子車駕，按律令當罰金，以罰金論，文帝大怒。廷尉曰：「廷尉，天下之平也。」不可傾斜！否則天下用法，皆沿例而隨意爲之輕重，民安所措其手足？張廷尉堅持施罰宜平，忠於法令、守法之精神，乃易所謂「明罰」也。輕重一斷於法，毫無私意，即所謂「勑法」也。

九、解　卦。

1.卷十、孝文本紀。

元年十二月上曰：法者，治之正也。所以禁暴而率善人也。今犯法已論，而使無罪之父母妻子同產坐之，及爲收孥，朕甚不取。其議之！有司皆曰：民不能自治，故爲法以禁之，相坐坐收，所以累其心，使重犯法，所從來遠矣！如故便！上曰：朕聞法正則民慤；罪當則民從。且夫牧民而導之善者，吏也；其既不能導，又以不正之法罪之，是反害於民爲暴者也，何以禁之？朕未見其便？其熟計之！有司皆曰：陛下加大惠，德甚盛，非臣等所及也。請奉書除收孥諸相坐律令。又孝景帝元年十月，制詔御史：蓋聞古者，祖有功而宗有德，孝文皇帝臨天下，除誹謗，去肉刑，賞賜長老，收恤孤獨，罪人不孥，不誅無罪。……。

按解卦象曰：「雷雨作解，君子以赦過宥罪。」解☳☵下坎上震，震爲雷，坎爲水、爲雲、爲雨，故曰雷雨作，此倒裝句法，古倒裝句法、殷代甲骨文已有之。解，音蟹，古用作懈。解，舒緩也。言雷雨既作之後，天地有舒緩之象，若雷雨方作，緊張之至，何言解乎？天地尚有解弛、和緩之時，君子（聖帝明王）法天、故有「赦過宥罪」之仁舉也。文帝特詔廢除收孥連坐之律令，又廢除肉刑（殘毀肢體，其刑至慘、宮刑其一也）正本象「赦過宥罪」之意。憶商鞅治泰，用連坐法，秦民恨之入骨，卒車裂而死，宜哉。

2. 卷一百、欒布列傳第四十。

欒布者，梁人也。始梁王彭越爲家人時，嘗與布游，布窮困，爲人所略賣，爲奴於燕，彭越乃言上，請贖布以爲梁大夫，使於齊，未還。漢召彭越，責以謀反，夷三族，已而梟越頭於雒陽。下詔曰：有敢收視者，輒捕之。布從齊還，奏事彭越頭下，祠而哭之，吏捕布以聞，上召布罵曰：若與彭越反邪？吾禁人勿收，若獨祠而哭之，與越反明矣。趣（促同）亨之，方提趣（向）湯，布顧曰：願一言而死，上曰：何言？布曰：方上之困於彭城，敗滎陽成皋間，項王所以不能西徙？以彭王居梁地，與漢合從苦楚也。當是之時，彭王一顧，與楚則漢破；與漢而楚破。且垓下之會，微（無也）彭王，項氏不亡，天下已定，彭王剖符受封，亦欲傳之萬世，今陛下一徵兵於梁，彭王病不行，而陛下疑以爲反；反形未見，以苛小案誅滅之，臣恐功臣人人自危也。今彭王已死，臣生不如死，請就亨，於是上乃釋布罪，拜爲都尉。

按解象曰：「雷雨作，解，君子以赦過宥罪。」解者，寬緩之名。彭越擢欒布於傭奴，以爲梁大夫，彭越被誅，布不顧死罪，祠祭彭越，又爲之疏陳不反之事。高帝納其說，立釋布罪，且拜爲都尉。其開納善言，「赦過宥罪」，正與易傳之義合。

十、損卦

1. 卷七十九、蔡澤列傳第十九

蔡澤曰：且夫翠鵠犀象，其處勢非不遠死也，而所以死者？惑於餌也；蘇秦、智伯之智，非不足以辟（避同）辱遠死也，而所以死者？惑於貪利不止也。是以聖人制禮節欲，取於民有度。使之以時；用之有止，故志不溢，行不驕，常與道俱而不失，故天下承而不絕。

按損象曰：「山下有澤，損，君子以懲忿窒欲。」蔡澤舉翠鵠犀象之惑於餌而死；蘇秦、智伯之貪利不止而死，其死皆因欲而起。呑餌、貪利，皆欲也。「聖人制禮節欲」，與損象「窒欲」之意相足，節，即窒之之道，能「懲忿窒欲」，則知易道，故曰：「與道俱而不失。」

2. 卷一百、季布列傳第四十。

孝惠時（季布）爲中郎將，單于嘗爲書嫚（辱罵）呂后，不遜，呂后大怒！召諸將議之，上將軍樊噲曰：臣願得十萬衆，橫行匈奴中。諸將皆阿呂后意，曰：然。季布曰：樊噲可斬也。夫高帝將兵四十餘萬衆，困於平城？今噲奈何以十萬衆橫行匈奴中，面欺。且秦以事於胡、陳勝等起，於今創痍未瘳，噲又面諛，欲搖動天下？是時殿上皆恐，太后罷朝，遂不復議擊匈奴事。

按損象曰：「山下有澤，損，君子以懲忿窒欲。」損卦䷨下兌上艮，兌爲澤，艮爲山，故曰：「山下有澤」，澤水上蒸，滋潤山之草木，有自損之象，匈奴書侮呂后，呂后自然大怒，忿之至也！諸將希呂后指，和樊噲之言。季布則以爲對匈奴，不可輕敵！秦以用兵匈奴，元氣大創而亡國；高帝挾四十萬衆，尚困於平城。因一怒之忿，而動搖國本；所失者大，不如自損以息邊禍，正與損象「懲忿」之意相足。

十一、益　卦

1. 卷四十七、孔子世家第十七。

（齊魯）會於夾谷，魯定公且與乘車好往，孔子攝相事，曰：臣聞有文事者，必有武備；有武事者，必有文備。古者諸侯出疆，必具官以從，請具左右司馬（主兵刑），定公曰：諾。具左右司馬，會齊后於夾谷。爲壇位，土階三等，以會遇之禮相見，揖讓而登，獻酬之禮畢，齊有司趨而進曰：請奏四方之樂，景公曰：諾。於是旍旄羽袚矛戟劍撥，鼓譟而至。孔子趨而進，歷階而登，未盡一等，舉袂而言曰：吾兩君爲好會，夷狄之樂，何爲於此？請命有司，有司卻之不去，則左右視晏子與景公，景公心怍，麾而去之。有頃。齊有司趨而進曰：請奏宮中之樂，景公曰：諾。優倡侏儒爲戲而前，孔子趨而進，歷階而登，不盡一等，曰：匹夫而熒惑諸侯者，罪當誅！請命有司，有司加法焉，手足異處，景公懼而動，知義不若，歸而大恐，告其群臣曰：魯以君子之道輔其君，而子獨以夷狄之道教寡人，使得罪於魯君，爲之奈何？有司進對曰：君子有過，則謝以質；小人有過，則謝以文。君若悼之，則謝以實。於是齊侯乃歸所侵魯之鄆汶陽龜陰之田以謝過。

按益大象曰：「風雷益，君子以見善則遷，有過則改。」益卦☴☳震下巽上，震雷巽風，雷藉風勢，風助雷威，有相助益之象，君子法之以遷善改過，取其有益於人與己也。齊魯爲好會於夾谷，獻酬之禮畢，齊有司請奏四方之樂，孔子斥爲夷狄之樂；又復奏宮中之樂，孔子斥爲倡優之戲，有熒惑諸侯之罪，當誅，有司正法，手足異處。按兩君好會，自有常禮，景公知義不若，於理不順，故歸而大恐，責有司謂：魯有君子之道；齊則用夷狄之禮，齊景公幡然改悔，乃歸侵魯之田以謝過。知魯有君子之道，是遷善；知齊奏夷狄之樂爲非，是知過。歸魯田，爲改過之實，正與益象「遷善改過」之意相足。

2.卷一百一、袁盎列傳第四十一。

袁盎（使吳）告歸，道逢丞相申屠嘉，下車拜謁，丞相從車上謝袁盎，袁盎還，愧其吏。乃之丞相舍上謁，求見丞相，丞相良久而見之。盎因跪曰：願請間，丞相曰：使君所言公事，之曹與長史掾議，吾且奏之。即（若也）私邪，吾不受私語。袁盎即跪說曰：君爲丞相，自度孰與陳平、絳侯？丞相曰：吾不如。袁盎曰：善。君即自謂不如。夫陳平、絳侯，輔翼高帝定天下爲將相，而誅諸呂，存劉氏，君乃爲材官蹶張，遷爲隊率，積功至淮陽守，非有奇計、攻城野戰之功。且陛下從代來，每朝，郎官上書疏，未嘗不止輦受其言，言不可用，置之；言可用，受採之，未嘗不稱善，何也？則欲以致（招徠）天下賢士大夫，上日聞所不聞，明所不知，日益聖智，君今自閉鉗天下之口，而日益愚，夫以聖主責愚相，君受禍不久矣！丞相乃再拜曰：嘉鄙野人，乃不知，將軍幸教，引入與坐，爲上客。

按益象曰：「風雷益，君子以見善則遷，有過則改。」申屠嘉之遇袁盎，初極倨，如「從車上謝」，不下車，求見時，遲之良久，可見其驕。及盎一說，首引文帝之虛己下士，郎官上書，帝即止輦受謁，從善如流，嘉聞，自知文帝之所以日聖，己之所以日愚，乃不肯謙下、采納善言之過，引入、延盎上坐，其遷善之決；改過之速，大有不可及者。正與益象傳合。而盎指出其由「材官蹶張」起家，嘉毫不以爲恥，又遠非常人之所能及也。史公右段文字，亦至典麗可法。

本篇取史記原文有發明周易象傳之義者，自坤至益，凡得十一卦。知史文與易義，實有相與證成之處。以史證經，以經說史，可謂相得益彰，而令讀易者知此一途，則又芹曝之微也。

本篇引用各書，篇中已注明出處，不另立書目。

東京用《易》析論

一、前言

文章用經，經學領導學術思想，已歷兩千多年，蓋經學夙已內化於吾民族生活之中，習爲故常，行之不著，習焉不察，此傳所云：「百姓日用而不知。」（《易・繫傳上》第四章）孟子更謂：「終身由之而不知其道者衆也。」（《孟子・盡心下》）今考東京文章遍引群經，於《周易》經傳引述尤多，此爲不爭之事實。東京爲何？漢光武帝元年冬十月定都洛陽（與西都長安相對），洛陽在東故名。《後漢書・鄭玄傳》論曰：「東京學者亦各名家。」《晉書・儒林傳》亦著「東京」之名。東京傳十二帝，凡一百九十六年，號稱二百年間，自光武、明帝、章帝三世，皆崇尚經學，由史冊載：光武中興，愛好經術，四方學士，雲集京師，范升、陳元、鄭興、杜林、衛宏、劉昆、桓榮之徒繼踵。於是立《五經》博士：《易》有施孟梁丘京氏；《尚書》歐陽大小夏侯；《詩》齊魯韓毛；《禮》大小戴；《春秋》嚴顏，凡十四博士。明帝於饗射禮畢，正坐自講；諸儒執經問難於前，冠帶縉紳之人圜橋門而觀聽者，蓋億萬計。建初中大會諸儒於白虎觀，考詳經籍同異，章帝親臨稱制，令史臣撰爲《通義》。孝和亦數幸東觀（皇家圖書之府），閱覽書林。靈帝熹平四年，詔諸儒正定《五經》文字，蔡邕手書刊碑立於大學門外（以上〈儒林傳〉，語），東京經學之盛況若此。

重視經學之風氣，據史冊載：〈魯恭傳〉：「恭性謙退，奏議依經。」〈吳良傳〉：「遷司徒長史，每處大議，輒據經典。」〈趙典傳〉：「朝廷每有災異，輒咨問之，典據經正對，無所曲折。」〈桓譚傳〉：「斥圖書讖記欲帝述《五經》之正義。」〈鄭興傳〉：「興數言政事，依經守義。」〈桓榮傳〉：「辯明經義，每以禮讓相厭（服也）。」〈何敞傳〉：「及舉冤獄，以《春秋》義斷之。」〈陳寵傳〉：「寵爲廷尉，數議疑獄，親自爲奏，每附經典。」「宜令三公廷尉平定律令應經合義者。」餘尚多，不悉錄。於右，足見東京重視經學，風靡一代，陵邁千載！

即《易》學言之，兩京皆尊崇《易》學。班孟堅云：「《五經》蓋五常之道，相須而備，而《易》爲之原，故曰：《易》不可見，則乾坤或幾乎息矣。」（《漢書·藝文志》）言《易》學與天地相終始也。兩漢爲經學極盛時期，東漢《易》學續有蓬勃之發展，大家有馬融、鄭玄、荀爽等，建武中范升傳孟氏易，馬融爲之《傳》，融授鄭玄，玄作《易注》，荀爽又作《易傳》，自是費氏興（《後漢書·儒林傳》）然以京氏爲代表之漢《易》，並未中斷，傳費《易》者，亦受京《易》及《易緯》之影響，鄭玄通今古文經且以注《緯》聞名，荀爽雖不言災異，而主卦氣說，承費易而斥京氏影響於王肅，肅重義理，略於象數，遂啓王弼專以義理說經之風，大體言之，東漢《易》象數學仍承西漢之餘緒，未嘗改易。

本篇專錄東京二百年間，自天子公卿以及文士論政言事，敘交諸用《易》之處特多，茲分：一、用經文．六項；二、用傳文．三項；三、經傳兼用．三項．凡四十七則。以探其如何用易？《易學》觀如何？於《易》之精蘊，經傳之詮釋及發明，《易》學要義等，詳予分析、探索、累積前賢經驗、藉供後代記取，作爲治《易》之津逮，庶於《易》學之研究，或有涓滴之助益也。

二、用經文

(一)明用經文

第1則

甲、引文

《後漢書卷二十四．馬廖傳第十四》：

廖字敬平，少以父任爲郎。……時皇太后躬履節儉，事從簡約，廖慮美業難終上疏長樂宮以勸成德政曰：臣按前世詔令，以百姓不足，起於世尚奢靡，故元帝罷服官，哀帝去樂府，然而侈費不息至於衰亂者，百姓從行，不從言也。今陛下躬服厚繒，斥去華飾，此誠上合天心，下順民望，陛下既已得之自然，猶宜加以勉勗！《易》曰：「不恒其德，或承之羞。」誠令斯事一竟（終），則四海誦德，聲薰天地，太后深納之。

乙、經文

《易．恒卦》九三爻辭曰：

不恒其德，或承之羞，貞吝。

丙、《易》學

按此《易》立「教戒」之義。經爲金玉之音以垂教萬世。如无妄卦辭曰：「其匪正有眚！」訟卦辭曰：「終凶。」謙卦辭曰：「謙亨，君子有終。」教戒之義，至爲明白，宋儒《伊川易傳》言之再三，孔子明引恒卦九三爻而特贊之曰：「善夫！」（《論語・子路》）蓋「德爲國家之基，有基無壞！」（《左・襄二十四傳》）鄭子產告趙宣子語）孟子曰：「輔世長民莫如德。」（《孟子・公孫丑下》）德貴持恒，其義深矣！本則馬廖上疏太后，欲其躬行節儉，持之以恒，故引經文以爲勸戒也。

第2則

甲、引文

《後漢書卷二十五・魯恭傳第十五》：

魯恭字仲康，扶風平陵人也。……車騎將軍竇憲與征西將軍耿秉擊匈奴，恭上疏諫曰：陛下親勞聖思，憂在軍役，夫戎狄者，四方之異氣也，蹲夷踞肆，與鳥獸無別，是以聖王羈縻不絕而已，今邊竟無事，宜當修仁行義，尚於無爲，《易》曰：「有孚盈缶，終來有它吉。」言甘雨滿我之缶，誠來有我而已。夫以德勝人者昌，以力勝人者亡！今匈奴爲鮮卑所殺，而欲乘其虛耗，利其微弱，是非義之所出也。……

乙、經文

比卦初六爻曰：

初六有孚比之无咎，有孚盈缶，終來有它，吉。

丙、易學

按《易》重德行，故尚「誠信」經中「孚」字，多訓誠信，魯恭上疏旨在說明當以誠信待夷狄，不可乘其虛弱而遽伐之，是乘人之危，非王者之風，故引經文明以誠信待人，人必悅服而懷來者衆。原注謂此「比卦辭」之文，按「比卦辭」無，乃比初爻之辭，注誤。

第3則

甲、引文

《後漢書卷三十二．陰興傳第二十二》：

興字君陵，光烈皇后母弟也，建武二年，興將武騎從征伐，光武所幸之處，輒先入清宮，甚見親信，九年遷侍中，賜爵關內候，置印綬於前，興固讓曰：臣未有先登陷陳之功而一家數人，並蒙爵土，誠爲盈溢！臣蒙陛下貴人恩澤至厚，富貴已極，不可復加！貴人問其故？興曰：貴人不讀記邪？「亢龍有悔」。夫外戚家苦不知謙退，富貴有極，人當知足，貴人感其言，深自降挹。

乙、經文

乾卦上九爻曰：

亢龍有悔。

丙、易學

按《易》道戒盈尚謙。乾〈象傳〉「亢龍有悔，盈不可久也。」豐卦〈彖傳〉「日中則昃，月盈則食。」凡事過甚曰「亢」，上九處一卦之極，故著悔吝之辭。陰興爲貴戚，自知恩澤至厚，富貴已極，當守謙退自抑，此保全富貴之道，故引經文以自惕也。

第4則

甲、引文

《後漢書卷五十四．楊震傳第四十四》：

楊震字伯起，弘農華陰人也，少好學，明經博覽，無不窮究，年五十乃仕州郡，元初四年徵入爲太僕，遷太常，鄧太后崩，內寵始橫，安帝乳母王聖，因保傅之勤，緣恩放恣，震上疏曰：政以得賢爲本，理以去穢爲務，方今嬖倖充庭，阿母王聖，出自微賤，前後賞惠過報勞苦，而無厭之心，不知紀極，外交屬託，擾亂天下，夫女子小人近之喜，遠之怨，實爲難養，《易》曰：「無攸遂，在中饋。」言婦人不得與於政事也。

乙、經文

家人卦六二爻曰：

无攸遂，在中饋，貞吉。

丙、易學

按家人卦☲☴離下巽上，六二居陰位，居中得正以應九五，婦人之象。《正義》「別無所遂成，唯在中饋食而已。」楊震上疏主明阿母當巽順君上，不得紊亂朝綱，故引經文「主中饋」之言，下繫「貞吉」二字，謂如此乃得吉也。

第5則

甲、引文

《後漢書卷五十七・謝弼傳第四十七》：

謝弼字輔宣，東郡武陽人也，建寧二年舉有道之士，時青蛇見前殿，大風拔木，詔公卿以下陳得失，弼上封事曰：臣聞和氣應於有德；妖氣生於失政，夫蛇者陰氣所生，鱗者甲兵之符也，又熒惑守亢（熒惑入南斗中），法有近臣謀亂，不知陛下所與帷幄之內親信者爲誰？宜急斥逐，以消天戒。臣又聞爵賞之設，必酬庸勳，「開國承家，小人勿用。」今功臣久外，未蒙爵秩，阿母寵私，乃享大封，大風雨雹，亦由於茲。………。

乙、經文

師卦上六爻曰：

大君有命，開國承家，小人勿用。

丙、易學

按《易》道尊陽次陰，陽象正義，陰指邪穢；陽爲君子，陰爲小人，泰卦辭曰：「小往大來。」泰乾下坤上，三陰往外，三陽來內（爻之外曰往；適內曰來）。明以陽爲君子，陰爲小人，《易》爲君子謀，經明言「勿用小人」，斥遠之意至明！此《易》義之大者！本則謝弼上封事，謂熒惑守亢（天象），宜防親近小人，天垂象，見吉凶，聖人象之（〈繫傳〉），故引經文以警策之也。

第6則

甲、引文

《後漢書卷六十九·何進傳第五十九》：

何進字遂高，南陽宛人也，異母女弟選入掖庭爲貴人，有寵於靈帝（後進與袁紹等謀誅宦官），紹等又爲畫策，多召四方猛將及諸豪傑，使並引兵向京城，以脅太后，進然之，主簿陳琳入諫曰：《易》稱「即鹿無虞。」諺有掩目捕雀。夫微物尚不可欺以得志，況國之大事，其可以詐立乎？

乙、經文

屯卦六三爻曰：

即鹿無虞，惟入於林中，君子幾不如舍，往吝。

丙、易學

按經文示「不可必得」之意。即鹿、猶從禽也，無虞言不可得成。此陳琳謂何進引外兵以脅太后，此事必不成功，引經文以爲喻也。

㈡約用經文

第1則

甲、引文

《後漢書‧孝明帝紀第一》：

永平六年夏四月甲子詔曰：昔禹收九牧之金，鑄鼎以象物，使人知神姦，不逢惡氣，遭德則興，遷於商周，周德既衰，鼎迺淪亡，祥瑞之降，以應有德，方今政化多僻，何以致茲？《易》曰：鼎象三公，豈公卿奉職得其理邪？太常其以礿祭（夏祭）陳鼎於廟，以備器用。……

乙、經文

鼎九四爻曰：

鼎折足，覆公餗，其形渥凶。

丙、易學

按鼎卦䷱巽下離上，以木巽火，爲以鼎烹飪之象，鼎三足，有三公之象。《漢書卷七十一‧彭宣傳》；宣上書言：「三公鼎足承君，一足不任，則覆亂美實。」明帝詔約用鼎卦九四爻之文也。

第2則

甲、引文

《後漢書卷二十七‧趙典傳第十七》：

典兄子趙溫字子柔，初爲京兆丞，獻帝西遷都，時李傕與郭汜相攻，傕遂虜禁省，劫帝幸北鄔，溫與傕書曰：公前託爲董公報仇，然實屠陷王城，殺戮大臣，曾不改悔，欲移轉乘輿（挾持天子），更幸非所，此誠老夫所不達也，於《易》一爲過，再爲涉，三而弗改，滅其頂，凶。不如早共和解，上安萬乘，下全人民，豈不幸甚。

乙、經文

大過卦上六爻曰：

過涉滅頂，凶。无咎。

丙、易學

按此經著「時義」也。《易》重「時義」。處大過之時，有大過人之才，爲人所不敢爲，所不能爲（無此時則不可過）上六，處大過之極，志在救時，故不可咎，趙溫引此爻，指明李、郭之爭，屠陷王城，殺戮大臣，令生民塗炭，釀成禍亂，危害國家至鉅，一則劫持天子，已過，二則殺戮大臣，又過，三則與私黨相攻，不顧生民之苦，一而再，再而三，製造罪孽，貽害太甚，必致「滅頂」之凶，此約用經文之例，當有咎，與經文「无咎」之義稍異。

第3則

甲、引文

《後漢書卷五十七・謝弼傳第四十七》謝弼上封事曰：

故太傅陳蕃輔相陛下，勤身王室，夙夜匪懈，而見陷群邪，一旦誅滅，其爲酷濫，駭動天下！蕃身已往，人百何贖（《詩》秦風，如可贖兮，人百其身）？宜還其家屬解除禁網，今之四公，唯司空劉寵，斷斷首善，餘皆素餐「致寇」之人，必有「折足覆餗」之凶，可因災異，並加罷黜，庶災變可消，國祚惟永。

乙、經文

鼎卦九四爻曰：（已見前二、㈡第1則）

丙、易學

按折足覆餗（鼎實），爲不勝任之象，卦象所以示吉凶，三公鼎足之象也，謝弼謂今之四公，除劉寵外，餘皆尸位素餐，必致「折足覆餗」之凶，國家受其危害，又曰「致寇」者？用《易・解卦》六三爻之文，曰：「負且乘，致寇至」，喻小人而乘君子之器，有引致寇賊之災也。

第4則

甲、引文

《後漢書卷六十三・杜喬傳第五十三》：

杜喬字叔榮，河內林慮人也，漢安元年，以喬守光祿大夫，使徇察冀州，表奏陳留太守梁讓等臧罪千萬以上，喬上書諫曰：臣聞古之明君，褒罰必以功過，末世闇主，誅賞各緣私，夫有功不賞，爲善失其望；姦回不詰，爲惡肆其凶，故陳「資斧」而人靡畏，班爵位而物無勸，苟遂斯道，喪身亡國，可不愼哉？

乙、經文

旅卦九四爻曰：

旅于處，得其資斧，我心不快。

丙、易學

按「資斧」，《前書敘傳注》「張宴云：「齊斧」，越斧也，張軌云：齊斧，蓋黃鉞斧。」資，齊通假。杜喬上書意爲賞功罰罪，直以「資斧」爲兵器，謂賞罰不公，雖陳「資斧」而人不畏，引《易》以證己說也。

第5則

甲、引文

《後漢書卷七十·荀彧傳第六十》：

荀彧字文若，潁川潁陰人，彧少有才名，初平二年，去紹從操，操與語大悅曰：吾子房也，以爲奮武司馬，時年二十九，十七年董昭等，欲共進操國公，九錫備物，密以訪彧，彧曰：公本興義兵以匡救振漢朝。……君子愛人以德，不宜如此，事遂寢，操心不能平。……論曰：自遷帝西京，山東鼎沸，荀君乃越河冀，間關以從曹氏，察其定舉措，立言策，崇明王略，以急國難，及阻董昭之議，以致非命（或飲藥而卒），豈數也夫，方時運之「屯邅」，非雄才無以濟其溺，功高勢強，則皇器自移矣（指魏之代漢）。

乙、經文

屯卦六二爻曰：

屯如、邅如，乘馬班如……。

丙、易學

按卦有「時義」。屯本草木初生之難，在卦，則喻天地初開，萬物始生之難，故屯，爲艱難之卦，爻曰「屯如邅如」，如，猶言貌，邅，邅回，行不進也，屯邅言行路之難，史論引《易》以喻漢邅艱困之時，故彊臣得乘其機也。

第6則

甲、引文

《後漢書卷八十二・上，方術列傳謝夷吾傳第七十二上》：

謝夷吾字堯卿，會稽上陰人。少爲郡吏，學風角，占候。太守第五倫擢爲督郵，遷鉅鹿太守，所在愛育人物，及倫作司徒，令班固爲文薦夷吾曰：竊見太守謝夷吾遷守鉅鹿，政和時雍，宜當拔擢，使登鼎司，臣以頑駑，器非其疇（類），「尸祿負乘，夕惕若厲」。願乞骸骨，更授夷吾，令微臣塞咎免悔。……

乙、經文

解六三爻曰：

負且乘，致寇至，貞吝。

乾九三爻曰：

君子終日乾乾，夕惕若厲，无咎。

丙、易學

按《繫上》第七，孔子引此爻而釋之曰：「負也者，小人之事也，乘也者，君子之器也，小人而乘君子之器，盜思奪之矣。」此班固引經文謂倫自謙爲不才之小人，文中又引乾九三爻「夕惕若厲」句，謂倫終日惕厲，懼有罪尤，謙謹之至，又按《易》爲憂患之書，作《易》者其有憂患，國家當危急存亡之秋，國人當有憂患意識，此《易》義之大者也，此項凡六則。

㈢**隱用經義**

第1則

甲、引文

《後漢書・光武帝紀第一上》：

二年四月進圍邯戰，連戰破之，五月拔其城（邯戰），誅王郎，收文書，得吏人與郎交關謗毀者數千章，光武不省，會諸將燒之曰：令反側子自安（反側者，不安也。《詩・國風》：展轉反側）！秋，光武擊銅馬賊於鄡（縣名）賊數挑戰，光武堅營自守絕其糧道，積月餘日，賊食盡，夜遁去，追至館陶，大破之，而高湖重連從東南來，與銅馬餘衆合，光武復與大戰於蒲陽，悉破降之，封其渠帥爲列侯，降者猶不自安，光武知其意，勒令各歸營勒兵，迺自乘輕騎，按行部陳（陣），降者更相語曰：蕭王推赤心置人腹中，安得不投死乎？由是皆服。

乙、經文

乾卦辭：

元亨利貞。

坤卦辭：

元亨，利牝馬之貞。……

丙、易學

按乾元，坤元，總謂天地之元氣。乾元，〈彖傳〉曰：「萬物資始。」坤元，〈彖傳〉曰：「萬物資生。」天地之元氣，化育萬物，無不覆幬，包容廣大，無物不載，試觀光武得諸將吏與敵人交通毀謗之書而悉公焚其原件，今內懷忐忑者，得以安定，是其器量之大，永爲後世之楷式；而於蒲陽破賊數十萬衆，降者內懷疑懼，光武輕騎簡從，巡視營中，推赤心置人腹，降者無不服，此二事，足徵光武之雅量，比同天地，實則隱用經義也。

第2則

甲、引文

《後漢書・光武帝紀下》七年五月詔曰：

吾德薄致災，謫見日月，戰慄恐懼，夫何言哉？今方念愆，庶消厥咎，其令有司，各修職任，奉遵法度，惠茲元元，百僚各上封事，無有所諱，其上書者，不得言「聖」。

乙、經文

謙卦辭曰：

謙亨，君子有終。

丙、易學

按光武下詔，明告有司，上書者不得言「聖」，深自謙抑，謙尊而光，卑而不可踰，君子當終身守之勿失，此隱用經義之例。

第3則

甲、引文

《後漢書卷六十八・郭太傳第五十八》：

郭太字林宗，太原界休人也，家世貧賤，遂就成皋屈伯彥學，三年業畢，博通墳籍，游於洛陽，始見河南尹李膺，膺大奇之，遂相友善，於是名震京師，或勸林宗仕進者，對曰：吾夜觀乾象，晝察人事，天之所廢，不可支也，遂並不應。

乙、經文

賁卦〈彖傳〉曰：

觀乎天文，以察時變；觀乎人文，以化成天下。

丙、易學

按《易》以六十四卦描述宇宙萬象，於天文可察知時勢之變化，〈繫傳〉曰：「古者包犧氏之王天下也，仰則觀象於天。……於是始作八卦以通神明之德，……」林宗由乾象以知時勢之不可爲，此隱用經義也，凡三則。

㈣約用經義

第1則

甲、引文

《後漢書卷六十・蔡邕傳第五十下》論曰：

意氣之感，士所不能忘也，流極之運，有生所共深悲也，昔伯喈抱鉗扭，徙幽裔，仰日月而不見照燭，……及解刑衣，竄甌越，潛身江壑，但願北首舊丘，歸骸先壟，其可得乎？董卓一旦入朝，辟書先下，分明枉結，信宿三遷（三日位歷三台）匡導既申，狂僭屢革，資「同人之先號」，得北叟之後福（因禍得福，見《淮南子》）。屬其慶者，夫豈無懷（恩遇）？

乙、經文

同人卦九五爻曰：

同人先號咷而後笑，大師克相遇。

丙、易學

按《易》象，猶《詩》取比興之義。同人卦☰☲離下乾上，九五與六二，下隔二剛，未獲其志，是以先號咷也。居中處尊（九五天位），戰必克勝，故後笑也。史臣引經，約用其義，先有號咷之痛而後有師克同人之笑，即謂蔡邕先禍而後福也。

㈤詁訓經義

第1則

甲、引文

《後漢書卷二十五・魯恭傳第十五》：

殤帝即位，以恭爲長樂衛尉，永初元年，復代梁鮪爲司徒，和帝末下令麥秋得案驗薄刑，而外郡好以苛察爲政，因此遂盛夏斷獄，恭上疏諫曰：舊制立秋乃行薄刑，自永元十五年以來，改用孟夏，而刺史太守因以盛夏徵召農民拘對考驗，連滯（獄辭相連，留滯不決）無已。……逮捕一人，罪延十數，上逆時氣，下傷農桑，按《易》「五月姤用事。」經曰：「后以施命誥四方。」言君以夏至之日施命令止四方行者，所以助微陰，行者尚止之，況於逮召考掠奪其時哉？臣愚以爲其決獄案考，皆以立秋爲斷，以順時節育成萬物。

《本傳》又曰：

初肅宗時，斷獄皆以冬至之前，自後論者互多駁異，鄧太后詔公卿以下會議，恭議奏曰：夫陰陽之氣，相扶而行，發動用事，各有時節，若不當其時，則物隨而傷，王者雖質文不同，而茲道無變，《易》曰「潛龍勿用」言十一月、十二月陽氣潛藏，未得用事，雖煦嘘萬物，養其根荄（草根），而猶盛陰在上，地凍水冰，陽氣否隔，閉而成冬，故曰「履霜堅冰，陰始凝也，馴致其道，至堅冰也。」言五月微陰始起，至十一月堅冰至也，夫王者之作，因時爲法，順物性命，以致時雍，然從變改以來，年歲不熟，小吏不與國同心者率入十一月得死罪賊不問曲直，便即格殺，一夫呼嗟，王道爲虧，《易》十二月，「君子以議獄緩死。」可令疑罪使詳其法，其立春在十二月者，勿以報囚如故事。

乙、經文

(1)剝〈彖傳〉曰：

剝，剝也，柔變剛也。不利有攸往，小人長也。

夬〈彖傳〉曰：

夬，決也，剛決柔也。

丙、易學

按一部《周易》，止言「陰陽消息」而已。莊子曰「《易》以道陰陽（《莊子・天下篇》）」，一語破的。消息之義，發自〈彖傳〉，於剝卦曰：「柔變剛也。」即陰消陽也；於夬卦曰：「剛決柔也。」即陽息陰也，此〈象傳〉發明《易》義之至大者！本傳「五月姤用事」數句，用十二消息卦之說，以《易》卦配十二月之氣候，本出孟喜，陽息坤謂之息，陰消乾謂之消。陽息坤：由復（十一月，冬）而臨（十二月，冬），而泰（正月，春），而大壯（二月，春），而夬（三月，春），以至於乾（四月，夏）；陰消乾：則由姤（五月，夏），而遯（六月，夏），而否（七月，秋），而觀（八月，秋），而剝（九月，秋），以至於坤（十月，冬）。此於《易傳》有徵。其在卦氣，十二卦皆値辟位，故又謂之十二辟卦，卦氣之說，用以推說災異，至荀虞各家，遂用消息卦以釋經傳，爲漢儒說經之一方。

(2)姤卦〈象〉曰：

天下有風姤，后以施命誥四方。

丙、易學

按「誥四方」，「誥」當作「詰」，〈魯恭傳〉引〈象傳〉而旋釋之曰：「言君以夏至之日施命令止四行者。」《鄭玄易注》作「后以施命詰四方。」《釋名》「詰，止也。」恭釋正與鄭注合，此吉訓也。

(3)无妄卦〈象〉曰：

天下雷行，物與无妄，先王以茂對時育物。

丙、易學

按〈恭傳〉：「夫陰陽之氣，相扶而行，發動用事，各有時節。」一段發明《易》之大義，至爲可貴！《

易》言「陰陽消息。」二氣相與流轉，陽施陰生，化育萬物，延續宇宙之大生命，此天道之大經也。

(5)乾卦初九爻曰：

潛龍勿用。

丙、易學

按恭引乾初九爻經文，謂「十一月、十二月陽氣潛藏，未得用事，雖煦育萬物，養其根荄，而猶盛陰在上，地凍水冰，陽氣否隔而成冬。」又引坤卦初六爻〈象傳〉「履霜堅冰」四句，旋釋之曰「言五月微陰始起至十一月堅冰至。」正詁訓經義也。

(6)易中孚卦〈象曰〉：

君子以議獄緩死。

丙、易學

按中孚者，內懷誠信也，〈象傳〉曰：「說而巽，孚乃化邦也。」恭奏曰：「一夫呼嗟，王道爲虧，疑罪使詳其法，大辟之科，盡冬月乃斷。」正釋〈象傳〉「議獄緩死」之義，至有裨益。

第2則

甲、引文

《後漢書卷七十八·宦者列傳第六十八》論曰：

自古喪大業，絕宗禋者，其所漸有由矣！三代嬖色取禍，嬴氏以奢虐致災，西京致外戚失祚，東都緣閹尹傾國，成敗之來，先史商之久矣！刑餘之醜，理謝全生，推情未見其敝，即事易以取信，故能回惑昏幼，迷瞀視聽，斯忠賢所以智屈，社稷故其爲墟，《易》曰：「履霜堅冰至。」云所從來久矣！今跡其所以，亦豈一朝一夕哉？

乙、經文

坤卦初六爻曰：

履霜堅冰至。

丙、易學

按《易》重「知幾」，子曰：「知幾其神乎。」又曰：「幾者；動之微，吉之先見者也。君子見幾而作，不俟終日。」（《繫·傳下》第四章）史臣明歷代亡國絕祚，其所由來者久，非一朝一夕之故，引經文「履霜堅冰至。」履霜之漸，必至堅冰，旋以「云所從來久矣，今跡其所以（主因），亦豈一朝一夕。」正所以詁訓經文「履霜堅冰」之義，與《易·坤·文言傳》「積善之家必有餘慶。……臣弒其君，子弒其父，非一朝一夕之故，其所由來者漸矣。」正相發明，此詁訓經文之大例也。

附引申經義。

甲、引文

《後漢書卷六十·蔡邕傳第五十下》：

時頻有雷霆疾風，地震隕雹之害，制書引咎，誥群臣各陳政要，邕上封事曰：臣聞天降災異，緣象而至，辟歷（震雷）數發，殆刑誅繁多之所生也，坤爲地道，《易》稱「安貞。」陰氣憤盛，則當靜反動，法爲下叛，夫權不在上，則雹傷物，政有苛暴，則虎狼食人。……

乙、經文

坤卦辭曰：

坤，元亨利牝馬之貞。……東北喪朋，安貞吉。

丙、易學

按乾剛坤柔，陽動陰靜。坤爲地道（〈文言傳〉：「陰雖有美含之，以從王事，弗敢成也，地道也。……」）以安靜爲主，故引經文曰「安貞。」地道无成，順天而時行，乃有「安貞」之吉，此引申經義也。

(六)活用經文

甲、引文

《後漢書卷七十八．宦者列傳吳強傳第六十八》：

吳強字漢盛，河南成皋人也，少以宦者爲小黃門，再遷中常侍。靈帝時，例封宦者，以強爲都鄉侯，強辭讓懇惻，帝迺聽之，因此疏陳事曰：高祖重約，非功臣不侯，伏聞中常侍曹節，張讓等，並爲列侯，節等品卑人賤，佞邪傲寵，而陛下不悟，妄受茅土，「開國承家，小人是用。」……

乙、經文

師卦上六爻曰：

大君有命，開國承家，小人勿用。

丙、易學

按吳強引經文以喻任用小人必亂邦家（〈象傳〉曰：「小人勿用必亂邦也。」）經曰「勿用。」強反其詞而言，是活用經文也。當時宦官專橫，朝野趨赴之唯恐不及，而強敢直言其罪，誠爲難得。

三、用傳文

(一)明用傳文

第1則

甲、引文

《後漢書卷二十八·馮衍傳第十八上》：

馮衍字敬通，京兆杜林人。衍幼有奇才……時天下兵起，莽遣更始將軍廉丹討伐山東，丹辟衍爲掾，與俱至定陶，莽追詔丹曰：將軍受國重任，不捐身於中野，無以報恩塞責？丹惶恐以書示衍，衍因說丹曰：衍聞順而成者，道之所大也；逆而功者，權之所貴也。是故期於有成，不問所由，論於大體，不拘小節，故《易》曰：「窮則變，變則通，通則久。是以自天祐之，吉，无不利。」若夫其不可而必行之，破軍殘眾，無補於主，丹不從，進及無鹽，與赤眉戰死。

乙、傳文

〈繫傳下〉第二章曰：

神農氏沒，黃帝堯舜氏作，通其變使民不倦，《易》窮則變，變則通，通則久，是以自天祐之，吉，无不利。

丙、易學

按「窮變通久」，爲《易》之律則。含自然法則，倫理法則在內。即自然法則言：陰陽消息，與時偕行，變通以趣時，天且弗違。即倫理法則言：三代政制，文質迭更，因革損益，不變則不通，天人無不循守此一律則，此《易》學之大經大法。按馮衍說廉丹當識時務，通權變，深知《易》道「窮變通久」之法則（《易》窮天人之變化，六十四卦每示人以順時應變之方）。明察東西漢之際，王莽篡國，人心思漢，勸丹勿爲莽效命，丹不從果戰死。

第2則

甲、引文

《後漢書卷三十下・郎顗傳第二十下》：

郎顗字雅光，北海安丘人也，父宗學京氏易，善風角（候四方四隅之風以占吉凶）星算，六日七分，能望氣占候吉凶，顗少傳父業，隱居海畔，晝研精義，夜占象度，州郡舉有道方正，不就，順帝時災異屢見，陽嘉二年正月，公車徵顗，詣闕拜章曰：臣聞天垂妖象，地見災符，所以譴告人主責躬修德也，《易天人應》（緯）曰：「君高臺府，犯陰侵陽厥災火。」謹詣闕奉章，伏待重誅，書奏，帝復使對尚書，顗對曰：「臣聞明王聖主好聞其過，謹條便宜七事：一事：《易中孚傳》曰：「陽感天不旋日（《易稽圖》之文）。」……四事：臣竊見皇子未立，儲宮無主，仰觀天文，太子不明（心之大星，天王也，其前星，太子也），《易》曰：「天垂象，見吉凶」，其意昭然可見矣。七事：今值困乏，凡九二困者，衆小人欲共困君子，經曰：「困而不失其所，其唯君子乎！」唯獨賢聖之君，遭困遇險，能「致命遂志」，不去其道，陛下迺者潛龍養德，幽隱屈厄（順帝爲太子時廢爲濟陰王），即位之元，紫宮驚動，然猶恐妖祥未盡「君子思患而豫防之。」……自文帝省刑，適三百年，王者之法譬猶江河，當使易避而難犯也。故《易》曰：「易則易知，簡則易從。」今去奢即儉，以先天下，改易名號，隨事稱謂，《易》曰：「君子之道，或出或處。」「同歸殊塗，一致百慮。」是知變常而善，可以除災；變常而惡，必致於異。郎又上書薦黃瓊、李固條便宜四事。一事……二事：孔子曰，雷之始發，大壯始，君弱臣強從解起，今月九至十四日，大壯用事消息之卦也，於此六日之中，雷當發聲，發聲則歲氣和，王道興也。《易》曰：「雷出地奮豫，先王以作樂崇德，殷薦之上帝。」雷者所以開發萌芽，辟陰除害，萬物須雷而解，故經曰：「雷以動之，雨以潤之。」王者崇寬大，順春令則雷應節，應政得失。「大人者，與天地合其德，與日月合其明」，陛下若欲除災昭祉，順天致和，宜察臣下尤酷害者，亟加斥黜，以安黎元，則太皓（天）悅和，雷聲乃發。……

乙、傳文

(1)《繫．傳上》第十一章：

天垂象，見吉凶，聖人象之。

丙、易學

按《易》言象，法象莫大乎天地。郎顗仰觀天象，太子（星名）不明，故引傳文「天垂象」三句，以見儲君未立之兆，天垂象所以示人也。

困卦〈彖傳〉曰：

困而不失其所亨，其唯君子乎！

丙、易學

按此〈彖傳〉釋卦辭「困亨貞大人吉无咎」之語，言處困而不失其所，固守其窮，乃得亨，若小人則窮斯濫矣，故唯君子能亨。顗引此以九二爲君子，居中得正也。

(3)困卦〈象〉曰：

澤无水困，君子以致命遂志。

丙、易學

按先聖作《易》以準天地，納宇內人物於卦爻之中，謂君子委命固窮不違其志，惟賢聖之君能然，顗亦謂九二能處困也。

(4)既濟卦〈象〉曰：

水在火上既濟，君子以思患而豫防之。

丙、易學

《易》爲衰世之學，憂患之書，處既濟之時，國家已安定。而猶思患豫防，居安能思危也。

(5)〈繫傳上〉第一章：

乾以易知，坤以簡能。易則易知，簡則易從。……易簡而天下之理得矣。

丙、易學

《易》有三義：一曰簡易，易知易從，以簡御繁，以一統萬，引申觸類，天下之能事畢矣！

(6)〈繫傳上〉第六章：

君子之道，或出或處。

〈繫傳下〉第六章：

天下同歸而殊塗，一致而百慮。

丙、易學

按(6)「出處」二句，乃孔子釋同人九五爻辭，顗引之以喻「去奢即儉」有所取去；「同歸」二句，乃孔子釋咸卦九四爻「憧憧往來」之義，顗勸時君隨時改易名號，出處不同，殊塗同歸，其冀治平之心一也。

(7)〈說卦傳〉曰：

雷以動之。……雨以潤之。……

又乾卦〈文言傳〉：

夫大人者與天地合其德，與日月合其明。……

丙、易學

按「雷動」二句，陰陽化育萬物之作用，顗引之言人君當效天地有雷雨之作，以蕃育萬物，順春令，如雷之應節，則與天地合德，所謂順天致和，此又言天人相應之事。

第3則

甲、引文

《後漢書卷三十二・樊宏傳第二十二》：

樊宏字靡節，南陽湖陽人也。……世祖即位，拜光祿大夫，宏爲人謙柔畏愼，不求苟進，常戒其子曰：富貴盈溢，未有能終者，吾非不喜榮埶也，「天道惡盈而好謙。」前世貴戚，皆明戒也。……

乙、傳文

謙卦〈彖傳〉：

天道虧盈而益謙，鬼神害盈而福謙，人道惡盈而好謙。

丙、易學

按《周易》特重謙卦，故經文六爻皆吉，六十四卦僅有。群經中無不推崇謙德，以「謙尊而光，卑而不可踰。」樊傳引原文，易「虧」爲「惡」，蓋以天人兼言之也。

第4則

甲、引文

《後漢書卷二十四·梁統傳第二十四》：

梁統字仲寧，安定烏氏人，性剛毅而好法律，建武十二年統詣京師，數陳便宜，以爲法令既輕，下姦不勝，宜重刑罰，迺上疏曰：臣竊見元，哀二帝輕殊死之刑。……自是以後，人輕犯法，吏易殺人，臣聞立君之道，仁義爲主。仁者愛人；義者政理。愛人以除殘爲務；政理以去亂爲心。刑罰在衷，無取於輕。故孔子稱「仁者必有勇（《論語·憲問》）」。又曰「理財正辭禁民爲非曰義。」……

乙、傳文

〈繫傳下〉第一章曰：

天地之大德曰生；聖人之大寶曰位，何以守位？曰仁；何以聚人？曰財。理財正辭，禁民爲非曰義。

丙、易學

《易》重天人，「立人之道，曰仁與義。」（〈說卦傳〉）梁統謂愛人以除殘爲務，故「仁者必有勇」，言勇於用刑也，政理以去亂爲心，故以「禁民爲非」是務，即謂誅除殘暴，乃愛民之舉。又以〈繫傳〉爲孔子所作。

第5則

甲、引文

《後漢書卷四十九．王符傳第三十九》王符《潛夫論．貴忠》曰：

夫帝王之所尊敬者，天也，王者法天而建官，故明主不敢以私授，忠臣不以虛受，竊人之財猶謂之盜，況偷天官以私己乎？《易》曰：「德薄而位尊；智小而謀大，鮮不及矣。」是故德不稱，其禍必酷；能不稱，其殃必大。

乙、傳文

〈繫傳下〉第四章子曰：

德薄而位尊，知小而謀大；力小而任重，鮮不及矣。

丙、易學

按「德薄位尊」四句，乃孔子釋鼎九四爻辭經文曰：「鼎折足覆公餗。」言不勝其任也。王符著論言人臣不可貪愛權位，須度德量力以受職位，否則必及於危難，故引傳文以實其意也。

第6則

甲、引文

《潛夫論．浮侈》：

王者以四海爲家，兆人爲子，一夫不耕，天下受其飢；一婦不織，天下受其寒。今察洛陽資末業者什於農夫；虛僞游手，什於末業，是則一夫耕，百人食之；一婦桑，百人衣之，以一奉百，孰能供之？天下類如此，則民安得不飢寒？故明主之養民，愼微防萌，以斷其邪，故《易》美「節以制度，不傷財，不害民。」……

乙、傳文

節卦〈彖傳〉曰：

天地節而四時成，節以制度，不傷財，不害民。

丙、易學

《易》言象，而「制器取象」之義起，《傳》曰：「蓋取諸大過。」言「蓋取」者凡十三卦，《易》象之於制作，影響之廣大可知！按王符引《易》以斥當時「崇喪厚葬，過奢浪費」，後世所宜深戒也。

第8則

甲、引文

《後漢書卷四十九．仲長統傳第三十九》：

仲長統字公理，山陽高平人，嘗著《昌言・損益篇》曰：「作有利於時，制有便於物者，可爲也；事有乖於數，法有翫於時者，可改也，《易》曰：「陽一君二臣，君子之道也；陰二君一臣，小人之道也。」然則寡者爲人上者也；衆者爲人下者也。一國之君，才足以加一國者也；天下之王，才足以王天下者也。愚役於智，猶枝之附幹，此理天下之常法也。」

乙、傳文

〈繫傳下〉第三章曰：

陽卦多陰，陰卦多陽，其故何也？陽卦奇，陰卦耦，其德行何也？陽一君而二民，君子之道也；陰二君而一民，小人之道也。

丙、易學

《易》有「簡易」之義，其理至深，而爲用滋大，故曰：「易簡而天下之理得矣。」（〈繫上〉第一章）所謂「易簡」，蓋指以少制多，以寡率衆，以簡御繁之理，故爲「爲治」之常法，引《易傳》以明其意也。

第9則

甲、引文

《後漢書卷六十一・周舉傳第五十一》：

周舉字宣光，汝南汝陽人也。舉姿貌短陋而博學洽聞，陽嘉三年司隸校尉左雄薦舉，徵拜尚書，是歲河南三輔大旱，五穀災傷，天子親自露坐德陽殿東廂請雨，詔書以舉才學優深，特下詔策問，舉對曰，臣聞《易》稱「天尊地卑，乾坤定矣。」二儀交構，乃生萬物，萬物之中，以人為貴，故聖人順四時之宜，適陰陽之和，使男女婚娶，不過其時，此先聖承乾養物之始也。夫陰陽閉隔，則二氣否塞，人物不昌，風雨不時，水旱成災，陛下在唐虞之位，未行堯舜之政，內積怨女，外有曠夫，傷和逆理，斷絕人倫之所致也。……

乙、傳文

〈繫傳上〉第一章曰：

天尊地卑，乾坤定矣，卑高以陳，貴賤位矣。

丙、易學

《易》以道陰陽，陰陽和合，則人物蕃昌；陰陽否隔，則風雨不時，水旱成災，人君當體陰陽和之，燮理陰陽，令男女婚嫁，不失其時，內無怨女，外無曠夫，乃不致傷和逆理，乃承乾（承天）養物之本，此明陰陽為《易》之宗主，不可不知！

第10則

甲、引文

《後漢書卷六十一．黃瓊傳第五十一》：

黃瓊字世英，江夏安陵人，自帝（順帝）即位之後，不行籍田之禮，瓊以國之大典，不宜久廢，上疏奏曰：自古聖帝哲王，必親籍田之勤，以先群萌，奉勸農功，《詩》詠成湯之不怠遑（〈商頌〉），《書》美文王之不暇食（〈周書．無逸〉），今廟祀適闕，而祈穀絜齋之事，近在明日，臣聞先王制典，籍田有日，王即齋宮饗醴載耒，誠重之也，迎春東郊，所宜自勉，《易》曰「君子自強不息」，斯其道也，書奏，帝從之。

乙、傳文

乾卦〈象〉曰：

天行健，君子以自強不息。

丙、易學

天道剛健不息，《易》著「法天」之義，君子因以自強不息，此中華民族奮發進取，勤勞不懈之民族精神，正由《易》道培育而出，瓊上疏力勸順帝當行籍田，躬耕勸農桑也。

第11則

甲、引文

《後漢書卷四十四．延篤傳第五十四》：

延篤字叔堅，南陽犨人也，從馬融受業，博通經傳百家之言，桓帝以博士徵，拜議郎，帝數問政事，前越巂太守李文德時在京師，欲引進之，篤聞乃爲書止文德曰：夫道之將廢所謂命也，且吾自束脩（十五以上）以來爲人臣不陷於不忠；爲人子不陷於不孝，「上交不諂，下交不黷。」從此而歿，下見先君遠祖，可不慚赧。

乙、傳文

〈繫傳下〉第四章子曰：

知幾其神乎！君子上交不諂，下交不瀆，其知幾乎！

丙、易學

按「上交不諂」數句，乃孔子釋豫卦六三爻之文，明「知幾其神」之義。《易》重知幾，此延篤自許其爲人不卑不亢，堅持友道，〈繫傳〉用「瀆」，乃假字，本字當作「黷」，污垢，污濁之義。

第12則

甲、引文

《後漢書卷六十七．黨錮列傳李膺傳第五十七》：

李膺字元禮，潁川襄城人。……延熹二年拜河南尹，時宛陵大姓羊元群罷北海相，臧罪狼藉，膺表欲按其罪，元群行賂宦豎，膺反坐輸左校，應奉上書理膺等曰：夫忠賢武將，國之心膂，竊見河南尹李膺等執法不橈，誅舉邪臣，肆之以法，陛下既不聽察，而猥受譖訴，遂令忠臣同愆元惡，自春迄冬，不蒙降恕，夫王政之要，記功忘失，膺著威幽并，遺愛度遼，今三垂蠢動，王旅未振，《易》稱「雷雨作解，君子以赦過宥罪。」乞原膺等以備不虞，書奏，悉免其刑。……

……

乙、傳文

解卦〈象〉曰：

雷雨作解，君子以赦過宥罪。

丙、易學

按《易》言天道，天地有解緩之時，解卦☳☵坎下震上，震雷坎雨，此非云雷雨方作（氣象緊張），乃雷雨既作之後，雨過天清，値天地緩和舒懈之時，人君因而有寬宥之政，應奉上疏訟李膺之冤，爲奸小所陷，入於大獄，故乞寬假李膺，特引〈大象〉之文，乞赦宥之也。

第13則

甲、引文

《後漢書卷七十八．吳強傳第六十八》吳強上疏陳事曰：

臣又聞後宮綵女數千餘人，衣食之費日數百金，比穀雖賤而戶有飢色，寒不敢衣，飢不敢食，民有斯戹而莫之卹，宮女無用，塡積後庭，夫天生蒸民，立君以牧之，君道得，則民戴之如父母，仰之若日月，雖時有征稅，猶望其仁恩之惠，《易》曰：「悅以使民，民忘其勞；悅以犯難，民忘其死。」……

乙、傳文

兌卦〈彖傳〉曰：

兑，說也，剛中而柔外，說以利貞，是以順乎天而應乎人。說以先民，民忘其勞；說以犯難，民忘其死，說之大民勸矣哉。

丙、易學

「兑」爲和說之卦，剛中而柔外，有和說之象，故〈序卦傳〉曰：「兑者說也。」於天地爲中和，爲天地之仁氣，於人爲和悅，悅德之大，順天應人，故民忘其勞，效其死而不辭，其重大可知，吳強上疏爲宮女太多，浪費國庫，使民積怨，爲政當使民悅服，則雖勞不怨；雖死不辭，故引《易傳》以警勸時君也。

第14則

甲、引文

《後漢書卷八十四．列女傳鮑宣妻傳第七十四》：

桓少君（嫁時）裝送資賄甚盛，宣不悅，曰：少君生富驕，習美飾，而吾實貧賤，妻乃悉歸侍御服飾，更著短布裳，與宣共挽鹿車歸鄉里，拜姑禮畢，提甕出汲，修行婦道，宣哀弟時，官至司隸校尉，子永、中興初爲魯郡太守，子昱從容問少君曰：太夫人寧識挽鹿車時否？對曰：先姑有言：「存不忘亡；安不忘危。」吾焉敢忘乎？

乙、傳文

〈繫傳下〉第四章子曰：

危者，安其位者也，亡者，保其存者也，亂者，有其治者也；是故君子安而不忘危，存而不忘亡，治而不忘亂，是以身安而國家可保也。

丙、易學

《易》爲憂患之書，經傳明著「危亡」之戒！《傳》引孔子釋否卦九五爻「其亡、其亡，繫于苞桑。」之經文，後世「居安思危」之明訓，典籍習語，引用不絕。《易》一言而影響於後世至大者多矣，而此句則尤爲警策也。！

第15則

甲、引文

《後漢書卷八十四．列女傳曹世叔妻班昭傳第七十四》：

昭博學多才，世叔早卒，兄固著《漢書》，其八表及〈天文志〉未及竟而卒，和帝詔昭踵而成之，帝數召入宮，令皇后諸貴人師事焉，號曰大家（音姑），作《女誡》七篇，〈和叔妹〉第七曰：婦人之得意於夫主，由舅姑之愛己也，舅姑之愛己，由叔妹之譽己也，叔妹之心，不可失也。是故室人和則謗掩；外內離則惡揚，此必然之勢也。《易》曰：「二人同心，其利斷金；同心之言，其臭如蘭。」此之謂也。……

乙、傳文

〈繫傳上〉第六章子曰：

君子之道或出或處，或默或語，二人同心，其利斷金；同心之言，其臭如蘭。

丙、易學

《易》強調天人和諧。則著「太和」；於人，則有同人之卦，主「與人和同」《傳》「二人同心」四句，乃孔子釋同人九五爻「同人先號咷而後笑」之經文，極稱「二人同心」之重要，其利可以斷金，其言如芝蘭之香，班昭則引以喻家人好和之美盛，令一家和煦如坐春風之中也。

㈡約用傳文

第1則

甲、引文

《後漢書卷五十二．崔駰傳第四十二》：

崔駰字亭伯，涿郡安平人，高祖父朝生舒，舒生篆，篆生毅，毅生駰，駰年十三，能通《易》《春秋》，崔篆臨終作《慰志賦》曰：嗟昔人之遘辰兮，美伊傳之遌（遇也）時，……恨遭閉而不隱兮，違石門之高蹤（《論語》子路宿於石門），揚蛾眉於復關兮（蛾眉《楚辭》復關，《詩．氓》）犯孔戒之「冶容」，諍潛思於至賾兮，騁《元經》之奧府。……

本傳又曰：

駰善屬文，與班固、傅毅齊名，常以典籍爲業，未遑仕進，時人或譏其太玄靜，駰擬揚雄《解嘲》作《達旨》以答焉，其辭曰：或說己曰：《易》稱「備物致用，可觀而有所合。」故能扶陽以出，順陰而入，春發其華，秋收其實，有始有極，爰登其質。……

乙、傳文

(1)坤〈文言傳〉：

天地變化，草木蕃；天地閉，賢人隱。

丙、易學

按此《傳》釋坤六四爻「括囊无咎无無譽。」之文曰：「蓋言謹也。」謂天地否塞之時，賢人當隱退自斂也。

(2)〈繫傳上〉第七章子曰：

作《易》者其知盜乎！……慢藏誨盜，治容誨淫（孔子釋）《易》曰：「負且乘致寇至」之經文，慢藏致盜，冶容招淫，皆自取之也。

(3)〈繫傳上〉第十一章：

備物致用，立成器以爲天下利，莫大乎聖人。

丙、易學

言聖人開物成務，製造器物，以資應用也。

(4)〈序卦傳〉曰：

可觀而後有合，故受之以噬嗑，嗑者合也。

丙、易學

〈序卦傳〉說明六十四卦先後相承之次序，兩兩相待，妙若天成，先有可觀而後能與物聚合也。

第2則

甲、引文

《後漢書卷五十九．張衡傳第四十九》：

張衡字平子，南陽西鄂人也，……入京師觀太學，遂通《五經》貫六藝……順帝初作《應間》以見其志云，有間（非）余者曰：蓋聞前哲首務，務於下學上達，立功立事，式昭德音，咎單巫咸，實守王家；申伯樊仲，實幹周邦，厥跡不朽，垂烈後昆，且學非要利，而富貴萃之，貴以行令，富以施惠，惠施令行，故《易》稱以「大業」，質以文美，實由華興。

乙、傳文

〈繫傳上〉第五章：

盛德大業至矣哉！富有之謂大業，日新之謂盛德。

丙、易學

《易傳》欲人建可大可久之業，平子不欲虛枉一生，思建功業，以咎單、申伯等自期，故引《傳》「大業」句以自勉也。

第3則

甲、引文

《後漢書卷六十三．李固傳第五十三》：

李固字子堅，漢中南鄭人，……梁商請爲從事中郎，商以后父輔政而柔和自守，不能有所整裁，固欲令商先正風化，退辭高滿，乃奏記曰：將軍望尊位顯，當以天下爲憂，崇尚謙省，垂則萬方，加者月食既於端門（太微宮南門）之側，月者，大臣之體也，夫窮高則危，太滿則溢，月盈則缺，日中則移，天地之心，福謙忌盛，是以賢達功遂身退，全名養壽。……

乙、傳文

豐卦〈彖傳〉曰：

日中則昃，月盈則食。

復卦〈彖傳〉曰：

利有攸往，剛長也，復其見天地之心乎！

謙卦〈彖傳〉曰：

鬼神害盈而福謙。

丙、易學

按《易》戒「高亢」。每卦上爻，多著「凶咎」之語可知，欲人常守謙退以全其身也，李固奏記欲梁商屈貴戚之尊，持危自抑以全身名，故引《傳》文以戒高滿之失，曰天地之心者，見天道如是，老子亦知功遂身退之理也。

第4則

甲、引文

《後漢書卷七十五．袁術傳第六十五》論曰：

袁術字公路，汝南汝陽人，興平二年，天子播越，術大會群下問張承曰：今孤以土地之廣，士人之眾，欲徼福於齊桓，擬跡於高祖可乎？承對曰：在德不在眾，若陵僭無度，干時而動，眾之所棄，誰能興之？論曰：天命符驗，可得而見，未可得而言也，然大致受大福者歸於「信順」乎！夫事不以順，雖彊力廣謀，不能得也。

乙、傳文

〈繫傳上〉第十一章子曰：

祐者助也，天之所助者順也；人之所助者信也。

丙、易學

按大有卦言所有者大（廣土眾民），天必祐之。此孔子釋大有上九爻「自天祐之，吉无不利。」之經文，術不度德量力，欲稱帝號，史臣引孔子釋經文之文謂天助順，人服信，術未有眾而欲僭越，天人何能助之？以斷其必不可從也。

第5則

甲、引文

《後漢書卷八十二·方術列傳第七十二序》曰：

仲尼稱《易》有君子之道四焉，曰：「以筮者尚其占。」占也者，先王所以定禍福，決嫌疑，「幽贊於神明，遂知來物者也。」若夫陰陽推步之學，往往見於墳記矣。至乃河洛之文，龜龍之圖，箕子之術，緯候之部，皆所以探抽冥賾，參驗人區，時有可聞者焉，其流，又有風角、遁甲、七政、元氣、六日七分、逢占、日者、挺專、須臾、孤虛之術，及望雲、省氣、推處祥妖，時亦有效於事也，而斯道隱遠，玄奧難原，及光武尤信讖言，士之赴趨時宜者，皆馳騁穿鑿爭談之也，夫物之所偏，未能無蔽，雖云大道，其硋或同，極數知變，而不詭俗，斯深於數術者也，故曰「苟非其人，道不虛行。」意者，多迷其統，取遣(去取)頗偏，甚有雖流宕過誕亦失也。今蓋糾其推變尤長，可以弘補時事，因合表之云。

乙、傳文

(1)〈繫傳上〉第九傳：

《易》有聖人之道四焉，以言者尚其辭，以動者尚其變，以制器者尚其象，以卜筮者尚其占。

……无有遠近幽深，遂知來物。

丙、易學

《易》本卜筮之書，辭象變占，四者，其用在占，無遠近幽深之隔而能知未來之物事。

(2)〈說卦傳〉第一章

昔者聖人之作《易》也，幽贊於神明而生蓍。

丙、易學

此與前則同，傳曰：「其受命也如嚮。」鬼神受人之命告知吉凶，故曰「幽贊於神明。」以蓍占而知之也。

(3)占卜之流：如傳所述，有風角、候風之術；遁甲、推六甲之陰而隱遁也；七政，日月五星之政；元氣者開闢陰陽之書也。元氣，即太一；逢占，逢人所問而占之也；日者，卜筮掌日之術也；挺專、折竹卜也（《楚辭》），楚人名結草折竹曰專；須臾、陰陽吉凶立成之法；孤虛者、孤，謂六甲之孤辰，若甲子旬中戌亥無干，是爲孤也。對孤爲虛。

丙、易學

今日治《易》者，有主數術一派，亦當納人《易》學，爲其一支，以其每用《易》之原理也。

(4)〈繫傳下〉第七章曰：

苟非其人，道不虛行。

丙、易學

按傳引此文，意在數術，亦當有窮探冥賾，深知《易》理者（雖小道，必有可觀者焉），苟能爲之而非誕妄不經，庶有補於人事，又按〈方術傳〉所述諸人多習於《周易》，精天文、曆算、河洛，知數術之士，其所云云，大致不悖於《易》義也。

(三)隱用傳義

第1則

甲、引文

《後漢書卷三十九·趙咨傳第二十九》：

趙咨字文楚，東郡燕人也，拜東海相，在官清簡，三年徵拜議郎，被疾京師，將終遺書勑子胤曰：夫含氣之倫，有生必有死，是以通人達士，以存亡爲晦明，死生爲朝夕，夫亡者，元氣去體，貞魂游散，反素復始，歸於無端，《易》曰：「古之葬者衣以薪，藏之中野，後世聖人，易之以棺槨。」……於乎小子，其勉之哉！

乙、傳文

〈繫傳上〉第三章曰：

仰以觀於天文，俯以察於地理，是故知幽明之故；原始反終，故知死生之說。

〈繫傳上〉第四章曰：

精氣爲物，遊魂爲變，是故知鬼神之情狀。

丙、易學

按〈繫傳上〉第三、四兩章言人之生死，語焉不明，而趙咨勑子書則以生死若朝夕，謂生必有死，死者，元氣去體，貞魂游散，正明「精氣爲物，游魂爲變」之義，其發明傳義，有足多者。

第2則

甲、引文

《後漢書卷八十下．文苑列傳侯瑾傳第七十下》：

侯瑾字子瑜，敦煌人也，性篤學，恆傭作爲資，暮還輒爇（然）柴以讀書，常以禮「自牧」，獨處一方，如對嚴賓焉。

乙、傳文

謙卦初六爻：

謙謙君子，用涉大川吉，〈象〉曰：謙謙君子，卑以自牧也。

丙、易學

此用〈象傳〉「自牧」二字，言以謙德馴養自己也。

四、經傳兼用

㈠明用經傳

甲、引文

《後漢書卷八十三．逸民列傳第七十三序》曰：

《易》稱「遯之時大矣哉！」又曰：「不事王侯、高尚其事。」是以堯稱則天，不屈穎陽之高；

武盡美矣，終全孤竹之絜，自茲以降，風流彌繁。……

乙、經傳

蠱卦上九爻曰：

不事王侯，高尚其事。

遯卦〈彖傳〉曰：

遯亨，遯而亨也。……小利貞，浸而長也，遯之時義太矣哉！

丙、易學

按蠱爲幹事之卦，至上九，處事之上而不累於位，乃能高尚其事，又遯卦☶☰艮下乾上，二陰方長，小人勢張，君子當引退以自全，〈彖傳〉曰：「遯而亨」言隱棲以全其身，是爲亨，《易》重「時義」，此處遯之時，當遯世无悶，此其「時義」之大者，史序引經傳以明逸民有激濁揚清之高風，荀子所謂「志意修則驕富貴，道義重則輕王公」。天爵自優於人爵也。

(二)約用經傳

第1則

甲、引文

《後漢書卷五十・孝明八王梁節王暢傳第四十》：

永平十五年封爲汝南王，母陰貴人有寵甚篤。……永元五年梁州刺史梁相舉暢不道，有司請徵詣詔獄，和帝不許，但削二縣，暢慚懼上書辭謝。……詔報曰：朕惟王至親之屬，傅相不良，不能防邪，今王深思悔禍，朕惆然傷之，王其安心靜意，茂率休德，《易》不云乎？一謙而四益，「小有言，終吉」強食自愛。立二十七年薨。

乙、經傳

訟卦初六爻曰：

不永所事，小有言（引者謂有司糾舉其罪）終吉。

謙卦〈彖傳〉曰：

天道虧盈而益謙，地道變盈而流謙，鬼神害盈而福謙，人道惡盈而好謙。

丙、易學

《易》善言天道，天道惡淫，故詔書引傳「四益」之說，又藉訟卦初六爻「小有言，終吉」經文，以寬慰之也。

甲、引文

《後漢書卷六十．蔡邕傳第五十下》：

蔡邕字伯喈，陳留圉人也，好數術，天文音律及感東方朔〈答客難〉及揚雄、班固之徒設疑以自通，作〈釋誨〉以戒厲。有務世公子誨於華顛胡老曰：蓋聞「聖人之大寶曰位」。故以仁守位，以財聚人。……胡老曰：居，吾將語汝，昔自太極，天地始基。……有羲皇之洪寧，唐虞之至時。……于時已降，君臣土崩，上下瓦解，……利端始萌，害漸亦芽，「欲豐其屋，乃蔀其家。」是天地否閉，聖哲潛形，今大漢紹陶唐之鴻烈，盪四海之殘災，濟濟多士，「鴻漸」盈階。……貪夫殉財，夸者死權，闇「謙盈」之效，迷「損益」之數，榮顯未副，從而顛踣，是以君子推微達著，「履霜知冰」，踐露知暑，「時行則行，時止則止，消息盈沖，取諸天紀。」利用遭泰，可與處否，「樂天知命」，持神任己，方將馳騁乎典籍之崇塗，休息乎仁義之淵藪，盤旋周孔之庭宇，揖儒墨而與為友。……

乙、經傳

〈繫傳下〉第一章曰：

天地之大德曰生，聖人之大寶曰位，何以守仁曰仁，何以聚人曰財，理財正辭，禁民為非曰義。

丙、易學

《易》明內聖外王之學，故曰「立人之道，曰仁與義。」（〈說卦傳〉）(1)則約用〈繫傳〉之文，主在「以仁守位，以財聚人。」先有其位，而後能散財施惠於衆也。(2)〈繫傳上〉第十一章曰：

是故《易》有太極，是生兩儀。……

丙、易學

按「昔自太極」二句，全襲用傳文，兩儀即天地。太極，為萬有之本元，一切生命之所資始，即天地亦由此生。莊子謂「未有天地，自古以固存。」「神鬼神帝，生天生地。」（《莊子大宗師》第六）是也。

(3)豐卦上六爻曰：

豐其屋，蔀其家。……

丙、易學

《易》戒亢盈，豐盛，故有豐卦，示人以持盈保豐之道。《正義》「蔀者覆曖障光明之物。」按蔡邕〈釋誨〉引《易》經文在明過求富貴，每致危敗顛仆，豐其屋，富以潤屋，反使其家覆闇而危害其家，由上文「人毀其滿，神疾其邪」句可知。

(4)坤〈文言傳〉：

天地閉，賢人隱。

丙、易學

《易》重「時義」，天地否塞之時，人道不通，聖哲當隱遯引退也。

(5)謙〈彖傳〉曰：

天道虧盈而益謙。

損〈彖傳〉曰：

損益盈虛，與時偕行。

丙、易學

《易》主言「陰陽消息」，天道有消息，則人事因之（天人相應）而有盛衰起伏，自然之理勢也。人當順時（有道則見，無道則隱），乃合《易》義與時偕行也。

(6)坤卦初六爻曰：

履霜堅冰至。

丙、易學

按謂「知幾」也。《易》最重「知幾」之義，坤〈文言傳〉特申「積漸」之勢曰：「其所由來者漸矣！」〈繫傳〉子曰：「知幾其神乎！」戒人當「防微杜漸」也。艮〈彖傳〉曰：「時止則止，時行則行。」此《易》之時義，尤所至重者也。

(7)泰，否卦辭曰：

泰，小往大來吉亨，否，大往小來。

丙、易學

《易》爲天人之學，天道有對待、對稱、相反相成之律則，陰陽爲其顯例，故泰、否二卦相反，泰爲通亨，否爲閉塞，此理之常也。

(8)〈繫傳下〉第四章曰：

樂天知命故不憂。

丙、易學

自然法則，因陰陽二大動能之流轉，有泰則有否，四時運行，有春夏必有秋冬，安時處順，樂天知命，「順帝之則」，達天德者，自無所憂苦，「樂天知命」，亦人生之一大教訓也，按蔡邕正定《六經》文字，親書於碑，立於太學門外，後世取正，有功於儒學，其〈釋誨〉一篇，多引《周易》經傳，明言天道陰陽消息，以爲天紀（即自然法則），人當隨時行止、又重「知幾」，人宜防微杜漸，發明《易》道之大者也，所云馳騁典籍，優游仁義，盤旋於周孔之庭宇，信非虛語也。

第3則

甲、引文

《後漢書卷六十二・荀爽傳第五十二》爽對策曰：

往者孝文「勞謙，行過乎儉」，故有遺詔以日易月，此當時之宜，不可貫之萬世。古今之制，雖有損益，而諒闇之禮未嘗改，以示天下莫遺其親，臣聞「有夫婦然後有父子，有父子然後有君臣，有君臣然後有上下，有上下然後有禮義」，禮義備則人知所厝矣。夫婦人倫之始，王化之端，故文王作《易》，上經首乾坤；下經首咸恆，孔子曰：「天尊地卑，乾坤定矣。」夫婦之道，所謂順也，〈堯典〉曰，「釐降二女于嬀汭，嬪于虞。」降者下也，嬪者婦也，言雖帝堯之女，下嫁于虞，猶屈體降下，勤修婦道，《易》曰：「帝乙歸妹，以祉元吉。」婦人謂嫁曰歸，言湯以娶禮歸其妹於諸侯，《春秋》之義，王姬嫁齊，使魯主之，不以天子之尊加於諸侯也。今漢承秦法，設尙主之儀，以妻制夫，以卑臨尊違乾坤之道，失陽唱之義。孔子曰：「昔者聖人之作《易》也，仰則觀象於天，俯則觀法於地，觀鳥獸之文與地之宜，近取諸身，遠取諸物以通神明之德，以類萬物之情。」今觀法於天，則北極至尊，四星妃后（軒轅四星，女主之象），察法於地，則昆山象天，卑澤象妻，覩鳥獸之文，鳥則雄者鳴雊，雌能順服，獸則牡爲唱導，牝乃相從，近取諸身，則乾爲人首，坤爲人腹，遠取諸物，則木實屬天，根荄屬地，陽尊陰卑，蓋乃天性，宜改尚主之制，以稱乾坤之性，夫寒暑晦明，所以爲歲，尊卑奢儉，所以爲禮，故以晦明寒暑之氣，尊卑侈約之禮，爲其節也，《易》曰：「天地節而四時成。」禮者，尊卑之差，上下之制也，奏聞，即棄官去。

乙、經傳

(1)謙卦九三爻曰：

勞謙，君子有終吉。

丙、易學

按《易》重謙讓，以天人之道，皆尚謙惡盈，爽對策用經文「勞謙」二字以尊美孝文，據史紀，孝文實當之無愧。

(2)小過卦〈象〉曰：

山下有雷小過，君子以行過乎恭，喪過乎哀，用過乎儉。

丙、易學

按「時義」，處小過之時，可以小過，爽文活用小過之文，以傳文三句併爲一句，故曰「行過乎儉。」

(3)〈序卦傳〉曰：

有天地然後有萬物，有萬物然後有男女，有男女然後有夫婦，有夫婦然後有父子，有父子然後有君臣，有君臣然後有上下，有上下然後禮義有所措。

丙、易學

按爽文於「夫婦人倫之始」數句，發明經義，指出上下經所以區分之原理，故文王作《易》：上經首乾坤，下經首咸恆。上經天道；下經人倫，天人之際至明，引〈繫傳〉「乾坤」句以定天地之位，即卦象言，咸卦☱☶艮下兌上，為少男少女，恆卦☳☴巽下震上長男長女，有夫婦之道，此發明經義之大者也。

(4)泰卦六五爻曰：

帝乙歸妹，以祉元吉。

丙、易學

此以自然法則，明「天尊地卑」、「男先女從」之義，爽文引經明湯有嫁女之事，不以天子而尊其女，言婦道以從夫為貴，故謂漢代「尚主」之制宜改（不當以妻制夫，以卑臨尊）。

(5)〈繫傳下〉第二章曰：

古者庖犧氏之王天下也，仰則觀象於天，俯則觀法於地，觀鳥獸之文與地之宜，近取諸身，遠取諸物，於是始作八卦，以通神明之德，以類萬物之情。

丙、易學

按右段傳文本言八卦之所由制作及其作用，而爽引之止證明「陽尊陰卑，妻宜從夫」之義（而《易》乾坤定位），仍復上文改「尚主」制之意。

(6)節卦〈彖傳〉曰：

天地節而四時成。

丙、易學

節卦著天道有「節制」之法則，「節」，乃有四運之序，爽文引此止謂當以「禮」節約尊卑上下之分，不令女尊於男，仍復改「尚主」之制。

第4則

甲、引文

《後漢書卷六十三・李杜列傳第五十三》：

夫稱仁人者，其道弘矣！立言踐行，豈徇名安己而已哉？順、桓之間，國統三絕，太后稱制，賊臣虎視，李固據位持重以爭大義，「確乎而不可奪」，豈不知守節之禍福，恥夫「覆折之傷任」也，觀其發正辭及所遺梁冀書，雖機失謀乖，猶戀戀而不能已，至矣哉，社稷之心乎！

乙、經傳

(1)乾〈文言傳〉曰：

初九潛龍勿用何謂也？子曰：龍德而隱者也，不易乎世，不成乎名，遯世无悶，不見而无悶，樂則行之，憂則違之確乎其不可拔，潛龍也。

丙、易學

按史論以李固力爭大義，不顧生死，其大節堅確，不可動搖有如潛龍也。

(2)鼎卦九四爻曰：

鼎折足，覆公餗，其形渥，凶。

丙、易學

按史論約用鼎四爻經文，謂以三公之位，不肯直諫，則如鼎之折足而覆其餗，為不勝其任（孔子釋此爻之語）也。

㈢隱用經傳

甲、引文

《後漢書卷六十七．黨錮列傳李膺傳第五十七》：

及陳蕃免太尉，朝野屬意於膺，荀爽恐其名高致禍，欲令屈節以全亂世，為書貽曰：頃聞上帝（天子）震怒，貶黜鼎臣（陳蕃），人鬼同謀，以為天子當貞觀二五，利見大人，不謂夷之初旦，明而未融，方今天地氣閉，大人休否，知者見險，投以遠害，願怡神無事，偃息衡門。……頃之帝崩。

乙、經傳

(1)〈繫傳下〉第九章：

人謀鬼謀，百姓與能。

按爽書借用〈繫傳〉此句，以爲人鬼同有此願望而已。

丙、易學

(2)觀卦〈彖傳〉曰：

順而巽，中正以觀天下。

按觀卦☴☷坤下巽上，六二九五居中正應，故〈彖傳〉曰「中正以觀」（昭示意）天下，爽書謂天子當貞觀二五，有中正之德，以觀示天下，臣民得以利見，故曰「利見大人」。

丙、易學

(3)明夷卦：

按明夷卦☷☲離下坤上，離日、坤地，日之初出，其光未明，以喻膺方黜，有明而未融之象，此隱用經義也。

(4)〈文言傳〉：

天地閉，賢人隱。

丙、易學

天地否閉之時，賢人當隱退，此爽勸李膺幽棲隱退之義。以意釋經義也。

(5)蹇卦〈彖傳〉：

蹇難也，險在前也，見險而能止，知矣哉！

丙、易學

按蹇卦☶☵艮下坎上，山上有水，不利於行，坎為險故云云，智者見險當投身以遠害，所謂「偃息衡門」也。爽皆活用經傳之文，知爽於《易》理至為洽熟，故能靈活運用也。

五、結語

本篇據東京用《易》各章，即《周易》本文、經傳原典作較深入之探索，所謂回歸文本也，今日治《易》，方法多端，偏及人文社會、自然各科，均宜參詳，然統宗會元，其中心思想，仍以《周易》之經傳為宗主，其本原在此。《易》之內蘊為天人性命，一天人、合內外，為中國學術之最高境界。易言之，即特重天人和諧、內聖外王之學也。以《易》道言之：首為太極，乃萬有之本原，一切生命之所資始，萬有變化、成長之原動力也，次為陰陽，乃宇宙之二大動能，主司化育，萬彙之蕃衍、滋長，乃陰陽二力之發用，一部《周易》唯言「陰陽消息」而已。茲分六項說明：

(一)天人

1.天人和諧

在天曰太和，在人有同人卦，主與人和同，兌卦明和悅之義至大。

2.天人相應

凡舉大事，必得天之所助，人之所信，方可成功，此亦天人合德之事。

就天道言，有

1.反復

天道運行不息，故有反復、周流之理，日月四時，其顯例也。

2.對待

對稱、平衡，一順一逆，相反相成，相與引斥流轉，陰陽爲其顯例。

3.節制

天地節而四時成，四運之序，成功者去，節制之謂。

4.解緩

天地之仁氣（天地溫厚之氣始於東北而盛於東南，此天地之仁氣也《禮記·鄉飲酒義》），令萬物得以舒緩休養而促其生長也。

即人事言

1.《易》尚中正

大壯卦〈彖傳〉曰：「大者正也，正大而天地之情可見矣。」《易》別卦有六爻，二五譬況中正，明天地之有正氣，充塞於兩間也。

2.自強不息

天道剛健不息，夫人法天，君子以自強不息（乾卦〈象〉曰），中華民族奮發進取，大無畏之民族精神，由茲孕育，亙千古如斯。

(二)性命

性命本原，《易》首倡之，〈繫傳〉曰：「一陰一陽之謂道，繼之者善也，成之者性也。」謂善與性皆源於道，道之大原出於天，天與道其理一也，乾〈彖傳〉曰：「乾道（天道）變化，各（萬物）正性命。」〈繫傳〉又曰「成性存存，道義之門。」知德行又性分之流露也。

於人事特著教戒之義

其要者：

1.戒盈尚謙

天人皆惡盈而好謙，《易》立謙卦，六爻皆吉，爲六十四卦僅有。

2.告人吉凶在己

吉凶無與於人，凡一切罪咎，胥由自取，不必怨天尤人。

3.見險知止

蹇卦〈彖傳〉曰：「蹇難也，險在前也，見險而能止，知矣哉！」

4.樂天知命

人生教訓，史文引「樂天知命故不憂」句，樂天者，知宇宙之法則，行止合乎自然；知命者，知生命之眞諦及其價值，如此夫何憂何慮，人生之教訓，一言以蔽之矣。

(三)《易》義

1.扶陽抑陰

《易》以陽爲君子，陰爲小人，斥小人不得任用，師卦上六爻曰：「小人勿用。」象曰：「小人勿用，必亂邦也。」

2.重時義

卦有時義，一卦表一時，行不應其時則凶，時止則止，時行則行，動靜不失其時，其道光明（艮卦〈彖傳〉）。

3.重知幾

鑑於歷代興亡，非一朝一夕之故，積漸使然，履霜而知堅冰之必至。

4.本自然法則以制禮

天尊地卑，乾坤定矣，高下尊卑之差等，本屬自然，故曰：「禮者天地之序也。」（《禮記・樂記》）知人類倫理法則基於自然法則而產生也。

(四)《易》之大義

1.憂患意識

《易》爲憂患之書，衰世之舉，明著危亡之誡，否卦九五爻曰：「其亡其亡，繫于苞桑。」後世「居安思危」之訓，本自於《易》，《易》一言而影響於後世至大者多矣！

2.窮變通久之律則

窮變通久，爲《易》學之大經，天道人事，無不遵循，觀銀河星系，密集環列，相與牽引制衡，以維繫天禮穩定運行之秩序，天且弗違，而況於人？人事循此而應變無方，則事無不成，業無不竟。

3.簡易之理

《易》有三義，一曰簡易，二曰變易，三曰不易，不易者道，太極是也，陰陽變化，以生萬物，謂之變易，變易原於不易，其爲變之法則，則簡易也。《易》示簡易之理，爲以簡御繁，以寡率衆，以少制多，爲爲治之常法，故曰：「易簡而天下之理得矣。」

㈤**經分上下**

明上下經區分之原理，上經首乾坤，天地定位；下經首咸恆，咸卦少男少女，恆卦長男長女，有夫婦之道，爲人倫之始，天道、人倫之大經在焉。

㈥**數術之流**

范史述占卜之流：有風角、遁甲、七政、元氣、逢占、挺專、須臾、孤虛等，當時流行海內，今日治《易》者亦主數術之流，當納入《易》學之中。右六項皆即東京用《易》之篇章，抽繹而出，於《易》學之綱要，條貫略見其大端，參酌去取，以爲津梁，或亦治《易》之一助也。

周易彖傳探賾

一、前言

《易經》是中國傳統文化的先導，歷史演進的準則，在經部為群經之冠冕、義理之淵源，由宇宙論引申到人生論，是一部教人善於適應社會環境的人生哲學。人之所以被稱為萬物之靈秀者，在其行為能以思想為嚮導，而思想之根源，實發端於一種哲學（學術），不但個人如此，推而至於社會國家，其動止、興革、繁榮、壯大，莫不受到傳統或流行的學術思想之支配，這是必然的道理。古代聖人作《易經》之目的，在從自然現象、社會動態中尋求基於自然法則所導引而生的倫理法則，此種倫理法則，便是領導人類思想活動教人如何適應現實生活環境的一種人生哲學。茲擇要分敘於下：

(一)《周易》組成

《周易》由卦、辭、傳三部份組合而成：

卦—由乾、坤、震、巽、坎、離、艮、兌八卦重為六十四卦。六十四卦有二十八組：即1屯蒙。2需訟。3師比。4小畜履。5泰否。6同人大有。7謙豫。8隨蠱。9臨觀。10噬嗑賁。11剝復。12元妄大畜。13咸恆。14遯大壯。15晉明夷。16家人睽。17蹇解。18損益。19夬姤。20萃升。21困井。22革鼎。23震艮。24漸歸妹。25豐旅。26巽兌。27渙節。28既濟未濟。均爲反對之卦。上二十八組既顛倒相對矣。其中又左右相對者有四組即1泰否。2隨蠱。3漸歸妹。4既濟未濟。又止能左右相對者四組：1乾、坤。2頤、大過。3坎、離。4中孚、小過。卦有反對，明宇宙有對待之原理。辭—分卦辭、爻辭二類。

傳—分彖傳上下、象傳上下、繫辭傳上下、文言、說卦、序卦、雜卦、名曰十翼。

㈡彖傳釋名

卦下之辭名彖，今曰卦辭。解釋彖的曰彖傳。彖字，《說文九篇下》「彖，豕走也。從互，從豕省。」通貫切，《段注》「《周易卦辭》謂之彖。……古人用彖字，必係叚借，而今失其說，劉瓛曰：彖者斷也。」《正義》「夫子所作彖辭，統論一卦之義或說其卦之德，或說其卦之名。……按褚氏、莊氏並云彖斷也，斷定一卦之義，所以名爲彖也。」〈繫傳上〉「彖者言乎象者也」《正義》「謂卦下之辭，言說乎一卦之象也。」〈繫傳下〉「彖者材也」《正義》「卦下彖辭論此卦之才德也。」

按彖言一卦之象，說一卦之才德，統論全卦大義，斷定全卦要旨。〈彖傳〉是解釋彖辭的，亦是統論全卦大義而建立《易》學之體系，《易》富哲理，〈彖傳〉有發明、推闡之功焉。

㈢作者、時代

《易緯乾鑿度》：「仲尼五十究易，作十翼。」唐張守節《史記・正義》「夫子作十翼。」《史記・孔子世家》：「孔子晚而喜易，序彖繫象說卦文言，讀易韋編三絕。」《漢書・藝文志》「文王以諸侯順命而行道，天人之占可得而效，於是重易六爻，作上下篇，孔氏為之彖象繫辭文言序卦之屬十篇，故曰易道深矣，人更三聖，世歷三古。……」《周易正義》六論十翼曰：「其彖象十翼之辭，以為孔子所作，先儒更無異論。」

按緯書不盡可信，世家之言，後人疑之，唐以前儒者多以〈彖傳〉為孔子所作，今由〈彖傳〉文字之樸直簡潔及其內容多與儒家之言相符，可云是孔子所作，時代則在春秋。

㈣以傳解經之重要

傳本所以解經，《春秋三傳》、《詩毛傳》是其例，由下四端觀之：

〈彖傳〉據經而作，字解句釋，隨文可見，〈彖辭〉發明卦之大義，〈彖傳〉據〈彖辭〉而演繹其理，抉幽夠玄，明〈彖傳〉不以空言說經，細玩〈彖傳〉解經方式一節可知。

2.自漢儒費直（漢東萊人，字長翁）以彖象文言等十翼解經之後，先代易家咸認以十翼說經，為研究《周易》之宗法，舍此均不免參入私見。

3.《周易》卦辭凡七百零七字，爻辭合四千二百十三字，全部經文字數太少（四千九百二十字），不讀彖傳，何以能了解經文？

4.〈繫辭傳〉「知者觀其彖辭，則思過半矣。」極明〈彖辭〉在《易》學上的重要性。

按由右知解經必資於傳，而〈彖傳〉尤為首要。

二、〈彖傳〉解經方式

(一)先引經文，即釋其義

1.〈坤彖傳〉「『西南得朋』，乃與類行，『東北喪期』，乃終有慶。」按西南陰方坤位西南：東北陽方，與西南相反，陰必求陽也。

2.〈蒙彖傳〉「『匪我求童蒙，童蒙求我』，志應也。」

3.〈需彖傳〉「『利涉大川』，往有功也。」

按謂涉大川以往則有功。

4.〈訟彖傳〉「『不利涉大川』，入於淵也。」

按陷入深淵，謂成訟則終凶。

(二)專釋卦名

1.〈需彖傳〉「需，須也。」

按需、須二字同在《廣韻》上平十虞內，同相俞切，聲韻畢同。

2.〈師彖傳〉「師，衆也。」

按《說文》六下「師二千五百人爲師，從帀，從𠂤，𠂤四帀衆意也。」師爲軍旅，訓衆，固然。3.〈大過彖傳〉「大過，大者過也。」

按〈大過卦〉☱☴巽下兌上，四陽二陰，陽稱大，故曰「大者過也。」

㈢釋卦之德

1.〈大有彖傳〉「其德剛健而文明。」

按〈大有卦〉☲☰乾下離上，乾德剛健，離爲文明。

2.〈大畜彖傳〉「大畜剛健篤實輝光日新其德。」

按〈大畜卦〉☶☰乾下艮上，乾德剛健，艮體篤實。

3.〈同人彖傳〉：「文明以健」。

按〈同人卦〉☰☲離下乾上，故云。

4.〈大壯彖傳〉「剛以動故壯」。

按〈大壯卦〉☳☰乾下震上，震一陽在下，奮迅而起，故爲動。

㈣以卦象釋經文

1.〈同人彖傳〉「柔得位得中而應乎乾曰同人。」

按〈同人卦〉☰☲離下乾上，六二得位得中與乾九五相應，與人和同之象。

2.〈大過彖傳〉「『棟橈』，本末弱也。」

按〈大過卦〉☱☴巽下兌上，〈繫傳〉「其初難知，其上易知，本末也。」初爻爲本，上爻爲末，初上皆陰爻，故曰本末弱，屋基不固，其棟必橈折，卦象如是。

3.〈渙彖傳〉「『利涉大川』，乘木有功也。」

按〈渙卦〉䷺坎下巽上，巽爲木、坎爲水、木在水上、泛舟之象。

4.〈噬嗑彖傳〉「頤中有物曰噬嗑，噬嗑而亨。」

按〈噬嗑卦〉䷔震下離上，爲含物在口中之象。

㈤申釋經義，推明其理

1.〈比彖傳〉「『比吉』也，比輔也，下順從也。」

按〈比卦〉䷇坤下坎上，九五一陽，群陰皆應，故云下順從，有親比相輔之義。

2.〈履彖傳〉「履，柔乘剛也，說而應乎乾，是以『履虎尾，不咥人亨』」。

按〈履卦〉䷉兌下乾上、六三在初九、九二之上，故曰柔乘剛（陰爻在陽爻之上曰乘），下兌爲說，與乾相應，朱子謂：「以兌遇乾和悅以躡剛強之後，有履虎尾，而不見傷之象。」是也，咥，噬也。

3.〈夬彖傳〉「夬，決也，剛決柔也。」

按〈夬卦〉䷪乾下兌上，五陽決一陰，決有「決汝漢，排淮泗而注之江」（《孟子滕文公上》本句《朱注》「決、排皆去其壅塞也。」甚是）之決之意。〈夬〉爲陽息之卦。

4.〈姤彖傳〉「姤，遇也，柔遇剛也。」

按〈姤卦〉䷫巽下乾上，初六一陰，與上群陽相遇，釋姤有遇、相遇之義。

5.〈困彖傳〉「『有言不信』，尙口乃窮也。」

按〈困卦〉☱☵坎下兌上，兌爲口舌（〈說卦〉），處困不宜多言，故戒「尙口」。

6.〈歸妹彖傳〉「歸妹，天地之大義也。天地不交而萬物不興，歸妹，人之終始也。」

按〈歸妹卦〉☳☱兌下震上，震，長男，兌，少女，歸妹，嫁女之義，男婚女嫁，人倫之始，君子之道，造端乎夫婦，故曰「天地之大義也。」天地二氣，尙須交合，否則萬物不興盛，人道有夫婦而後有父子、君臣、上下，故爲人之終始，人群社會之終始，其義大矣！

㈥以天道、人事互明其理

1.〈泰彖傳〉「『泰，小往大來吉亨』，則是天地交而萬物通也；上下交而其志同也。」

按〈泰卦〉☷☰乾下坤上，內乾外坤，陽大陰小，故云「小往大來」天地陰陽二氣相交，萬物乃亨通暢遂；上下情意溝通，則其志趣方能合同，以成事業。

2.〈謙彖傳〉「天道虧盈而益謙，地道變盈而流謙，鬼神害盈而福謙，人道惡盈而好謙。」

按〈謙卦〉☷☶艮下坤上，艮山坤地，天高而在地中，謙下之象，天地鬼神皆惡盈與人同好。《左哀十一年傳》「吳將伐齊，子胥懼曰，吳其亡乎！盈必毀，天之道也。」《老子・七十七章》「天之道損有餘而補不足。」《老子・九章》「富貴而驕，自貽其咎，功成、名遂、身退、天之道。」《老子・二十九章》「是以聖人去甚、去奢、去泰。」《莊子・天下篇》評老子「以濡弱謙下爲表。」老莊之言深與《易》義相契。總言天人皆尙謙，知謙之含義至大，以見天人之德相同，所謂天人合德也。

3.〈豫彖傳〉「天地以順動，故日月不過而四時不忒；聖人以順動，則刑罰而民服。」

按〈豫卦〉䷏坤下震上，坤順震動故云天地順動（天地順時運行），聖人賞不僭而刑不濫，順理以施政，綜言天人必動，但爲順動，非無謂之動也。

4.〈觀彖傳〉「觀天之神道而四時不忒；聖人以神道設教而天下服矣。」

按天之神道，即天道（天道神妙不測），聖人以神道設教者聖人法天道以施政設教，如天尊地卑，高下等差，聖人據以制禮，神道，非謂鬼神之事也。

5.〈咸彖傳〉「天地感而萬物化生，聖人感人心而天下和平。」

按天地感，乃二氣之交感，聖人感人心，乃精誠之感召，明天地間有感應，感通之至理存焉。《詩邶風．匏有苦葉》「有瀰濟盈，有鷕雉鳴，濟盈不濡軌，雉鳴求其牡。」鳥類雌雄之相求，天時爲之，古昏禮多在仲春之月，順時令也。《詩．小雅．伐木》「嚶其鳴矣，求其友聲。」理同，人與人之感應，《禮記．孔子閒居》孔子曰：「清明在躬，氣志如神，耆欲將至，有開必先。」《禮記．中庸》故「至誠如神。」《易．繫傳》「神以知來」，足明宇宙實有感應之眞理。

6.〈革彖傳〉「天地革而四時成；湯武革命，順乎天而應乎人。」

按〈革卦〉䷰離下兌上，兌爲澤，澤之水，其性就下，離爲火，火性炎上，水火相息而變生，故爲變革，天地有改革之候，乃有四時之更迭，此天時也；湯武以仁伐暴，有革命之業，弔民伐罪，順天應人之舉，皆興革之事也。

7.〈節彖傳〉「天地節而四時成；節以制度，不傷財、不害民。」

按〈節卦〉䷻兌下坎上，水在澤上，為澤所約，節本竹約（竹之節）有約制之義，曆數：歲月日時，皆有準則，以趨約制，施於政事，則有制度，所以約其行事，乃不傷財，害民，節之為用大矣哉。

(七)舉例說理，例證明確

自然現象最明著者為日月四時，日月代明，四時錯行，天道之大經，故〈彖傳〉每舉日月、四時為例，以說明《易》道。〈繫傳上〉「是故法象莫大乎天地，變通莫大乎四時，懸象著明莫大乎日月。」又曰：「廣大配天地，變通配四時，陰陽之義配日月。」《管子・乘馬》「春秋冬夏，陰陽之推移也，時之短長，陰陽之利用也，日夜之易，陰陽之化也。」足明日月四時，皆陰陽之所為也。舉例如下：

1.〈豫彖傳〉「天地以順動，故日月不過而四時不忒。」

按已見上第三條。

2.〈觀彖傳〉「觀天之神道而四時不忒。」

按已見上第四條。

3.〈恆彖傳〉「日月得天而能久照，四時變化而能久成。」

按〈恆卦〉䷟巽下震上，雷風相與，巽順以動，乃天地恆久之至道，得天者，得天地恆久不已之道，故日月乃能久照，四時更迭，循環往復，故能久成。

4.〈革彖傳〉「天地革而四時成。」

按已見上第六條。

5.〈豐彖傳〉「日中則昃，月盈則食。」

按以日月說明盈虛之理，日過中則西側，月盈滿則必虧損也。

6.〈節彖傳〉「天地節而四時成。」

按已見上第七條。

三、卦爻變動

(一)卦爻之往來上下

往來上下，卦爻之動象也。〈繫傳下第三章〉「爻也者，效天下之動者也。」又曰「六爻之動，三極（三才）之道也。」〈繫傳下第一章〉「天下之動貞乎一者也（一、天道動之原理），爻也者效此者也。」故〈繫傳上第六章〉「聖人有以見天下之動而觀其會通。」足見聖人設卦觀象之初意。按「往來」首見於〈泰〉〈否〉二卦，〈泰卦辭〉「小往大來。」〈彖傳〉即曰「小往大來，吉亨，則是天地交而萬物通也……內陽而外陰……」爻之外曰往，適內曰來，明三陰往之外卦，三陽來適內卦也。其例如下：

1.〈隨彖傳〉「隨，剛來而下柔。」

按〈隨卦〉䷐震下兌上，與〈蠱卦〉䷑巽下艮上相反對，剛來者，〈隨〉下體震之初九，自〈蠱〉上體艮之上爻而來也；下柔者，初九在二陰（陰、柔）之下也。剛來下柔、自兩卦之反對觀之，其象易見，其理至明！不必費辭，先儒不明此理，每以卦變說〈彖傳〉中「往來上下」之義，愈解愈煩，而其義益晦，不知《易》卦兩相反對，已著天道「對待」之理，卦象逐處可見也。

2.〈蠱彖傳〉「蠱，剛上而柔下。」

按〈蠱〉與〈隨〉反對，〈蠱〉上體艮之上爻，由〈隨〉下體震之初九爻（剛爻）而來，本爲初爻，今反而爲上爻，故曰「剛上」，〈蠱〉下體巽之初六由〈隨〉上體兌之上六爻而來，由上爻（柔）降而居下，故曰「柔下」，將原卦倒轉，其象自見。

3.〈无妄彖傳〉「无妄，剛自外來而爲主於內。」

按〈无妄〉下體震之剛（初九），自〈大畜卦〉上體艮之上爻而來，故曰「剛自外來」。下體震之初九，爲內卦之主，故曰「爲主於內」不明二卦之爲反對，曰「自外來」，來自何處？不能指出，而妄逞奇說，故言卦變者，人各異詞，終不能得其確詁也。

4.〈咸彖傳〉「柔上而剛下。」

按〈咸卦〉䷞艮下兌上，與〈恆卦〉䷟巽下震上反對後，〈恆〉下體巽之初六，反而爲〈咸〉之上六，故曰「柔上。」〈恆〉上體震之初爻（剛），反而爲〈咸〉之下體，故曰「剛下」；又〈

恆彖傳〉「剛上而柔下」與〈咸卦〉「柔上而剛下」恰相待，足見《易》卦兩兩對待之理，爲不可易也。

(二)卦畫自下而上之理

卦爻自下而上，蓋象陰陽之消長，無論陰陽爻，自初爻起即爲長，大抵象生物之成長，破土、抽芽，自下而上，如地中生木然，積小以高大，自初以至於上爻。譬之歷階而升，循序以進，其勢然也。例

1.陰爻

初六一陰即爲長，如〈姤〉䷫，一陰在下，〈彖傳〉曰：「勿用取女不可與長也。」〈遯卦〉䷠，二陰在下，〈彖傳〉曰「浸而長也。」三陰在下之〈否卦〉䷋，〈彖傳〉曰：「小（陽大陰小；陽君子而陰小人）人道長。」即陰長。五陰在下之卦，如〈剝卦〉䷖，〈彖傳〉曰「小人長也。」至坤則爲純陰，陰長已臻乎其極矣。

2.陽爻

初九一陽即爲長，如〈復卦〉䷗，一陽在下，〈彖傳〉「利有攸往，剛長也。」二陽在下之〈臨卦〉䷒，〈彖傳〉「剛浸而長。」三陽在下之〈泰卦〉䷊，〈彖傳〉「君子道長。」四陽在下之〈大壯卦〉䷡，〈彖傳〉「大者壯也。」陽稱大；壯，即盛長之義。〈夬卦〉五陽在下䷪，〈彖傳〉「剛決柔也。」「剛決柔」即陽長而陰消也。又曰「利有攸往，剛長乃終也。」至〈乾〉則爲純陽，陽長已極矣。要之，卦爻自下而上，象陰陽之浸長，陰長則陽消；陽長則陰消，陰陽消長，又

天道之大經，先聖作《易》以準天地，故卦爻自下而上，即肖陰陽之浸長，其理至明，亦至緊要。

四、中心思想

(一)天道

1.乾元、太和

〈乾彖傳〉「大哉乾元！萬物資始，乃統天。……乾道變化，各正性命，保合太和乃利貞。」乾元爲本體，即天地之元氣，太和其別名，即其表德而言。乾元，即陽氣者，〈乾初九爻辭〉「潛龍勿用。」〈象傳〉「潛龍勿用，陽在下也。」〈文言傳〉「潛龍勿用，陽氣潛藏。」《春秋繁露》「元者萬物之本，而人之元在焉。」《公羊傳》「元年者何」，何休《註》「元者，氣也，無形以起，有形以分，造起天地，天地之始也。」足證「乾元」之爲陽氣，萬物之所資始也。

2.終始往復

〈乾彖傳〉「大明終始，六位時成，時乘六龍以御天。」此言一卦之終始。終始所以紀時，亦天行（天道）之常。〈蠱彖傳〉直發其義曰：「先甲三日，後甲三日，終則有始，天行也。」天道終而復始，〈恆彖傳〉言之尤詳曰：「天地之道，恆久而不已也。『利有攸往』，終則有（又）始也。」，此明「終則有始」，爲天地恆久之至道，〈彖傳〉發明《易》理，如此等處，尤足珍貴，舍傳何由明經之大義耶？

3. 變革

〈革彖傳〉「天地革而四時成。」天道有變革之理，變革即變易，《易三義》簡易、變易、不易，而以變易爲之樞。《說文三下》「革獸皮治去其毛曰革，革，更也。」獸皮去毛，已爲變易，則革固兼變易之義。又天地不革，則無四時之名，與四運代序之差異，而歲功無由以成，「寒往則暑來；暑往則寒來，寒暑相推而歲成焉」（〈繫傳〉）是也。

4. 恆久

〈恆彖傳〉「天地之道恆久而不已也。……四時變化而能久成。」天道恆久，言天道永恆如是，老子、荀子所謂「常道」也。〈禮記中庸〉「故至誠無息，不息則久。」亦申此理，恆久非一成不變，不變則不能持其恆久；天道之能恆久，實基於變革、變易之故，唯變易乃能推陳布新，故曰「四時變化而能久成也。」

(二) 陰陽

1. 陰陽之交媾

〈泰彖傳〉「泰，小往大來吉亨，則是天地交而萬物通也。……內陽而外陰。」內外，謂內卦、外卦也。〈泰卦〉☷☰內陽外陰；即乾陽而坤陰，於《易象》乾爲天，坤爲地（〈說卦〉）曰「天地交」者，實即陰陽之交媾也。而陰陽交媾，非虛擬之詞，實則陰陽二氣之會合也。〈咸彖傳〉直抒其義曰「咸，感也，柔上而剛下，二氣感應以相與。」即明言陰陽二氣之相與（親，接意），天地陰陽交感之實，傳於〈益卦〉一言以蔽之曰「天施地生」，藉使天無所施，地何由生？〈姤彖傳〉又申天地陰陽必須交媾之理，曰：「姤，遇也，柔遇剛也，天地相遇，品物咸章也。」此變文言「遇」，遇，亦交接、交媾之義，天地之必交（泰、否）、必遇（姤），陰陽之必交媾，以基於萬物因而化生之故，其理經傳亦屢及之，《禮記·樂記》曰：「地氣上齊（躋），天氣下降，陰陽相摩，天地相盪。……動之以四時，煖之以日月，而百化興焉。」又曰：「天地訢合，陰陽相得，煦嫗覆育萬物，然後草木暢茂，區（勾）萌達，羽翼奮。……胎生者不殰（未生胎敗），而卵生者不殈（裂）。」申說此理至明。

2.陰陽之消長

〈泰彖傳〉曰「內陽而外陰，內君子而外小人，君子道長，小人道消也。」君子謂陽，小人指陰，「君子道長，小人道消」，即喻陽長而陰消也。〈剝彖傳〉復申其理曰「剝，剝也，柔變剛也，不利有攸往，小人長也。」〈剝卦〉☶☷，五陰剝蝕一陽，曰「柔變剛」者，實即以陰消陽也。漢儒論消息之理，即本乎此，陰消陽爲陰盛，故曰「小人長也。」復觀〈夬彖傳〉曰「夬，決也，剛決柔也」按〈夬卦〉☱☰五陽決（排除）去一陰，此爲陽息（長）之卦，陽息則陰消，陰陽消息，《易》之大義，《易》惟言「陰陽消息」而已。

㈢動

天地之動，〈豫彖傳〉明著其理曰：「豫，剛應而志行，順以動豫，豫順以動，故天地如之，而況建侯行師乎？天地以順動，故日月不過而四時不忒。」按〈豫卦〉䷏坤下震上有順動之質性，傳因卦德以明天地之順動，曰「天地如之」者，言天地之動恆如是也。曰「日月不過，四時不忒」者，則天地順動之實，亦即「動」之法則，動之主力，固爲「乾元」，蓋大化流行，生機洋溢，風雲雷雨，莫非動之所爲。〈解彖傳〉「天地解而雷雨作，雷雨作而百果草木皆甲坼。」按〈解卦〉䷧，卦有雷雨之象，雷雨既作，天地解散（緩和）之際也，王《注》曰：「天地否結，則雷雨不作，交通感散，雷雨乃作。」是也。「雷雨作而百果草木皆甲坼（成熟），則天地解散（動）之所致也，因「動」而萬物化生，則天地固不能不動也。《禮記．樂記》「著不息者，天也。」《管子．侈靡》：「天地不可留，故動；化，故從新。」《莊子．秋水》「物之生也，若馳若驟，無動而不變，無時而不移。」徵諸群書言天地之動，悉與《易》理相符。

(四)天地之心

天地之心，蓋天地生物之心也。〈復彖傳〉「復亨，剛反……復其見天地之心乎！」按〈復卦〉䷗，一陽復始，剛者，陽也，一陽始生，正見天地生物之心，必待三陽鼎盛，百花怒放而後知天地之心，固已晚矣。《易》以剛陽象心，〈坎卦辭〉已明著之曰「習坎有孚，維心亨」〈象傳〉即曰：「維心亨，乃以剛中也。」剛中指九二、九五，必以剛中象心者，剛爲陽，中猶心，心具天德，具有無盡之生機（在人爲惻隱之心），故富於進取向上之潛力，人饑己溺之熱忱，此人性之特徵，而稟受於天地者也，《禮記．禮運》：「人者，天地之心也。」此語尤緊要。人心、天心，同富生機，在天謂之「乾元」，於人，名之曰「仁」，孟子：「仁，人心也（《孟子・告子上》）」信爲不刊之鴻教也。

㈤**普徧原理**

普偏原理者，一以貫之，推之萬物而皆準也。〈咸彖〉「咸感也。……天地感而萬物化生，聖人感人心而天下和平，觀其所感而天地萬物之情可矣。」此言感通之理。〈繫傳下第三章〉以日月、寒暑相推移申明宇宙「往者屈也；來者信（申）也，屈信相感而利（大化流行，物類化育之利）生焉」感通之至理。〈恆彖傳〉「恆，久也。……天地之道，恆久而不已也，利有攸往，終則有始也，日月得天而能久照，四時變化而能久成，聖人久於其道而天下化成，觀其所恆而天地萬物之情可見矣。」此言恆久之常理。〈萃彖傳〉「萃，聚也，順以說，剛中而應故聚也。……觀其所聚，而天地萬物之情可見矣。」此言萬物萃聚（群居、樂群）之理，類聚、群分、物類之通性。右〈咸〉〈恆〉〈萃〉三卦皆曰「而天地萬物之情可見矣」此爲普遍之原理，天地萬物，莫不如此，人豈可忽視？

㈥**時義**

〈乾彖傳〉首發時義曰：「大明終始，六位時成，時乘六龍以御天。」六位所以明一卦之終始，六位具，則卦之終始見，而一卦之時義成，六爻變化，其猶龍乎！故曰「時乘六龍以御天。」六爻變化，即象天道之變化，時義因六爻之變化而著見，則《易》之時義大矣哉！六十四卦，卦有其時，〈彖傳〉於豫、隨、頤、大過、坎、遯、睽、蹇、解、姤、革、旅等十二卦特申其義，教人知時、處時、用時之道，趣時遠害，以要「无咎」。

(七)性命

性命之理，首發於〈乾彖傳〉曰：「大哉乾元，萬物資始，乃統天，雲行雨施，品物流行。……乾道（天道）變化，各正性命，保合太和乃利貞。」其文至約而其理則至精微；天地之大德曰生，凡品物之流形，皆天地生德之顯現，而性命者，品物稟氣成形之具體可見者也。

(八)中道

《易》以二、五兩爻譬況中道，或曰「中正」，〈訟彖傳〉「利見大人，尚中正也。」〈訟〉九五、九二〈同人彖傳〉「文明以健，中正以應。」〈同人〉九五、六二〈觀彖傳〉「中正以觀天下。」〈觀〉九五、六二。或曰「正中」，〈需彖傳〉「位乎天位，以正中也。」得中則吉慶亨通，〈解彖傳〉「其來復吉，乃得中也。」〈既濟彖傳〉「初吉，柔得中也。」〈益彖傳〉「利有攸往，中正有慶。」〈節彖傳〉「當位以節，中正以通。」《易》尚中道，尤貴剛中、時中，論其大旨，包舉群經言中之義，則中道之思想，宜以〈彖傳〉爲宗主也。

五、對後世人文之影響

(一)「動」之哲理

「天地以順動」豫彖。「天地盈虛，與時消息」豐彖。蓋天道終始往復，未嘗或息，以天行之剛健不已，乃能持續宇宙之大生命，《詩・周頌》「維天之命，於穆不已！」《禮記・中庸》「故至誠無息，不息則久。」皆爲動之哲理，風興夜寐，毋忝爾所生，如月之恆，如日之升，中華勤勞奮起之民族性。由此而孕育矣。

㈡時中大義

《蒙彖傳》「蒙亨，以亨行，時中也。」《易》尙中道，〈隨彖傳〉言「隨時」，即今之時代意義，隨時處中，无不亨通，〈艮彖傳〉「時止則止，時行則行，動靜不失其時，其道光明。」語尤明白，《孟子》迭言行止久速，皆申時中之大義也。

㈢陽无絕滅之理

〈剝卦〉䷖，五陰剝一陽，上九孤陽，碩果僅存，陽氣微弱一息，然並未絕滅，至〈復卦〉䷗，則一陽復始，春回大地，《易》道尊陽抑陰，以陽喻君子，陰斥小人；陽象正義、光明；陰喻邪惡黑暗，陽无絕滅之理，則正義、正氣，必長留人間，以支拄宇宙，〈大壯彖傳〉「正大，而天地之情可見矣」，天地間信有正大、正氣之存在，无疑，《易》之大義，可云至矣！

㈣精誠感通

〈咸彖傳〉「聖人感人心而天下和平。」〈同人彖傳〉「唯君子爲能通天下之志。」〈彖傳〉發明宇宙感通之理，凡天與人、人與人、人與物，均相與感應，惟在精誠與否耳。

㈤重視家教，堅立社會之基層組織

〈家人彖傳〉「家人有嚴君焉，父母之謂也。父父、子子、兄兄、弟弟、夫夫、婦婦而家道正，正家而天下定矣。」傳文僅數句而儒學正名、男女有別、修齊之道悉備，家人有嚴君焉，以家長率教，父父、子子、夫夫、婦婦則家齊，「正家而天下定。」治平之效，由家教始，以堅立社會組織之中心也。

㈥創造精神

利用環境，改進生活，爲吾人必備之創造精神。〈坎彖傳〉「習坎，重險也。……天險不可升也，地險山川丘陵也，王公設險以守其國，險之時用大矣哉。」〈睽〉〈革〉二卦之「時用」義同，險難不可冒犯，但王公設險以守其國，此即利用現實，改變環境，爲吾人不可或缺之創造精神也，提高人類之創造精神，以符大《易》「富有日新」之宗旨，學《易》，用《易》不外乎此矣。

六、結　語

《易經》對於個人的思想、言行、爲人處世之方，有莫大之助益，其內容，係將六十四卦，作爲人們所常經驗到的六十四種處境（英文爲Situation）以及如何去適應和行動，卦的每一爻，作爲該一處境的一項發展的範型，〈彖傳〉則是此一處境之綜合判斷，而予人以明確之指示，不讀〈彖傳〉不足以通曉《易》理，不通《易》理，不足以適應現實生活環境，這是我們應當切實記取的，南宋葉適謂「班固言孔子爲彖象繫辭文言序卦之屬，於《論語》「無所見，然彖象傳意勁厲，截然著明，正與《論語》相出入，其爲孔子作無疑。至所謂上下繫文言序卦，文義複重，淺深失中，與彖象異，而亦附之孔子者，妄也。」《習學記言》。〈彖傳〉發明經義，其功至偉，彌足珍貴，訂爲孔子自作、可信。解經尙依經演繹，以人事說經，以人事昌明天道，爲七十子後一貫之宗法，於〈彖傳〉已發其端，知〈彖傳〉洵爲〈十翼〉之元首也。

附注，本文引用文字，皆於當下注明出處，不別出附注。

《周易大象傳釋義》

一、前言

理象數三者，為《周易》之綱領，象以描述宇內萬有之物宜（形似）〈上繫第八〉曰：「聖人有以見天下之賾（隱微之理）而擬諸其形容，象其物宜，是故謂之象。」卦爻，即所以表象也，〈繫上第二〉曰「聖人設卦觀象。」句中「觀」字有表述之義，與〈觀卦彖傳〉「中正以觀天下」句之「觀」字同義，「下觀而化」句中「觀」字則為瞻仰之義，二觀字語別，當細玩之，象固在卦爻之中，〈繫上第一〉曰：「八卦成列象在其中矣。」〈繫上第十二〉「八卦以象告」皆是！故舍卦爻不可言象也，易家向以每卦之象為大象；每爻之象為小象，本文專釋六十四卦之大象，以此為全卦精要之所繫，不知卦象，則卦德、卦名、卦義之不明，何以知全卦之精蘊乎？今按卦序分述於下：

二、六十四卦大象分釋

(一)乾

象曰：天行健，君子以自強不息。

乾䷀乾下乾上。天道運行不息，往復不已，有剛健不息之象。中華民族堅苦卓絕，至大至剛，勇往邁進之精神由此而出，大象傳，上句言天道，下句承人事，天人相因，本爲一體，《易》爲天人之學是也。

(二)坤

象曰，地勢坤，君子以厚德載物。

坤䷁坤下坤上，陰柔順從陽剛，有柔順從人之象。（中國地形，西北高而東南下，其勢則然）於地有博厚載物之象，君子器識宏遠，無不包容，如江海之納百川，無所逆拒也。

(三)屯

象曰，雲雷屯，君子以經綸。

屯䷂震下坎上。坎爲水，爲雲爲雨，震爲雷，雷動於下，上有密雲，有屯難之象，以喻創業之艱難，政治當擘畫經營，故曰經綸，《中庸》「唯天下至誠爲能經綸天下之大經，立天下之大本。」朱注「經綸皆治絲之事，經者，理其緒而分之，綸者比其類而合之。」總言屯難之世，君子當妥爲籌畫以建立萬世之基業也。

(四)蒙

象曰：山下出泉蒙，君子以果行育德。

蒙䷃坎下艮上，艮爲山。泉始出於山，涓滴之水，未成溪流，有蒙昧之象，於人爲童蒙能發蒙養蒙，則君子之道闇然而日章（中庸）故君子育德，尤重童蒙，蒙以養正，作聖之功自此基矣（見蒙彖傳）。

㈤需

象曰：雲上於天需，君子以飲食宴樂。

需䷄乾下坎上，雲方上升，未凝爲雨，有待時之象，需待也。《說文》作，䇓「立而待也」，从立，須聲」待時者待雨之時，飲食宴樂，皆宜待時，民以食爲天，飲食，人所急需也。

㈥訟

象曰：天與水違行訟，君子以作事謀始。

訟䷅《坎下乾上，天氣上升，水性就下，背道而行，乖戾不和，有爭訟之象，君子察乖迕之由來，防患於未然，所以謀始也。

㈦師

象曰：地中有水師，君子以容民畜衆。

師䷆坎下坤上，地中儲水量大，地下之水，取之不盡，用之不竭，所容納者衆，故有容民畜衆之象，師爲軍旅，集衆人而成者也。

㈧比

象曰：地上有水比，先王以建萬國親諸侯。

比☷☵坤下坎上，地上有水，水流地上，有親比之象，水滋潤萬物，與物親和，先王取此象以建萬國，親諸侯。《尙書堯典》「克明俊德以親九族，九族既睦，平章百姓，百姓照明，協和萬邦，黎民於變時雍。」此其例也。

(九)**小畜**

象曰：風行地上小畜，君子以懿文德。

小畜☰☴乾下巽上，巽風、乾天，風行天上，瞬息即逝（畜留、積也。）故所畜者小（小少一字）風喻號令，風距地遠，故於地無所施及（惠澤不及於地）《論語季氏篇》曰「故遠人不服，則修文德以來之」《僞古文大禹謨》「至諴（和）感神，矧茲有苗，禹拜昌言曰，俞，班師振旅，帝乃誕敷文德，舞干羽于兩階，七旬，有苗格。」此文德服遠人之效也。

(十)**履**

象曰：上天下澤履，君子以辨上下，定民志。

履☱☰兌下乾上，兌爲澤，天尊澤卑，尊卑分明，尊卑上下之位別，禮制之象（《說文一上》示部「禮，履也，所以事神致福也。」即以履訓禮。）蓋萬民各安其位，各守其分，而民志以定，此爲禮治之精義。〈繫上第一〉「天尊地卑，乾坤定矣，卑高以陳，貴賤位矣」與履象之義相足。

(土)**泰**

象曰：天地交泰，后以財（裁通）成天地之道，輔相天地之宜，以左右（今作佐佑）民。

泰☰☷乾下坤上，天氣下降，地氣上騰（《禮記月令，孟春之月，天氣下降，地氣上騰，天地和同，草木萌動。」）二氣交和，萬物舒暢通泰之象，故爲泰，《伊川易傳》「財成謂體天地交泰之道而裁制成其施爲之方，輔相天地之宜者，使民用天時，因地利，輔助化育之功」，財成有所損益而全其成，輔相順天時土宜而施政，天人相應之事也。

㈩否

象曰：天地不交、否，君子以儉德避難，不可榮以祿。

否☷☰坤下乾上，天氣上騰，地氣下降，天地（二氣）否塞不通之象（《禮記月令，「天氣上騰，地氣下降，天地不通，閉塞而成冬」）當否閉晦塞之時，君子當守約避患，不可以仕進也。

㈪同人

象曰：天與火同人君子以類族辨物。

同人☲☰離下乾上，離爲火，天在上而火炎上，與人和同之象，志同道合，物各從其類，以聲氣相同分別人物之族類也。〈文言傳〉，所謂「同聲相應，同氣相求，雲從龍，風從虎，聖人作而萬物覩，……則各從其類也。」又〈繫上第一〉方以類聚，物以群分」是也。

㈫大有

象曰：火在天上大有，君子以遏惡揚善，順天休命。

大有☰☲乾下離上，天體高明，火亦光明，則萬物無不在其照臨之下，所有（擁有、撫有）者大（大，盛，多之義）之象（萬民擁戴之象）（彖傳）「柔得尊位（六五）大中而上下應之曰大有）說此卦象至明。大有盛明，君子當制惡揚善，所以順應天之嘉命（天道福善而禍淫）而安撫群生也。

(十五)謙

象曰：地中有山謙，君子以裒多益寡稱物平施。

謙䷎艮下坤上，天至大而在山中以高處低，有虛己自退之象。六十四卦，唯謙六爻皆吉，無往不利，可見謙之爲用至大矣！裒，《說文十二上》作捊云「引取（今聚字）也，从手，孚聲」鄭，荀本亦作「捊」，「裒多益寡」，取之於多以益寡者也，稱物平施者，量其所需之多寡而均平施之也。《論語雍也篇》子曰「赤之適齊也乘肥馬，衣輕裘，吾聞之也，君子周急不濟富」《老子七十七章》「天之道損有餘而補不足」正釋謙象之義。《老子八十一章》又曰「既以爲人己愈有，既以與人己愈多」人何吝而不施爲？

(十六)豫

象曰：雷出地奮豫，先王以作樂崇德，殷薦之上帝以配祖考。

豫䷏坤下震上，雷陽氣升發自地中而出有奮迅振動之象，春雷動，萬物莫不奮迅而起，有欣欣向榮，舒暢和說之象，作樂尊祀上帝以祖考配享，盛享之悅樂也。豫說樂也。《孟子梁惠王下》「晏子對曰，夏諺曰「吾王不豫，吾何以助」注「豫、樂也。」豫有奮起振作之象，悅，樂時易見也。

(十七)隨

象曰：澤中有雷隨，君子以嚮晦入宴息。

隨☱☳震下兌上，震動兌說，彼動而此說，有說而相隨之象，嚮（向）晦入宴息，隨時作息也。《擊壤歌》曰：「日出而作日入而息」是也。

㈥蠱

象曰：山下有風蠱，君子以振民育德。

蠱☶☴巽下艮上，蠱者事也（〈序卦傳〉）風喻教令，風自上而下，有宣令行事之象，風以散之百蟲皆蠢動，有所事也，君子之德風，政令頒行，民皆景從，所以振民也，民仰君子之德，化而為善，是育德也，《論語子張篇》「夫子之得邦家者，所謂立之斯立，道之斯行，綏之斯來，動之斯和」，《孟子滕文公上》「君子之德風也，小人之德，草也，草尚之風，必偃。」皆振民之事也。

㈩臨

象曰：澤上有地，臨，君子以教思无窮，容保民無疆。

臨☷☱兌下坤上。地在澤上有居高臨下，施政臨民之象，地之博厚能容，水之潤澤及物，民之感沐無際無已，所謂善教得民心（孟子語）也。

㈩觀

象曰：風行地上觀，先王以省方觀民設教。

觀☴☷坤下巽上，風行地上，徧及各處，天子巡省地方，觀察民風，有巡視觀察之象，因民風以設政教也。

(二一)噬嗑

象曰：雷電噬嗑，先王以明罰勑法。

噬嗑䷔震下離上，噬嗑，食也（〈雜卦傳〉）食時輔頤皆動，爲頷頤之象（橫視之，頤中有物，爲卦爻直見之象）又雷電並作，此「動而明也」（〈彖傳〉）有明察之象，《卦辭》曰：「利用獄」（斷獄訟）蓋賞罰分明，端正法紀，「明罰勑（勑、勅通、正也，理也）法」之謂也。

(二二)賁

象曰：山下有火賁，君子以明庶政，无敢折獄。

賁䷕離下艮上，山下有火，明昭庶物（草木百物），有文明之象，庶政明，則政通人和，然斷獄則據實宜平，不取文致（玩弄文字以飾成其罪）非不折獄，不輕折獄也。

(二三)剝

象曰：山附於地剝，上以厚下安宅。

剝䷖坤下艮上，山日陵夷以至附於地，有傾隤剝落之象，厚下安宅，固其基址，剝極之後，宜安撫之，使得其所也。

(二四)復

象曰：雷在地中復，先王以至日閉關，商旅不行，后不省方。

復䷗震下坤上，承剝卦極陰之後，一陽復始，有復元之象，與剝相反，剝極必復，陽方復力微，宜靜養之以待復原，故有閉關，不行，不省（巡視）之戒，今冬至日人咸知休養進補，遵《易》教也。

(廿五)无妄

象曰：天下雷行，物與无妄，先王以茂對時育物。

无妄䷘震下乾上，雷威震懾，萬物皆懷懼而不敢妄行，先王則及時養育萬物，令各遂其生也。

(廿六)大畜

象曰：天在山中大畜，君子以多識前言往行以畜其德。

大畜䷙乾下艮上，天至大而在山中，所畜（蓄同，積養義）者至大之象，君子畜德（宜深厚）固當如此，前言往行，則嘉言懿行是也。

(廿七)頤

象曰：山下有雷頤，君子以愼言語，節飲食。

頤䷚震下艮上，山不動而雷動，上止下動，爲人頤頷之象，此亦卦爻直見之象，頤司言語飲食，故宜愼之，節之，全身養生之要訣在茲，諺曰禍從口出，病自口入，稽康養生論曰：「飲食不節以生百病」頤象之警人深矣！

(廿八)大過

象曰：澤滅木大過，君子以獨立不懼、遯世无悶。

大過䷛巽下兌上，木高澤下，澤何以滅木？必山洪暴發澤水過盛，爲澤水大過之象，特立獨行之君子，有大過於人之才，爲衆人之所不敢爲，爲恆人之所不能爲，出則獨立不懼，退則遯世（與世隔絕）无悶，知進知退之人也。

（廿九）習坎

象曰：水洊至習坎，君子以常德行，習教事。

習坎䷜坎下坎上，習，重複，習坎、重險之象，水流不息，其行有常，君子德行亦有常。熟習教令，以督齊民也。《荀子天論》「天有常道矣，地有常數矣，君子有常體矣，君子道（由）其常而小人計其功。」

（卅）離

象曰：明兩作離，大人以繼明照於四方。

離䷝離下離上，離，重明之象，大人如日月之照臨下土，明之又明也。

（卅一）咸

象曰：山上有澤咸，君子以虛受人。

咸䷞艮下兌上，〈說卦〉曰「山澤通氣」。山澤之氣相通，正感應之理。注「以虛受人，物乃感應。」《荀子解蔽篇》曰「人何以知道？曰心，心何以知？曰：虛壹而靜……虛壹而靜，謂之大清明。」蓋虛乃能應物而無窮，故《莊子人間世》曰「仲尼曰……唯道集虛，虛者，心齊也……瞻彼闋（空）者，虛室生白，吉祥止止。」荀、莊言虛受之理至明。

(三二)恆

象曰：雷風恆，君子以立不易方。

恆䷟巽下震上。震雷長男，巽風長女，二者相與，可久之道，故有恆久之象，夫道有常有變，恆久，常也。方者，方向、方所，君子之行有恆，故不易方。東方朔《答客難》曰「天有常度，地有常形，君子有常行」是也。

(三三)遯

象曰：天下有山遯，君子以遠小人不惡而嚴。

遯䷠艮下乾上，天下有山，陰長之象（王注）。陰長則陽當遯（逃避）小人道長，君子道消（否彖傳）君子遠去，不與抗衡。《孟子公孫丑下篇》「孟子爲卿於齊，出弔於滕，王使盍大夫王驩爲輔行（副使），王驩朝暮見，反齊滕之路，未嘗與之言行事也，公孫丑曰，齊卿之位，不爲小矣。……予何言哉」朱註「孟子之待小人不惡而嚴如此」。

(三四)大壯

象曰：雷在天上大壯，君子以非禮弗履。

大壯䷡乾下震上，雷發天上，震驚萬里，其聲勢大壯之象，又威動剛健，君子非禮弗履（行進），嚴以律己乃爲大壯之資。

（三五）**晉**

象曰：明出地上晉，君子以自昭明德。

晉☲☷坤下離上，旭日東昇，晉進之象，君子自昭明德，德輝日新也。《大學》「大學之道，在明明德」，朱注：「明德者，人之所得於天而虛靈不昧以具衆理而應萬事者也」是明德，謂人之本心，良知也。

（三六）**明夷**

象曰：明入地中明夷，君子以蒞衆，用晦而明。

明夷☷☲離下坤上，明夷、日光泯滅之象，日已西下，明有所傷而歸於陰曀也，夷有誅滅之義，經傳屢見，君子臨民宜掩其明察（而訓爾）不露光芒，所謂韜光養晦，發潛德之幽光也。《東方朔答客難》曰「水至清則無魚，人至察則無徒，冕而前旒，所以蔽明，黈纊充耳，所以塞聰。」戒人勿過露聰明也。

（三七）**家人**

象曰：風自火出家人，君子以言有物而行有恆。

家人☴☲離下巽上，風自火出，由內而出（以喻家內）風火相助益（風助火勢，火藉風力）如家內夫婦和而家道興，君子，蓋謂家長率教者，所言必有物（內容）所行必有恆，有物，謂事實，有恆，常度、法則也（程傳）。

（三八）**睽**

象曰：上火下澤睽，君子以同而異。

睽䷥兌下離上，火上澤下，火水背道而馳，兩相乖迕，有睽違之象，乖違，異也，君子於異之中取其同，同中有異，異中有同，《莊子天下篇》「大同而與小同異，此之謂小同異，萬物畢同畢異，此之謂大同異」，而，猶其也，《史記趙世家》「且令而國男女無別」，《莊子漁父》「謹脩而身」「而」皆訓其。同而異，即同其異。於衆異之中求其同，合其同以利衆人也。

(三九) 蹇

象曰：山上有水蹇，君子以反身修德。

蹇䷦艮下坎上，蹇，難也，山上有水，窒礙難行之象，見險而能止，知矣哉（彖傳）；反身修德，除難之方也。

(四十) 解

象曰：雷雨作解，君子以赦過宥罪。

解䷧坎下震上，雷雨既作，雨過天青，天地有紓緩之象，君子體天地舒緩和易之象，故赦過宥罪寬假之也，知非雷雨方作（緊張之象）乃雷雨既作之後也。

(四一) 損

象曰：山下有澤損，君子以懲忿窒欲

損䷨兌下艮上，澤自損以益山，（水氣烝發上潤草木）有自損以益人之象，君子見損象，知克制自己，「懲忿窒欲」者是也，恆人易忿，多欲，〈彖傳〉曰「損己益人」者是。

(四二)益

象曰：風雷益，君子以見善則遷，有過則改。

益䷩震下巽上，「風烈則雷迅，雷激則風怒（程傳）」，聲勢相激厲（助益）故爲損上益下之象，君子遷善改過，取善輔仁，於己有益。益卦雷動於前，風散於後，萬物皆得其益。

(四三)夬

象曰：澤上於天夬，君子以施祿及下，居德則忌。

夬䷪乾下兌上，夬，決也。澤決於上，有明決、決斷之象。君子施祿須明決，不可優柔寡斷，已施之，不可居德（自以爲德）居德，則人不以爲德，反以生怨也。《史記卷九十二淮陰侯傳》：「（論項羽）」至使人有功，當封爵者，印刓敝，忍不能與」是也。

(四四)姤

象曰：天下有風，姤，后以施命誥四方。

姤䷫巽下乾上，姤，遇也（彖傳）風行天下，無物不遇，有姤遇之象，施令誥四方，政令如風之行，無所不及也。

(四五)萃

象曰：澤上於地萃，君子以除戎器，戒不虞。

萃䷬坤下兌上，澤在地上爲水庫，水所鍾聚，衆水薈萃，爲萃聚之象，衆聚，則易滋事，故修治（除修治義）戎器以備不虞（不可測度）《說文十四下》「除殿陛也」段注「去舊更新皆曰除，又開也，治也。《周官典祀》「若以時祭祀，則率其屬而修除」。

(四六)升

象曰：地中生木升，君子以順德積小以高大。

升䷭巽下坤上，木生地中，出土抽芽，日以高大，有上升之象，君子進德亦由積累，所謂積厚流光也。

(四七)困

象曰：澤无水困，君子以致命遂志。

困䷮坎下兌上，澤无水，一無作用，爲人處困之象，君子當此時則委致其命修身以遂成其志，君子困窮之道也。

(四八)井

象曰：木上有水，井，君子以勞民勸相。

井䷯巽下坎上，以木器汲水而上，取水、用水之象，水以養人，故教民守望相助（相，助也，勞，慰藉也）如水之有益於人（民非水火不生活，孟子）也。

(四九)革

象曰：澤中有火，革，君子以治歷明時。

革☲☱離下兌上，火在澤中，水火相迕而不相容，故有變革之象，歷數因時而異，故君子修訂歷法以紀時運也。

㈤鼎

象曰：木上有火，鼎，君子以正位凝命。

鼎☲☴巽下離上，以木引火，烹飪之象，鼎之用也，鼎象三公，正位者，正其衣冠，尊其瞻視，（《論語堯曰篇》）凝（嚴重義）命者，嚴其教命，言行不苟也。

㈤震

象曰：洊雷震君子以恐懼修省。

震☳☳震下震上。洊，重仍也，雷頻仍則聲遠震，故有震驚，震懾之象，君子以恐懼修省，因恐懼而內自省也，蓋迅雷風烈必變（《論語鄉黨篇》）聞雷失箸之類是也。

㈤艮

象曰：兼山艮，君子以思不出其位。

艮☶☶艮下艮上，上下皆山之象，山，止其所而不動，位亦所，不出其位，止於其所當止也（於止，知其所止。《禮記大學》孔子語）按《論語．憲問篇》「曾子曰君子思不出其位」與象辭同，多一「以」字，疑象辭用《論語》。

(五三)漸

象曰：山上有木漸，君子以居賢德善俗。

漸䷴艮下巽上，木因山而高，有漸進之象（彖傳漸之進也）君子有賢德在位，君子之德風，小人之德草，草上之風必偃（《孟子滕文公上引孔子語》）故能善俗。

(五四)歸妹

象曰：澤上有雷歸妹君子以永終知敝。

歸妹䷵兌下震上，彼動而此說，少女從長男，女嫁之象，《程傳》「陽動於上，陰說而從，女從男之象。」夫婦人倫之始，衍生父子兄弟君臣上下，歷史相承，所以爲永終也，知敝者，世代相續而不已，敝，敗壞之名，改朝換代，永續其終，所以起敝，皆起於夫婦（造端乎夫婦）故歸妹爲天地之大義。

(五五)豐

象曰：雷電皆至豐，君子以折獄致刑。

豐䷶離下震上，雷電並作，有豐盛之象，雷厲風行，威明俱足，折獄致刑，威明並用之時也。

(五六)旅

象曰：山上有火旅，君子以明愼用刑而不留獄。

旅䷷艮下離上，山上有火，野火燎山，其勢難久，故有旅象（旅，客行義）（雜卦傳，親寡：旅也）決獄宜速，但須明愼，獄中度日若年，故不久留其時。

(五七)巽

象曰：隨風巽，君子以申命行事。

巽䷸巽下巽上，巽爲風兩巽相重，風相隨而至之象，風喻教令，申命，三令五申，申，重也。

(五八)兌

象曰：麗澤兌，君子以朋友講習。

兌䷹兌下兌上，兩澤附麗，有挹注相資之象，君子之於朋友，取善輔仁而已《論語顏淵篇》曾子曰「君子以文會友，以友輔仁」講習，討論學問，切磋攻錯是也。

(五九)渙

象曰：風行水上渙，先王以享于帝，立廟。

渙䷺坎下巽上，風行水上，有渙散之象（水文）天地祖宗，其德普及四方後裔（本支百世），後人報本反始，天地人之始，父母人之本（史記屈原列傳），本支百世，繁衍昌盛，應逐次擴散之象。

(六十)節

象曰：澤上有水，節君子以制數度，議德行。

節䷻兌下坎上，水在澤中，澤以節水，有節制之象，節竹約也（說文），數度，名數制度，所以節制於人，爲政者德行亦有軌度，《論語子張篇》子夏曰「大德不踰閑，小德出入可也」朱註「閑，闌也，所以止物之出入」

(六一)中孚

象曰：澤上有風，中孚，君子以議獄緩死。

中孚☱☴兌下巽上，風行澤上，如孚信之及於人，有感召之象，寬緩死刑，大赦之類是，唐大宗縱囚，囚如期歸赴就刑，是其例，歐陽修《縱囚論》曰「方唐太宗之六年錄大辟囚三百餘人，縱使還家，約其自歸以就死……其囚及期而卒自歸無後者。」中孚，內懷誠信也，至誠感人有如此。

(六二)小過

象曰：山上有雷小過，居子行過乎恭，喪過乎哀，用過乎儉。

小過☶☳艮下震上，雷出於地常見，今雷出於山，其聲勢稍過於常，故爲小過之象，過恭、過哀，過儉，小過可也，過恭者《史記孔子世家》「及正考父佐戴武宣公，三命茲益恭，……一命而僂，再命而傴，三命而俯，……其恭如是。」過哀者，「曾子銜哀，七日不饑」，過儉者，晏子一狐裘三十年皆其例。

(六三)既濟

象曰：水在火上既濟，君子以思患而豫防之。

既濟☲☵離下坎上，火下水上，水火之性相投合，有既濟相成之象，道家丹鼎派極重此卦象，名之曰「既濟定」。思患豫防者，既濟不忘未濟，安不忘危，存不忘亡，治不忘亂，是以身安而國家可保（

〈下繫第五章〉孔子釋否九五爻義。）

㈣未濟

未濟䷿坎下離上，火在水上，兩性相違，成未濟（不相投合水火不調和）之象，事業一無所成也。辨物者，分辨事務，人物，如何舉措得宜，居方者，定其行止，用舍行藏，咸得其宜於未濟之時，求既濟之功也。

三、結語

綜六十四卦大象，言「君子以」者，乾、坤、屯、蒙、需、訟、師、小畜、履、否、同人、大有、謙、隨、蠱、臨、賁、大畜、頤、大過、坎、咸、恆、遯、大壯、晉、明夷、家人、睽、蹇、解、損、益、夬、萃、升、困、井、革、鼎、震、艮、漸、歸妹、豐、旅、巽、兌、節、中孚、小過、既濟、未濟，凡五十三卦；言先王者：比、觀、豫、噬嗑、復、无妄、渙，凡七卦；言后以者：泰、姤，凡兩卦；言上以者，剝一卦，言大人者，離一卦。凡言「以者」，因以、用以之義，伊川嘗謂「六十四卦，人人有用」（二程遺書），〈明夷彖傳〉曰「內文明而外柔順，以蒙大難，文王以之，內難而能正子志，箕子以之」言文王，箕子皆嘗取明夷卦之義，韜光養晦，而得紓其艱困，用《易》之例，至爲明白，而儒家因剛健不已之象而自強不息，取乾卦陽剛之美而篤守之；道家蓋本陰柔順承，厚德載物之象而以濡弱謙下爲表，取水之至柔（四十三章）二家爲中華文化之骨幹（儒家爲主導），此中華文化孕育我民族之精神，至深且鉅，讀象傳者當三復斯言，而天人性命，爲中國學術之大本，《易》皆備言之。《易》假天道以明人事，學《易》者當即人事以反諸天德，則天人合德不難矣，象傳之可貴者，在與群經大義貫穿，如晉大象之言「明德」與《禮記大學》正同，艮大象言君子以思不出其位（明艮止，止其所）與《論語憲問篇》曾子之語一揆，是也，而內省修德，則大象屢言之矣，如頤卦之慎言語，節飲食；損卦之懲忿窒欲，益卦之改過遷善，震卦之恐懼修省，兌卦之以朋友講習，皆修省之尤大章明較著者也，而泰卦財成天地之道，輔相天地之宜，則大人聖君之所以合於天德，治平之業，莫大乎是然則內聖外王之業在茲，而曠觀兩卦之際，如夬剝之言陰陽消息，泰否論通塞之由，損益之損己利人，鼎革之去故生新，既未濟之終而復始，皆握一卦之樞機。吉凶悔吝由之以決斷，尤不可忽，則大象於全卦所繫之大，可概見已。

文言傳釋義

本傳專釋乾坤二卦之經文，二卦爲《周易》之門戶，六十二卦之父母，特重二卦之經義故；釋六爻引君子曰，其後用君子，大人之名，純儒學習用之語，坤文言不著「子曰」，仍連用君子一詞，茲分節釋之於下：

乾文言曰：

元者，善之長也，亨者嘉之會也，利者義之和也，貞者事之幹也。君子體仁足以長人，嘉會足以合禮，利物足以和義，貞固足以幹事，君子行此四德者，故曰乾元亨利貞。

此第一節。分釋經文「元亨利貞」以此爲天德，君子體（認識奉行）之，以仁法天之元，以禮法天之亨，以義法天之利，以堅固法天之貞，是元爲仁，亨爲禮，利爲義，貞爲信，不言智，四事皆資於智（正義）又以四時配之，則元爲春，亨爲夏，利爲秋，貞爲冬，天以四時生養萬物也。「元者善之長也」者？以元目乾元，彖傳曰「大哉乾元，萬物資始。」乾元即天地之元氣，萬物賴元氣而生長故曰「善之長」。「亨者嘉之會也」者？亨爲嘉美之會聚，草木暢茂，禽獸繁殖之類是也。「利者義之和也」者？令庶物各得其宜，和同而化，萬有咸蒙其利也。「貞者事之幹也」者？貞，正而固也，物皆成就，事得幹濟也。君子以仁、禮、義、信體元亨、利貞之天德，所謂達天德也。至宋《伊川易傳》曰「元者，萬物之始，亨者萬物之長，利者，萬物之遂，貞者萬物之成。」不言四時而其義已具。《朱子本義》曰：「元者生物之始，天地之德，莫先於此，故於時爲春，於人則爲仁，而衆善之長也；亨者生物之通，物至於此，莫不嘉美，故於時爲夏，於人則爲禮，而衆美之會也，利者，生物之遂，物各得宜，不相妨害，故於時爲秋，於人則爲義而得其分之和；貞者生物之成，實理具備，隨在各足，故於時爲冬，於人則爲智，而爲衆事之幹。」朱子承先儒以四時仁禮義智合釋四德，兼天時人理而言之也。

初九曰潛龍勿用，何謂也？子曰，龍德而隱者也，不易乎世，不成乎名，遯世无悶，不見是而无悶，樂則行之，憂則違之確乎其不可拔，潛龍也。九二曰見龍在田利見大人，何謂也？子曰龍德而正中者也，庸言之信，庸行之謹，閑邪存其誠，善世而不伐，德博而化，易曰見龍在田，利見大人君德也。九三曰君子終日乾乾，夕惕若厲无咎，何謂也？子曰，君子進德修業，忠信所以進德也，修辭立其誠，所以居業也，知至至之可與幾也，知終終之，可與成義也，是故居上位而不驕，在下位而不憂故乾乾因其時而惕，雖危无咎矣。九四曰或躍在淵，无咎，何謂也？子曰，上下无常，非爲邪也；進退无恆，非離群也，君子進德脩業，欲及時也，故无咎。九五曰飛龍在天利見大人，何謂也？子曰同聲相應，同氣相求，水流溼，火就燥，雲從龍，風從虎，聖人作而萬物覩，本乎天者親上，本乎地者親下，則各從其類也。上九曰，亢龍有悔何謂也？子曰貴而无位，高而无民，賢人在下位而无輔，是以動而有悔也。

此第二節分釋六爻爻辭，每爻以「何謂也」發問，即引子曰釋之，初爻出「龍德」二字，龍爲飛騰變化之物（說文）自昔以麟鳳龜龍謂之四靈，故以象乾陽之化生萬物，以時位言，初位最下，陽氣潛藏，如人之逃世，樂行憂違，堅確不拔，龍德而隱，是爲潛龍也；九二以位則中正，德行漸現，言行有常，修己則閑邪存誠，善世不伐其功，德博而能化人，雖未在位如九五，但有人君之德也；九三乾乾不息夕惕若厲，戒愼恐懼、君子於此時修忠信以進德，修辭立誠以居業，位在二體之際，知至將進則至之，三爲下卦之終，終己之分以存義，居下體之上而不驕，仍在下卦之位而不憂，乾乾不息，因時愓警，故雖危而无咎也；九四或躍在淵，无咎，四亦在二體之際，可上可下，或進或退，故曰无常，无恆，此時可以躍而自試，其進德修業與九三同，躍而進則多於九三，欲及時以有爲也；九五飛龍在天，九五在天位，如龍之飛騰，其言行均能感應（號召）眾物，聲氣之應求，如雲之從龍，風之從虎，有聖人之德而在高位，爲萬民所瞻仰，風雲際會，物各從其類，感應之速如此；上九亢龍有悔，亢者過高而不能下，上九雖貴而無其位，雖高而無民眾，九二雖賢在下位，不爲之輔，以亢之故，動輒有悔也。六爻皆即時位言之也。

潛龍勿用，下也，見龍在田時舍也，終日乾乾，行事也，或躍在淵自試也，飛龍在天，上治也，亢龍有悔，窮之災也，乾元用九，天下治也。

此爲第四節，夫子釋象辭，「潛龍勿用」，陽氣在下尚微以在初爻也。九二已離潛在田，可以施德，視時之通舍也。終日乾乾，法天之不息也，或躍在淵，乾道之入上體，可以自試其才能也，飛龍在天居天德之位，治平不難也。亢龍有悔，時已窮極，必有悔恨也，九爲陽數之究，自初以至上，時位以見，自然之法則如此。

乾元者始而亨者也，利貞者，性情也，乾始能以美利利天下，不言所利大矣哉！大哉乾乎剛健中正純粹精也，六爻發揮旁通情也，時乘六龍以御天也，雲行雨施，天下平也。

此第五節，復明四德之義，首出乾元，與象傳同，見乾與元，有相交、相成之義，以乾元，可致亨通利貞，則乾元之性情，統言之也，以美利通利天下萬有，惟乾元一氣而已，以剛健中正純粹精七字美乾之德，以六爻發揮旁通萬物之情，所謂以類聚萬物之情狀者六爻之所呈效也，「時乘六龍（六爻）以御天」，引申乾象之文，六爻以效天道之變化，然後雲行雨施而天下咸蒙其利矣。

君子以成德爲行，日可見之行也，潛之爲言也，隱而未見，行而未成，是以君子弗用也。君子學以聚之，問以辨之，寬以居之，仁以行之，易曰見龍在田利見大人，君德也。九三重剛而不中，上不在天，下不在田，故乾乾因其時而惕，雖危无咎矣，九四重剛而不中，上不在天，下不在田，中不在人，故或之或之者，疑之也，故无咎。夫大人者與天地合其德，與日月合其明與四時合其序，與鬼神合其吉凶，先天而天弗違，後天而奉天時，天且弗違，而況於人乎！況於鬼神乎；亢之爲言也，知進而不知退，知存而不知亡，知得而不知喪，其唯聖人乎！知進退存亡而不失其正者，其唯聖人乎！

此第六節，復廣明六爻之義，自初九起明潛龍之義，未見未成，君子故不用。至九二，則學以畜德，問以辨疑，以寬裕居位，以仁恩接物，乃有君子之德。九三重剛（陽居陽位）不中、不在天位，不在田見，唯有乾乾不息，隨時警惕、戒愼如此，雖危无咎矣。九四亦重剛不中，不在天，田與九三同，三、四爲人位，而云「中不在人」者？九四下遠於地（九三近地）故云「中不在人」（以三近地，四遠地言之）故以四爲猶豫不定之時，不果進退也。至九五之大人，則與天地合德，覆載萬物，與日月合明，照臨無私，與四合序，刑賞隨時，與鬼神合吉凶，福善禍淫，明大人之德，盛之至也。至上九，則以不知進退存亡得喪，有進則有退，存亡，得喪，互爲消長，以明亢之不可以自處也。

坤文言曰：

坤至柔而動也剛，至靜而德方，後得主而有常，含萬物而化光，坤道其順乎？承天而時行

此第一節，明坤之德性。「坤至柔而動也剛，至靜而德方」，明陰亦有動靜剛柔之性，此所謂陽之中有陰，陰之中有陽，凡物無孤陰，孤陽之理也。後得主而有常，不在陽之先也。「坤道其順乎，承天而時行」二句，已確定坤以柔順爲主，「承天而時行」言承天道而施行，陽唱而陰和之也，此六句至緊要，「含萬物而化光」言坤有含容之德，其化廣大，光當爲廣（廣從光

聲）。

積善之家必有餘慶；積不善之家必有餘殃，臣弑其君，子弑其父，非一朝一夕之故，其所由來者漸矣，由辯之不早辯也，易曰履霜堅冰至蓋言順也，直其正也，方其義也，君子敬以直內，義以方外，敬義立而德不孤，直方大不習无不利，則不疑其所行也；陰雖有美，含之以從王事，弗敢成也，地道也，妻道也，臣道也，地道無成而代有終也；天地變化草木蕃，天地閉賢人隱，易曰括囊无咎无譽，蓋言謹也；君子黃中通理正位居體，美在其中而暢於四支，發於事業，美之至也；陰疑於陽必戰，爲其嫌於无陽也，故稱龍焉，猶未離其類也，故稱血焉，夫玄黃者，天地之雜也，天玄而地黃。

此第二節，分釋坤六爻之義。於初爻、明積漸之爲害至大，當早辯（辨同）之，先爲之防也，曰餘慶，餘殃者言殃慶不僅及身，且延及其子孫，以深懲淫暴也，弑父與君，非一朝一夕之釀成，積漸使之然，「蓋言順也」順勢而追尋之，其陰謀必有所自起，春秋察事變之意在此，防漸，止其禍源也。六二爻，「直方大，不習无不利」，傳以正訓直，以義訓方（方者有廉隅）以敬直其內，以義方其外，內敬而外義，敬義夾持，必有應之者，所謂德不孤，必有鄰（論語里仁篇）「敬以直內義以方外」二句，伊川立爲程門之要訓，至有卓見，有直方大三德，則无往不利，何可疑也？六三爻，「含章可貞或從王事无成有終」謂陰雖有美，含之，不得外露待陽而成，以美歸之，爲地之道「无成有終」者，陽先唱而後和之，終成陽之功也；六四爻「括囊无咎无譽」括囊者括結其囊，穎不外見，天地變化四句，言二氣交通而草木蕃滋，天地否閉，則賢人隱遯天下有道則見，無道則隱（論語泰伯）用舍行藏之大節（述而）進退唯時，於此當謹愼爲之，如囊之括結，不欲人知也；六五爻「黃裳元吉」傳曰「君子黃中通理」，黃中，黃色居中，得正其位，「美在其中而暢於四支，發於事業」者，所謂有諸內必形諸外（孟子）和順積中則英華發外（禮記樂記）亦即充實之謂美（孟子）是則美之至也（內在美之謂），上六爻「龍戰于野，其血玄黃」上六，陰盛之極，陽則起而爲敵（龍戰）記所謂「陰陽爭」也，記曰「仲夏之月，陰陽爭，死生分。」「仲冬之月，陰陽爭」。禮記月令，康成注，爭者「陽方盛，陰欲起也」於仲冬月，康成注，「爭者陰方盛，陽欲起也」以此釋「龍戰」至爲洽合。「陰疑於陽必戰」，此「疑」字當讀爲儗（正義誤）陰盛敢與陽儗，陰陽交戰必傷，故稱血，言陰陽俱傷也。

周易繫辭傳大綱

繫辭傳爲《周易》全書之綱領，十翼之總論也，於道之體用，作易，用易，易之精蘊，言之至悉如〈上繫第十章〉子曰「夫易何爲者也？夫易冒天下之道，如斯而已者也，是故聖人以通天下之志，以定天下之業，以斷天下之疑」。

言易涵蓋天下之道，以通志、定業、斷疑廣其功用。

〈上繫第三章〉「易與天地準，故能彌綸天地之道，仰以觀於天文，俯以察於地理，是故知幽明之故，原始反終，故知死生之說。」上四章「精氣爲物，遊魂爲變，是故知鬼神之情狀。」

此兩章謂易準天地而作，故能綜貫天地之道，知幽明之故，死生之說，鬼神之情狀，則天地之奧祕畢在，此聖人之所以極深而研幾也。

〈上繫第五章〉「夫易廣矣大矣，以言乎遠則不禦，以言乎邇，則靜而正，以言乎天地之間則備矣」

此言易超越時，空，無遠近之域界也。

〈下繫第八章〉「易之爲書也，廣大悉備，有天道焉，有人道焉，有地道焉，兼三材（才同）而兩之，故六，六者非它也，三材之道也。」

此言易備天地人三才之道，人列三才之中與天地參，人之地位至高，此人文思想之基石也。

茲就㈠易道。㈡象數。㈢義理三端，分論於下：

一、易道

㈠太極

「是故易有太極，是生兩儀，兩儀生四象，四象生八卦，八卦定吉凶，吉凶生大業」（上、十一章）

按宇宙之形成，發展，有其自然之原理，先民於自然流行中，體認生生不息之原理，作爲人與自然和諧相處之指導原則，太極是也，此原理、原則，即爲易道。易，善言天道者也，漢代易家多以太極爲元氣，太極者，元氣渾然未分之狀態也。漢儒鄭康成釋之爲「淳和未分之氣」（易注）至有卓見！《說文一上》曰「惟初太極，道立於一，造分天地，化成萬物。」叔重以太極爲一，老子亦謂之「一」曰「昔之得一者，天得一以清，地得一以寧，。……萬物得一以生，侯王得一以爲天下貞」（三十九章）又曰「道生一，一生二，二生三，三生萬物，萬物負陰而抱陽，沖氣以爲和」，（四十一章）老子已明言太極與陰陽爲一體，太極與一相即不離，太極即一，陰陽之和會也，靜則爲一，動則爲二，太極不過天地陰陽之和會而已，即陰陽和會於動而不窮之道體中，爲能質之元，性相之本，萬有之種子，皆即太極，陰陽合而未離言之也。

㈡陰陽

「一陰一陽之謂道，繼之者善也，成之者，性也，仁者見之謂之仁，知者見之謂之知，百姓日用而不知，故君子之道鮮矣。」（上，四）

陰陽者，宇宙間正，反兩種不同而又相需相求之二大動能也，此二能力，正反變化，故名曰「易」，易爲總名，陰陽則分言也；所謂正反，以作用言之也，一陰一陽，闔闢往復，不息不已，陽反則爲陰，陰反則爲陽，陽極生陰，陰極生陽，此與西方科學質能互變之說，不謀而合，近代科學發現核子，核子屬正電荷，能結合至密，物質中以核子爲最強，易以陽爲強，以陰爲柔，凡發揚剛強之物皆屬陽性；凡凝聚柔和之物，皆屬陰性，陽性之流行爲主動，正動；陰性之流行爲被動、反動，易之陰陽，即大化之能力，陽能謂之乾元，陰力謂之坤元，乾元，坤元須相合而不能獨立，故宇內無純陽之物，或純陰之物，凡有象可見，有形可睹，則陰陽和合之體也，今知粒子行爲原子活動構成宇宙一切之間相互之關係，易則由陰陽之和會，旁通構成宇宙創化之基本型態也。

二、象數

㈠象

象，主指卦爻之象，八卦，六十四卦所象徵之物象也，〈上繫第六章〉「聖人有以見天下之賾而擬諸其形容，象其物宜是故謂之象。」（上，十二章同）象以形容萬有之情狀，象即在卦爻之中，故曰「八卦以象告」（下，九）象爲形象，意象、象徵也，合三者而成卦象，六十四卦，其所象徵者，包羅萬有，所謂「類萬物之情」者也。

㈡數

數，主指陰陽奇耦之數。大傳論數有二，㈠天地之數。㈡大衍之數。

㈠天地之數

天一地二，天三地四，天五地六，天七地八，天九地十（上、十）

此數句原在第十章之首，張、程、朱子，移至「大衍之數」之上

「天數五，地數五，五位相得而各有合，天數二十有五，地數三十，凡天地之數，五十有五，此所以成變化而行鬼神也」（上、八）

上節本在「大行之數」之後，《周易折中》移於此，從筮法言是也，天數五，即一、三、五、七、九；地數五，即二、四、六、八、十，五位相得，即五奇五耦各累計相加，各有合，即相加所得之和。一、三、五、七、九，相加之和，爲二十五，即天數二十有五。二、四、六、八、十相加爲三十。即地數三十，天數二十五，與地數三十相加，得五十五，即「天地之數五十有五」末句「此所以成變化而行鬼神也」，言數之變化，以成天地化育之功。西哲畢達哥拉學派以數論推闡萬有，謂「數」爲宇宙萬物成立之大本，即宇宙全部皆由各種數目關係構合而成，易言之，萬

彙雜陳，無一不爲數目之表象（詳見吳康著希臘畢達哥拉學派之數理哲學一文）其言數與易理密契，尤足珍貴。

㈡大衍之數

「大衍之數五十（此有脫文，當云「五十有五」清徐灝《通志堂經解卷八》有說）其用四十有九，分而爲二以象兩，掛一以象三，揲之以四，以象四時，歸奇於扐以象閏，五歲再閏，故再扐而後掛」（上、八）。

姚信、董遇曰，天地之數五十有五，其六以象六畫之數，故減之而用「四十九」，餘四十九，以蓍草代之，名曰策，筮時合四十九策以象天地未分時渾然一體之「太極」於左策內取一策置於左手四五指之間，曰「掛一以象三」，三、三才也，繼之，左右兩簇以四數之，以象「四時」，四十九策掛一之後，餘四十八策以四四一組數之，左餘一，右必餘三，左餘二，右必餘二，左餘三，右必餘一，左餘四，右必餘四，所餘之策曰「奇」，它或四或八，均置於左手三、四指之間，名「歸奇於扐以象閏」（古曆法，五年中有二閏月）此一變化中，含分二，掛一，揲四，歸奇於扐，故曰「四營而成易」，如此三變得一爻，十八變而成一卦，以上行蓍具體之方法、步驟。

「乾之策二百一十有六，坤之策百四十有四，凡三百有六十，當期之日，二篇之策，萬有一千五百二十當萬物之數也。」

三變之中第一變四十九策經分二，掛一，揲四，歸奇，餘策非四十四，即四十，第二變在四十四或四十中，又經分一，揲四（一變之後，不再掛一）歸扐，非四即八，餘策爲三數或四十或三十六，或三十二，第三變在四十或三十六，或三十二之上，又經分二，揲四，歸扐，非四即八，餘策有四數或三十六，或三十二、或二十八、或二十四，以上爲三變數字之變化，三變之後得四數，或三十六，或三十二，或二十八，或二十四，均用四除，分別得出九、八、七、六、七、九奇數，亦名陽數，爲少陽、老陽，凡得七、九皆定爲陽爻，命爻用九，不用七，畫「一」之符號；八、六爲偶數，亦名陰數，爲少陰與老陰，凡得八、六皆定爲陰爻，命爻用六，不用八，畫「--」之符號，如此每三變而畫一爻，由下至上，積十八變而畫六爻以成一卦，統計策數，乾六爻，每爻皆爲老陽九，策數是三十六，以六爻乘三十六，得二百一十六，即乾卦之策數。坤卦六爻，每爻皆爲老陰六，策數爲二十四，以六乘之，得一百四十四，即坤卦之策數。二百一十六，加一百四十四，共三百六十策，正與一年三百六十日相等，故曰「當期之日」《周易》上下二篇共六十四卦，三百八十四爻，陰陽各半，陽爻一百九十二，以得老陽之策數三十六乘之，共得六千九百一十二策；陰爻一百九十二，以得老陰之策數二十四乘之共得四千六百零八策，兩數再相加，共得一萬一千五百二十策，等於萬物之數，象天地生萬物，故曰「當萬物之數也」。

「是故四營而成易，十有八變而成卦，八卦而小成，引而申之觸類而長之，天下之能事畢矣，顯道神

德行，是故可與酬酢，可與祐神矣。」（上、八）

顯道，一陰一陽之謂道，筮以顯之，盈者使之虛，凶者使之吉，故神也，焦循。與王引之，猶以也，酬酢，與古人相問答也。

㈢卦爻

卦以觀象，故曰「聖人設卦觀象」（上、二）爻以效動，故曰「聖人有以見天下之動而觀其會通，以行其典禮，是故謂之爻」（上十二）爻者，每一現象中發展之段落，此爲自然與社會現象之情狀。卦爻之動，吉凶悔吝，由之而生，吾人當知吉凶悔吝有其循環性，往復不已，由吉而凶，由凶而悔，由悔而吝，知吝而吉生，由此可知，吉，由悔吝而形成；凶，由吉以招致，易言之，以悔吝而居吉，則可以長保其吉（說文，悔恨也，自恨其過，反省而自訟也；吝，吝嗇，檢束其言行，不稍放逸也）如以吉而居吉，勢必漸化爲凶，以凶之來源是吉，花之盛開凋零旋至，可不愼乎！要之吉，源於悔吝，凶之終了，亦生於悔吝，人堅執悔而後吝之工夫，即爲趨吉避凶之要訣，此吉凶悔吝之法則，由卦爻而彰顯無遺也。

易又論中爻（下二、三、四、五）

「易之爲書也，原始要終以爲質也，六爻相雜，唯其時物也，其初難知，其上易知，本末也，初辭擬之，卒成之終，若夫雜物撰德，則非其中爻不備。……（下，七）

「二與四同功而異位，其善不同，二多譽，四多懼，近也，柔之爲道，不利遠者，其要无咎，其用柔

中也；三與五同功而異位，三多凶，五多功，貴賤之等也，其柔危，其剛勝邪！（下，八）

右七章，謂察事物之始而知其終，一卦之體（質）如是，上爻之終，可知初爻之所比擬，若雜陳事物而辨其德性，必由二、三、四五之中爻，觀其位之中正，應當比否以定其是非，抑亦存亡吉凶之所在，故即其功位而別之，二、四均陰位，其功用同，但卦位則不同，其美善亦各異，惠棟謂陰利承陽，遠則不利，二遠於五，所以多譽而「无咎」者，以其「用柔居中」而遠五也；三與五同功而異位，三、五，俱陽位，其功同，而位則異，二居下卦，位賤，故多凶，五在天位故多功，貴賤大異也，其柔危者，陽主陰從，三、五均主事之位，以柔居之，則柔而危，以剛居之則勝任故曰「其剛勝邪」。

三、義　理

其大端有十，㈠天地之生德。㈡乾坤爲易之門。㈢變化。㈣崇德廣業。㈤感通。㈥列三才之位。㈦易爲憂患之書。㈧知來。㈨知幾。㈩取象制器，分次於下：

㈠天地之生德

「天地之大德曰生」（下、一）「生生之謂易」（上、五），「夫乾其靜也專，其動也直，是以大生焉，夫坤，其靜也翕，其動也闢，是以廣生焉」（上、五）

按天之德爲健，運行，變化之能，地之德曰順，順承凝聚之力，合健與順而爲生，故曰「天地之大德曰生」。宇宙萬有之化生賴有運行，凝聚二力之交相爲用，往復絪縕而生生不已，易之本體，不可名狀，唯於萬有生滅轉化中可以體察，故謂「生生」。上一「生」字，指本體之生，次一「生」字，指持續因緣之生生不息，循環衍移，宇宙生命之洪流，洋溢於自然界，自然即一大生機也，其蓬勃之生氣，隨處可見，鳶飛魚躍，花香鳥語，魚相忘於江湖，人相忘乎道術，故百姓日用而不知也。

(二)乾坤為易之門

子曰「乾坤其易之門邪？乾，陽物也，坤陰物也，陰陽合德而剛柔有體，以體天地之撰（韓注，撰數也）以通神明之德。……」（下、五）「乾坤其易之縕邪？乾坤成列而易立乎其中矣，乾坤毀則无以見易，易不可見，則乾坤或幾乎息矣。」（上、十二）

按下，五章，蓋指天地生萬物之生元，乾元，積陽能而成，萬物之資始也；坤元積陰能而成，萬物所以資生也，萬物資始，即爲生機，萬物資生，則是生態，生機無形，顯爲生態則有形，萬物生命之來源，故曰「易之門」。而上、十二章，此數句之乾坤，蓋指一奇二耦陰陽之爻畫，法象莫大乎天地，乾坤象天地之德，故以奇耦之畫表其德，八卦，六十四卦，無不由奇耦之畫所衍生，此乾坤易簡之理也，「乾以易知，坤以簡能，易簡而天下之理得」（上、一）以一啓萬，元元本本，無不洽從，是乾坤固指奇耦之畫也。

(三)變化

「法象莫大乎天地」，天地已具變化之法則，故曰「在天成象，在地成形，變化見矣。」（上、一）又「易之爲書不可遠」（不可離）爲道也屢遷，變動不居，周流六虛（六位），上下无常，剛柔相易（往來上下）不可爲典要（无常）唯變所適。其出入以度，外內使知懼，又明於憂患之故，无有師保，如臨父母，初率其辭而揆其方，既有典常，苟非其人，道不虛行」（下、七）

初循象，爻之辭，揆度其方向，終知其常法，若非其人則變化之道，徒託空言而已。此章專言爻位之關係，主明爻之變動性，六爻出入於六虛，內外二體，其當位應比，均有法度，吉凶由此而定，不可不知，語其變化，則陽動而進，進至極限則反退，退則生陰，陰積至極則爲坤，坤爲至靜，靜則凝聚而成物，動之極生太陽；靜之極生太陰，然太陽之中仍有少陰，太陰之中仍有少陽，故動之目的在求靜，靜之目的在求動，此剛柔之相推移而變化則無窮已，至於鼓之以雷霆，潤之以風雨，日月運行，一寒一暑，乾道成男，坤道成女。」（上、一）則變化之實例也，易之變化在趨時以求通，乾坤，陰陽之交合，所謂「一闔一闢謂之變，往來不窮謂之通」（上、十）「化而裁之謂之變，推而行之謂之通」，（上、十二）又「化而裁之存乎變，推而行之存乎通」（同上）皆「變而通之以盡利」（上、十二）之微旨，不變則不通，變通，爲變化最終之目的，不通不足以盡萬有化生之利耳，易有聖人之道四辭，象、變，占（上、九）曰「以動者尚其變」。變原於動，動則必變，變化不可測度，傳每以「神」字形容之，曰「神无方」（上、四）曰「陰陽不測之謂神」（上、五）曰「唯神也，故不疾而速，不行而至。」（上、九）已指出陰陽握變化之樞機，孔子則要之曰「知變化之道者其知神之所爲乎」（上、九）傳又以三事證之曰「仰以觀於天文，俯以察於地理是故知幽明之故」此其一；「原始反終，故知死生之說」（皆上、三）此其二；「精氣爲物，遊魂爲變，是故知鬼神之情狀」，此其三，斯三者皆足以「通神明之德」（下、五）神明，皆指陰陽之變化，故曰「窮神知化，德之盛也。」（下、三）由上，知陰陽變化之所以爲神也，尤有進者，萬有變化，不外陰陽動靜正反之消息而已，消息盈虛乃自然演化之法則，亦人類社會演進之原理也，吾人知一切事物之構成，胥由陰陽交錯，剛柔摩盪，其交錯摩盪之主因，以其相互需求，異性相引，陰陽剛柔，無獨有偶，因陰陽之相引相交以成變化，變化之程度，決於吸引之多寡，位置之先後，然萬有之演化，有一共通之趨向，中和是也，太極之主導不息，陰陽之屈申不已，在求中也，萬有之感應分合，在求和也，六十四卦以既濟爲中和，此陰陽剛柔摩盪變化之目的，故對立、矛盾爲變化之歷程，而協調、中和爲永恆之眞理也。

(四)崇德廣業

子曰「易其至矣乎！夫易，聖人之所以崇德而廣業也，知崇禮卑，崇效天，卑法地，天地設位，而易行乎其中矣，成性存存，道義之門。」（上、五）

細玩此章，知所崇之德爲禮，天地設位，「卑高以陳，貴賤位矣」（上、一）明言禮也，此與履大象「君子以辨上下定民志」之意全同，儒家尚禮，孔子告顏淵問仁，曰「克己復禮爲仁」

《論語顏淵篇》仁，爲禮之本也，周易以充實一己之德業，於此章可見，故曰「舉而措之天下之民，謂之事業」（承上「形而上之道」句上、十二）又由道器卦辭諸語嗣曰「神而明之，存乎其人」欲人明陰陽變化之理，深信不疑，端在個人之德行修養如何？（上、十二章）尤重個人學易後之德行，故曰「默而成之，不言而信，存乎德行。」至德行之要目，則仁義是也，觀下繫第一章曰「天地之大德曰生，聖人之大寶曰位，何以守位曰仁，何以聚人曰財，理財正辭，禁民爲非曰義」。明言仁義原於天德（上、五）又曰「顯諸仁」（承上章「一陰一陽之謂道」句）生生之易，純爲天地之本質，道之歷程，亦即人生之準則，循以達致人與天地合其德，在創化歷程中，人與自然融爲一體，此人性向上發展之自然，此一內蘊生機，和諧（天地之大德），人性已具道德價值，令宇宙內諸相對差別相，統一於至善，化爲絕對價值，此繫傳之宗旨也，易於衰亂之世，最能激厲人生樂觀進取，開創新機運，轉禍而爲福，因敗以立功，扭轉大局，衝破逆境，易爲此一動力之根源也。

㈤感通

「易无思也，无爲也，寂然不動，感而遂通天下之故，非天下之至神，其孰能與於此」（上、九）咸九四爻「……憧憧（思慮貌）往來，朋從爾思。子曰，天下何思何慮天下同歸而殊途，一致而百慮，天下何思何慮？曰往則月來，月往則日來，日月相推而明生焉，寒往則暑來，暑往則寒來，寒暑相推而歲成焉，往者屈也，來者信（伸）也，屈信相感而利生焉，尺蠖之屈以求信也，龍蛇之蟄，以存身也，精

義入神，以致用也，利用安身，以崇德也，過此以往，未之或知也，窮神知化，德之盛也。」（下、三）

右兩章言感應、感通，二者一事，此宇宙之眞理，余於孔子解易十九則中，專文論之至詳，此略。

㈥列三才之位

「易之爲書也，廣大悉備，有天道焉，有人道焉，有地道焉，兼三材（才）而兩之，故六，六者非它也，三材之道也……」（下、九）

傳列三才，以天人地爲序，人戴天履地，在天地之中與天地參，提高人之位所，益見人之尊嚴性。《中庸》曰「唯天下至誠爲能盡其性，能盡其性則能盡人之性，能盡人之性，則能盡物之性，能盡物之性，則可以贊天地之化育，可以贊天地之化育，則可與天地參矣。」（二十二章）能贊天地之化育，則可與天地參（並列爲三）泰大象曰「后以財（裁）成天地之道，輔相天地之宜，以左右民」，則所以裁成輔相之者，即參贊之實事也，若此，則與天地合其德，與日月合其明，此固大人（聖人）之所能爲非常人之可企及，易則勉人之當爲而已。

「易之與也其於中古乎，作易者其有憂患乎！是故履德之基也（修養基礎），謙、德之柄也（把持），復德之本也（復其善性），恆、德之固也（操守如一），損、德之脩也（懲忿窒欲），益、德之裕也（遷善改過）。困、德之辨也（君子固窮，士窮節乃見），井、德之地也（井主養人），巽、德之制也

（約制自己）。履和而至（再陳，以禮待人，以和爲貴），謙尊而光（自卑而尊人），復小而辨於物（自小而以天下國家爲重），恆雜而不厭（王引之雜讀爲市、周也，一終之謂，恆終始相巡如一），損，先難而後易（虧損修身故先難，身修無患，故後易），益長裕而不設（益人則長寬裕，不預爲設），困窮而通（身窮道通），井，居其所而遷（井有定所，而養及衆人，是遷也），巽稱而隱（量事物輕重，不見其迹、故隱），履以和行（三陳、履、禮也，禮以和爲貴）謙以制禮（謙恭，禮之要件），復以自知（復，反求諸己），恆以一德（操守如一），損以遠害（損己則害遠），益以興利（益人則利興），困以寡怨（守節不移，不怨天尤人，正義），井以辨義（井，養人無私，知義利之辨），巽以行權（權然後知輕重，順理而爲，無不合宜）。」

九卦之德，爲處憂患而陳，所陳緊接「憂患」句之後，所憂者？「德之不修，學之不講，聞義不能徙，不善不能改。」（論語述而篇，孔子自期修德之語）孟子所期者？「乃若所憂則有之，舜人也，我亦人也，舜爲法於天下，可傳於後世，我由（猶）未免爲鄉人也，是（上五句）則可憂也，憂之如何？如舜而已矣」（離婁下）孔子所憂者德之不修，孟子所憂者，不如舜之爲法於天下後世，皆太上立德之業，不朽之盛事，聖人於憂患中淬厲其德操，故磨而不磷，涅而不緇，憂患意識，本自如此，易傳三陳九卦之德，初陳，爲入德之門；再陳、九德之及物；三陳，德之施行，無往不利，皆所以教人善處憂患之箴石也。

(八) 知來

「无有遠近幽深，遂知來物」（上、九）「夫易彰往而察來，而微顯闡幽。……」（下、五）「是故蓍之德圓而神；卦之德方以知。……神以知來，知以藏往。……」（上、十）

以上三章，皆著「知來」之文，胥由蓍卦以知之，故曰「神以知來」，又曰「極數知來之謂占」（上、五）是也。

㈨知幾

子曰「知幾其神乎！君子上交不諂，下交不瀆，其知幾乎。幾者動之微，吉之（漢書吉之之間有凶字，朱子）先見者也，君子見幾而作，不俟終日，易曰，介于（如）石，不終日，貞吉（豫、六二爻）。介如石焉，寧用終日，斷可識矣，君子知微知彰，知柔知剛，萬夫之望。」（下、四）

按不諂，不瀆，已先知諂，瀆危害之幾，幾之動至微，人不易察，但有吉凶之兆，不可不防，君子志堅如石，不爲外物所牽，固知微而能彰，柔剛對立轉化，君子洞察幾先，見幾而作，不稍遲疑。易重知幾，坤初六「履霜堅冰至」。履霜、陰氣始凝，而知堅冰之必至，是也。

㈩取象制器

「古者包犧氏之王天下也，仰則觀象於天，俯則觀法於地，觀鳥獸之文與地之宜，近取諸身，遠取諸物，於是始作八卦，以通神明之德，以類萬物之情，作結繩而爲罔罟以佃（田）以漁，蓋取諸離。包犧氏沒，神農氏作，斲木爲耜，揉木爲耒，耒耨之利，以教天下，蓋取諸益。日中爲市，致天下之民，聚天下之貨，交易而退，各得其所，蓋取諸噬嗑。神農氏沒黃帝堯舜氏作，通其變使民不倦，神而化之，使民宜之，易窮則變，變則通，通則久，是以自天祐之吉无不利，黃帝堯舜垂衣裳而天下治，蓋取諸乾坤。刳木爲舟，剡木爲楫，舟楫之利，以濟不通，致遠以利天下，蓋取諸渙。服牛乘馬，引重致遠，以利天下，蓋取諸隨。重門擊柝以待暴客，蓋取諸豫。斷木爲杵，掘地爲臼，臼杵之利，萬民以濟，蓋取諸小過。弦木爲弧，剡木爲矢，弧矢之利，以威天下，蓋取諸睽。上古穴居而野處，後世聖人，易之以宮室，上棟下宇，以待風雨，蓋取諸大壯。古之葬者厚衣之以薪，葬之中野，不封不樹，喪期無數，後世聖人易之以棺椁，蓋取諸大過。上古結繩而治，後世聖人易之以書契，百官以治，萬民以察，蓋取諸夬。」（下、二）

本章蓋取者，凡十三卦，易有聖人之道四，「以制器者尚其象」，其一也（上、九）。一、取離爲目，有孔之象以作網罟；二、取益䷩下震上巽，巽木動而下入耕作也，故以作耒耨（當作耜）；三、噬嗑䷔下震上離，離日，震動，人於日中活動，日中爲市之象；四、五、乾坤，黃帝堯舜製衣裳，取乾坤覆載之象；而三聖人深知事物變化，有其不易之規律，「窮變通久」是也，推陳出新，使民不倦，其於人類影響至大！六、渙䷺下坎上巽，木浮水上，行舟之象。七、隨䷐震下兌上，車動人悅，有服牛乘馬之象；八、豫䷏坤下震上，震雷坤地，擊柝巡行於地上，以警暴客之象；九、小過䷽下艮上震，震動艮止，杵臼之象；十、睽䷥下兌上離，離爲矢，兌又爲小木，矢在木上，有弓矢之象，以威服天下也；十一、大壯䷡乾下震上，震雷乾圓，上有雷雨，下有圓屋，宇室之象；十二、大過䷛巽下兌上，兌澤巽木，澤引申爲穴，木引申爲棺椁之象；十三、夬䷪乾下兌上，五陽決一陰，有決斷之象，書契所以分別事物之名類，取明決之象。蓋取十三卦，制作之所取象，重在意象也，本章所宜注意者有二事，一作八卦之目的「以通神明之德，以類萬物之情」；二發「窮變通久」之律則，以範圍天地之演化，曲盡人事之更迭，天人所共由之途徑，人當熟玩之耳。

孔子解《易》十九則述要

孔子解《易》十九則，見於今本繫辭傳，此十九則影響後世學術慧命之鉅大，暨世教人心之深遠，可由《中庸》一語以肯定之。《中庸第二十九章》「是故君子動而世爲天下道，行而世爲天下法，言而世爲天下則……君子未有不如此而蚤有譽於天下者也。」此君子實目聖人「言而世爲天下則」句，於孔子解《易》十九則，可謂一言以蔽之矣，又可斷爲百世以俟聖人而不惑矣。孟子遵孔子之道（乃所願則學孔子也）以待後之學者，其論詖、淫、邪、遁之辭生心害政，發政害事、自信之篤則曰「聖人復起，必從吾言矣（公孫丑上）」即十九則而言，固大可謂聖人復起，必從孔子之言矣。故孟子曰「自有生民以來，未」有（盛於）孔子也（公孫丑上）。」今細讀十九則，一語一字靡不發人深省，浸潤心脾，聖人先得我心之所同然（認可義理）有如此。而修亡立人，內聖外王之道，靡不畢具，尤在加強吾民族憂患之意識，維護、鞏固吾華立國之大本者，昭昭在茲，且純以義理，鮮及象數，誠千古解經不易之宗法，永啓後世治《易》之津逮也。若夫「動而世爲天下道，行而世爲天下法」，直孔子分內之事，不待詞費而自喻矣，十九則分次於下：

一、愼言行

中孚九二爻「鳴鶴在陰，其子和之，我有好爵，吾與爾靡之」子曰：

君子居其室，出其言善，則千里之外應之，況其邇者乎？居其室出其言不善則千里之外違之，況其邇者乎？言出乎身加乎民，行發乎邇見乎遠，言行君子之樞機，樞機之發榮辱之主也，言行君子之所以動天地也，可不愼乎！

按中孚、內懷誠信也。《說文三下爪部》「孚卵即孚也，从爪，子，一曰信也。」段注「雞卵之必爲雞，鳥卵之必爲鳥，人言之信如是」《易》中「孚」字訓信，中孚彖傳「豚魚吉（卦辭），信及豚魚也。」坎卦辭「有孚維心亨」彖傳「水流而不盈，行險而不失其信。」足證孚之爲信，爲誠信。九二，鶴鳴於幽隱之處，而其子應和，應之者，中心之願相通（好爵分與同好亦中心之願相通，象傳「其子和之，中心願也」此即聲氣之相通也，文言傳謂之「同聲相應，同氣相求。」）。孔子由應和之義，衍申於人之言行（此偏重言）言善則千里之外應之；不善則千里之外違之，故言爲君子之樞機，榮辱由之而決，又曰「言行，君子之所以動天地」者，此已及於感通之理，當於第九則詳之，載籍愼言之訓至多，首爲《大雅抑之什》「愼爾出話……白圭之玷（缺）尙可磨也；斯言之玷不可爲也……無易由言（勿輕易出言）無曰苟（率爾）矣，莫捫朕舌，言不可逝矣。」棘子成曰「君子質而已矣，何以文爲？」子貢斥之曰「惜乎夫子之言君子也，駟不及舌（言出於舌，駟馬不及追）」（論語顏淵篇）《周易頤大象》特著君子「以慎言語」句，皆經典慎言之嘉訓也。

二、同心之利

同人九五爻「同人先號咷而後笑……」

子曰：

君子之道或出或處，或默或語，二人同心，其利斷金，同心之言，其臭如蘭。

按同人卦，上下和同（五陽同一陰）同人之義也，本卦離下乾上☰☲，九五同於二，而爲三、四兩陽所隔，終必得合故後笑也（程傳）孔子由與人和同，以同心爲主，凡出處語默相與謀猷必衷心密契，堅若金石，精誠無間，斷金，如蘭，（其利其香）物莫能間之，其事未有不成者也，僞《泰誓上》「同力度德同德度義，受有臣億萬，惟億萬心，予有臣三千，惟一心……」其理固然，不必以其僞而忽之也。《漢書卷八十六師丹傳》哀帝冊免丹曰「夫三公者，朕之腹心也……君奏封事，傳於道路，謗議匈匈，流於四方，腹心如此，謂疏者何？殆謬於『二人同心』之利焉。」善味乎孔子之言也。

三、謹　慎

大過初六爻「藉用白茅，无咎。」

子曰：

苟錯（措同）諸地而可矣，藉之用茅，何咎之有？愼之至也，夫茅之爲物薄，而用可重也，愼斯術也以往，无所失矣。

按此則言愼，茅本細物而用於祭享以薦物，愼之爲用大矣。百行之所宜先務也。語其大者三事：子之所愼齊、戰、疾（《論語述而》）齊（齋）接神明，戰決死生，三軍生命國之存亡繫焉，疾者，身體髮膚受之父母，不敢毀傷，孝之至也，三者皆事之至大，愼之固宜，《中庸》「凡事豫則立（先爲之防，愼也）不豫則廢。」又曰「道也者不可須臾離也，可離非道也，是故君子戒愼乎其所不睹，恐懼乎其所不聞，莫見乎隱，莫顯乎微，故君子愼其獨也。」按愼獨爲聖賢之學，非恆人之所能至，明末大儒劉蕺山，特立愼獨一旨，以爲見道之心法，後世惟有心嚮往之而已，孔子以「臨事而懼，好謀而成」戒子路，雖云「因才」，亦愼之一方，不矜細行，終累大德也，子張學干祿，子曰「多聞闕疑，愼言其餘則寡尤；多見闕殆，愼行其餘則寡悔，言寡尤，行寡悔，祿在其中矣」（爲政篇）此謂謹言行而祿不待求而自至，寡尤寡悔，愼言行之效，若是其至也。

四、謙

謙九三爻「勞謙君子有終吉」。

子曰：

勞而不伐，有功而不德，厚之至也，語以其功下人者也，德言盛，禮言恭，謙也者致恭以存其位者也。

按作《易》聖人，特重視謙，於六十四卦之中，特立謙卦，且六爻皆吉，大異於餘六十三卦，其重要可知〈象傳〉申之曰「天道虧盈而益謙，地道變盈而流謙，鬼神害盈而福謙，人道惡盈而好謙，謙尊而光，卑而不可踰，君子之終也。」明天人鬼神，無不疾盈而好謙，以其爲自然之法則，老聃以濡弱謙下爲表（莊子天下篇），不自見，自是、自伐、自矜（二十三章）知雄守雌爲天下谿（二十八章）又總之曰「江海之所以爲百谷王者，以其善下之」（六十八章）莊子則提出「虛」字曰「唯道集虛，虛者心齋也」又曰「虛室生白」（司馬云心能空虛，則純白獨生）老莊於《易》契之至深，故發明謙德若此其至也。孔子嘗問禮於老子，老子曰「吾聞之良賈深藏若虛，君子盛德容貌若愚去子之驕氣與多欲，態色與淫志，是皆無益於子之身。……孔子曰吾今日見老子其猶龍耶！」（《史記卷六十三，老莊申韓列傳第三》）孔子執謙之德嘗曰「若聖與仁，則吾豈敢」（論語述而篇）老子所以告孔子者德言盛也，後世所難能者「以其功下人」「鮑叔事齊公子小白（有祿位）既進管仲以身下之」（史記管晏列傳第二）「謙也者致恭以存其位者也」爲在高位者至警策之語，持盈守泰之良藥也。

五、戒亢

乾上九爻「亢龍有悔。」

子曰：

貴而无位，高而無民，賢人在下位而無輔，是以動而有悔也。

按六爻之位，九五至尊，上九過高，居無位之地，與民疏遠，賢人所輔者九五，若太上皇然（九家易）。亢字金文「令彝」作，上从大，，象高地之形，人在高地之上，過高之意至明。《易》言陰陽消息，陽極反陰，陰極反陽，「物極必反」，宇宙之恆理，《易》於泰九三爻曰「无平不陂，无往不復」泰上六爻曰「城復于隍」豐彖曰「日中則昊，月盈則食，天地盈虛，與時消息」損彖傳「損益盈虛，與時偕行」皆其顯例，文言傳「亢之爲言也，知進而不知退，知存而不知亡，知得而不知喪」歷觀史乘，功臣名將，功高震主而不知戒亢履謙，多招殺身之禍，韓信彭越英布之徒，皆歷史之烱戒，《史記卷九十二淮陰侯列傳》「信知漢王畏惡其能，嘗稱病不朝從，居常鞅鞅，羞與絳灌等列，信嘗過樊將軍噲，噲跪拜送迎，言稱臣，曰大王乃肯幸臨臣，信出門笑曰，生乃與噲等爲伍！上嘗從容與韓信言諸將能否各有差，上問曰，如我能將幾何？信曰，陛下不過能將十萬，上曰，於君何如？曰，臣多多益善耳……信入，呂后使武士縛信，斬之長樂鐘室。」《孝經》「在上不驕，高而不危，制節謹度，滿而不溢，高而不危，所以長守貴也，滿而不溢，所以長守富也」（孝經卷二諸侯章）不危，不溢，長守富貴之道，力言亢之有悔，長恨歌「西宮南內多秋章，落葉滿階紅不埽」太上皇之淒涼孤寂如繪，故亢之動輒得咎，爲自然之勢也。

六、慎密

節初九爻「不出戶庭，无咎。」

子曰：

亂之所生也，則言語以爲階，君不密則失臣，臣不密則失身，幾事不密則害成，是以居子愼密而不出也。

按節本竹約（說文）有節制之義，彖傳「節以制度，不傷財不害民」制度，所以約制擧國上下之行止也，孔子於本爻由約制之義提及「愼密」，凡機密軍國大事，不可洩漏於戶庭之外，爲其所係至大也，君臣不密則失臣失身，幾事不密則害其成功，深警特戒，萬不可忽！觀左桓十五年傳「祭仲專，鄭伯患之，使其壻雍糾殺之，將享于郊，雍姬（祭仲之女）知之，謂其母曰，父與夫孰親？其母曰人盡夫也，父一而已，胡可比也，遂告祭仲曰，雍氏舍其室而將享子於郊，吾惑之，以告「祭仲殺雍糾，尸諸周氏（鄭大夫）之汪（池）公載（糾尸）以出，曰謀及婦人，宜其死也」鄭伯曰謀及婦人，洩機密於婦人，機密大事，即夫婦亦不可與知，況戶庭之外耶？雍糾自取殺身之禍而不知也，劉向上封事「《易》曰君不密則失臣，臣不密則失身，幾事不密則害成」（《漢書卷三十六劉向傳》）引孔子此爻全文而上封事，疏奏密封，非君上不得擅啓，愼密之特重可知。

七、咎由自招

解六三爻「負且乘，致寇至。……」

子曰：

> 作易者其知盜乎！《易》曰「負且乘，致寇至」盜之招也，負也者小人之事也，乘也者君子之器也！小人而乘君子之器，盜思奪之矣，上慢下暴，盜思伐之矣，慢藏誨盜，冶容誨淫《易》曰「負且乘致寇至」盜之招也。

按負者負荷重物，小人力役之事，乘乃君子之器，衣冠之族，君子代步之器，各隨其身分，今應負之人而乘車，非其所宜有，開啓盜寇攘奪之念，是自招盜寇之來也。慢藏啓盜之念，冶容招淫亂之人，皆自取其咎也。孟子曰「今國家閒暇及是時般樂怠敖，是自求禍也，禍福無不自己求之者。詩云永言配命，自求多福（大雅天王）　太甲曰天作孽猶可違，自作孽不可活，此之謂也」（公孫丑上），孟子引文王之什，言禍福胥由自己求之者，引太甲言禍之自己求之，故總之曰禍福皆自己求之，不必尤人也。《詩小雅十月之交》言之至切曰「下民之孽，匪降自天，噂沓背憎，職競由人」噂聚，沓重複，職、主。競，力，噂噂沓沓，多言以相悅（朱子詩集傳）孽、災害，孽非天降，主因人爲，自取其咎，又誰尤之，本爻象傳「自我致戎，又誰咎也」已明諭之矣。

八、履信思順

大有上九爻「自天祐之，吉，无不利。」

子曰：

祐者助也，天之所助者順也；人之所助者信也，履信思乎順又以尚賢也，是以自天祐之吉，无不利也。

按大有乾下離上☲☰六五居尊位而群陽從之，有衆之謂也。得道多助，多助之至，天下順之（公孫丑下）「天之所助者順也」細玩此順字與革彖傳「湯武革命順乎天而應乎人」句中順乎天之「順」字義合，則民心之所信服也，大有六五曰「厥孚交如」踐履誠信之義，上九，大有之極，而不居其有，則無盈滿之災，能順乎理（天道）者也（程傳）動順天理，天自祐之，故吉而无不利，民無信不立，以誠信待人，人必懷服，賢人衆之所歸，尚賢守信，天與人歸，天道人情兼顧，安往而不利也。

九、感應

咸九四爻「……憧憧往來，朋從爾思。」

子曰：

天下何思何慮？天下同歸而殊途，一致而百慮，天下何思何慮？日往則月來，月往則日來，日月相推而明生焉；寒往則暑來，暑往則寒來，寒暑相推而歲成焉，往者屈也，來者信（伸）也，屈信相感而利生焉，尺蠖之屈以求信也，龍蛇之蟄，以存身也，精義入神，以致用也，利用安身，以崇德也，過此以往，未之或知也，窮神知化，德之盛也。

按憧憧，思慮之貌，朋從句應感而思也，思慮之感應，今科學界謂之「念力」（下文）《易》準天地而作，孔子因本爻而發明宇宙間感應之原理，由經文「思」字衍繹天下人之思慮，本日月寒暑之相推移，以明天道陰陽之屈信相感，發明《周易》感應之原理，屈伸相感，如尺蠖之屈以求伸，龍蛇之蟄（屈）以存身（能伸），以此能「窮神知化」，屈爲儲力待發；伸爲化育流行，以此爲盛德大業（造化功能）與「繫傳上第九章」「《易》无思也，无爲也，寂然不動，感而遂通天下之故，非天下之至神，其孰能與於此」此兩處皆發明咸卦之原理，非常重要，彖傳「觀其所感，而天地萬物之情可見」指此爲普偏之原理，萬不可忽！咸彖傳「二氣感應以相與」，即陰陽二大動能之屈伸相感也，「天地感而萬物化生」，此爲化育之流行，「聖人感人心而天下和平」，則是人與人之相感通，可以科學原理，人事交感而證實之，感應感通爲天道之大經，故傳曰「天下之至神」《中庸》亦推明此理曰：「至誠之道，可以前知，國家將興，必有禎祥；國家將亡，必有妖孽，見乎著龜，動乎四體（耳燒面熱等）禍福將至，善，必先知之，不善必先知之，故至誠如神」此言至誠可以感應，禍福善不善皆可預感，感應力之大，匪言可喻。《莊子天道》「水靜猶明，而況聖人之心靜乎，天地之鑒也，萬物之鏡也。」以今日科學知識證之：

㈠群星與地球

宇宙亦大磁場也，彼處有感，則此處相應，其速度超越光速，不決於距離之遠近，而決於磁力之強弱，群星之磁力有盈縮，故地球之感受者，亦有治亂，地球上冰河、洪水、地震、海嘯、黑疫、戰爭，皆與天體群星之變化有關，尤以接近地球之金星、火星與地球感應密切。

㈡宇宙之組合與運行

宇宙係一磁場之組合，上下四周爲無數磁力線所密布，磁場由磁力線所構成，因磁力線而產生引力，引力之相互作用而令各星球彼此旋轉而運行，人之生命質點（在宇宙之空間位置）亦爲一磁場，亦受地球之波動，而發生變化，故天象影響地象，地象影響人象，本極自然，人之生命爲一質點，每一秒中必有遭遇，祇生命有感無感而已。天人感應之理，如此其微妙，而又確實存在（由科學知識知之），人與天地鬼神，固有感應，然人與人，與物，亦莫不然，人與人之感應，則有：

近代超心理學之研究

在十九世紀中葉，德國麥斯磨醫師（F.A.Mesmer）在醫學年會中表演超常能力「透視力」之技巧，發覺人體中有某種程度之磁性（感應力）而建立動物的磁性說（Animal Magnetism）頗受學界之重視。

一九二八年美國杜克大學萊恩博士（J.B.Phine）成立超心理學研究所，研究超自然現象，萊恩先獲植物生理學博士，因發覺植物不僅具生命力，而且有感情，認爲宇宙萬物，尤其人類更具有高層次之潛在能力，於一九三四年發表超感覺的知覺一文，簡稱E．S．P成爲一門學術，定名爲「超心理學」（英文名Parapsy Chalogy）。

蘇聯在探討超感覺知覺方面比美國早十五年以上在一九四〇年，波蘭的波爾德梅斯根接受史達林多次試驗，史氏承認其結果。蘇聯人於人類具有超能力之事，不復置疑。今蘇聯從事超心理學之研究大學有三十二所，美國心靈研究社於一九八七年統計全球有美、英、法、德、澳、荷蘭、日本等國凡三十五所大學設立研究所，碩博士班開設超心理學課程（具有學分）東歐國家受英、美、蘇三國之影響，亦於各大學開此系，不名「超心理學」而稱Paychatronics，中文名「心子學」或「心電學」。科學家近已注意於宇內神祕莫測之事理，於「反物質」、「五維空間宇宙」、「假象質量」，高等數學家粒子物理學家合力研究，於是有「心靈學」，「念力」。作較深入之研究，實即《周易》窮神知化之感應原理也。

中國史籍感通之例

《後漢書卷六十九列傳第二十九．周磐傳》「磐同郡蔡順字君仲，亦以至孝稱，順少孤養母，嘗出求薪，有客卒至，母望順不還乃噬（嚙，咬同）其指，順即心動，棄薪馳歸，跪問其故，母曰有急客來，吾噬指以悟汝耳，母年九十，以壽終，未及葬，里中災，火將逼其舍，順抱伏棺柩，號哭叫天，火遂越燒他室，順獨得免」此言母子感應（直系血親尤切，中庸所謂動乎四體者，心動神悸）而火越燒他室，則人、天之感通也，史例至多，不更舉，在臺灣民間盛傳（媒體透訊）之牛救主人（五十四年十月二十二日見於臺南縣）義犬救主（六十六年二月十日見花蓮市）雞救幼兒（六十九年十一月十三日，見花蓮鳳林鎮）皆錄於本人日記中，不煩引。

至於感通之故，孔子言之至悉曰「清明在躬，氣志如神，耆欲將至，有開必先，天降時雨，山川出雲」（《禮記孔子閒居第二十九》）《呂覽申之曰「今夫攻者砥礪五兵，發且有日矣，所被攻者不樂，非或聞之也，神者先告也，身在乎秦，所親愛者在於齊，死而志氣不安，精或往來也。」又曰「父母於子也，子之於父母也，一體而兩分，同氣而異息，若草莽之有花實也，若樹木之有根心也，雖異處不相通，隱志相及，痛疾相救，憂思相感，此之謂骨肉之親，神出於忠而應乎心，兩精相得豈待言哉。」（《呂覽精通篇》）

由上知《周易咸卦》昭示感應，感通之原理，通乎天人，為不可刊落之眞理，萬不可以迷信視之也。

十、凶例

困六三爻「困于石據于蒺藜，入于其宮，不見其妻，凶。」

子曰：

非所困而困焉，名必辱，非所據而據焉，身必危，既辱且危，死期將至，妻其可得見邪？

按困卦坎下兌上䷮水在澤下，澤无水、澤已枯竭，爲貧乏困窮之象，六三以陰承剛（九四）故曰「困於石」石堅而不納物，又下乘九二之剛，如蒺藜之刺人，所據非其宜據，處困若此，凶其宜矣，本爻象傳「據于蒺藜，乘剛也；入于其宮，不見其妻，不祥也」，六三強往求於九四，非所困而自困；九二非所宜據而強據之，無安身之處，六三處險極而用剛，居陽之上，進退皆困，上陽不可犯而犯之，下剛不可乘而據之，宜其凶也。

十一、藏器待時

解上六爻「公用射隼于高墉之上，獲之，无不利。」

子曰：

隼者禽也，弓矢者器也，射之者人也，居子藏器於身待時而動，何不利之有？動而不括，是以出而有獲，語成器而動者也。

按墉、牆也，隼，鷙鳥猛禽，其性貪殘，鷹鸇之類，六三居下體之上，猶隼棲高墉（正義），隼宜在山林，今處高墉，宜其見射，上六居震動之上，爲解之極，故用射之（正義）上六居解極，解道已屆器成之時，如斯而動，故无括結窒礙而无往不利，藏器得時，學優而仕，何往而不利乎？器爲國器，今各大學研究所研究生，正藏器之時，孔子許子貢爲瑚璉（禮器）之器，士爲國家之重器也，何以藏之？游息休藏，切磋琢磨，日加淬厲，以成有用之人材，爲國家之重器，君子深造之以道，進德修業有日矣，大畜曰「不家食吉」，待時而動，必大有益於天下國家，「政治由於人才．人才由於學術」（東塾語）之言信然。

十二、小懲大誡

噬嗑初九爻「屨校滅趾，无咎。」子曰：

小人不恥不仁，不畏不義，不見利不勸，不威不懲；小懲而大誡，此小人之福也。《易》曰屨校滅趾，无咎，此之謂也。

噬嗑爲用刑之卦，卦辭曰「利用獄」。彖傳「頤中有物曰噬嗑」頤中有物，必齧而合之，如鋤強梗然，用刑似之，施械於足滅沒其趾，所以懲戒之也，小人，齊民之無知者，不識利害，易觸刑律，施以懲戒，畏威懷刑，而後知所悔改，所謂不怒而民威於鈇鉞（中庸），小懲而大誡，乃小人之福，小人見利則勉，見害知懼，故懲小人以維社會之安寧，所懲者小其所誡者固大也。

十三、善宜日益而惡不可積

噬嗑上九爻「何校滅耳，凶。」

（此章無子曰字）

善不積不足以成名，惡不積不足以滅身，小人以小善爲无益而弗爲也，以小惡爲无傷而弗去也，故

惡積而不可掩，罪大而不可解《易》曰「何校滅耳，凶。」（下、四）

按善可日益，令聞廣譽集於身，惡不可積，足以滅身，積惡自毀，當有荷校（刑械冒其首）滅沒其耳（重枷），大凶之事也。《三國志蜀志二，先主傳第二》「先主殂於永安宮，時年六十三」句下注曰：「諸葛亮集載先主遺詔後主曰，勿以惡小而爲之，勿以善小而不爲，惟賢惟德，能服於人……」《賈子新書審微》曰「善不可謂小而无益，不善不可謂小而无傷，非以小善爲一足以利天下，小不善爲一足以亂國家也，審夫輕始而傚微，則其流必至於大亂，是故子民者謹焉」先主直抒孔子之言，賈子則於善惡之幾微處見其必然（大亂），則《易》幾微之義也。

十四、居安思危

否九五爻「……其亡其亡，繫于苞桑。」

子曰：

危者安其位者也，亡者保其存者也，亂者有其治者也；是故君子安而不忘危，存而不忘亡，治而不忘亂，是以身安而國家可保也，《易》曰其亡其亡，繫於苞桑。（下、四）

按《說文一下》「苞艸也，从艸，包聲」段注「斯干，生民傳曰苞本也，此苞字之本義，叚爲包裹」段注是也《毛傳》存古訓可貴。《正義》亦曰「苞本」是也。桑根密布固結，以示安定之義，其亡其亡，危殆之也，知其危殆而後即安，故孔子以安而不忘危亡者保其存者也釋之。有此數語，警策，以存不亡之危國者多矣！扶危定傾之功，影響至大！《左襄二十九年傳》「吳公子札來聘……其出聘也，自衛如晉，將宿於戚（孫文子邑）聞鐘聲，曰異哉！夫子獲罪於君以在此，（文子以戚畔），懼猶不及，又何樂之？夫子之在此也，猶燕之巢於幕上（至危）君又在殯，而可以樂乎，遂去之，文子聞之，終身不聽琴瑟。」孫文子樂不知危，聞季札之言而終身不御琴瑟，樂哀轉而知危，史載安其危而利其災亡國敗家者何其多，文子善自處也，《吳志卷二．孫權傳》「建安二十五年（權）下令諸將曰，夫存不忘亡，安必慮危，古之善教，昔雋不疑，漢之名臣，於安平之世而刀劍不離於身，君子之於武備，不可以已。」孫權直引孔子之言，許爲古之善教，後世利賴之者多矣！《漢書卷三十六劉向傳》向上疏諫昌陵曰「臣聞《易》曰安不忘危，存不忘亡，是以身安而國家可保也」亦直用孔子原文。唐名臣魏徵，開輔貞觀之盛世，則曰「人君當神器之重，將崇極天之峻，永保無疆之休，不念居安思危，戒奢以儉……斯亦伐根以求木茂，塞源而欲流長也」（諫太宗十思疏）徵謂人君當「居安思危」以固國家之根本，則孔子此章之訓戒，後世莫不以箴銘視之矣。

十五、度德量力

鼎九四爻「鼎折足，覆公餗，其形渥，凶。」

子曰：

德薄而位尊，知小而謀大，力小而任重，鮮不及矣（及於難）《易》曰「鼎折足，覆公餗」言不勝其任也。

按鼎卦巽下離上䷱以木巽火，烹飪之象，餗音速，以米和羹，鼎之實也，九四下應於初，初趾已顛，故有折足之象。足折餗覆，形爲之渥，不凶何待，其凶者，不勝其任也。小事亦須度量而況於謀大，任重乎！《三國志卷三十五，諸葛亮傳第五》「由是先主遂詣，三往乃見，因屏人曰，漢室傾頹，孤不度德量力，欲信（伸）大義於天下，而智術淺短，遂用猖獗，然志猶未已，君謂計將安出……亮說權曰今操芟夷大難略已平矣，英雄無所用武，故荊州遁逃至此，將軍量力而處之，若能以吳越之衆與中國抗衡，不如早與之絕。」先主武侯皆引度德量力句爲說，自處之道也，按度德二句出於《左傳》，隱十一年傳曰「鄭伯謂許太子百里曰，君子謂鄭莊公於是乎有禮，禮經國家，定社稷，序民人，利後嗣者，許無刑而伐之，服而舍之，度德而處之，量力而行之，相時而動，無累後人，可謂知禮矣」知人能度德量力有自知之明者，當能勝其任也。

十六、知幾

豫六二爻「介于石，不終日，貞吉」

子曰：

知幾其神乎：君子上交不諂，下交不瀆，其知幾乎！幾者動之微，吉之先見者也，君子見幾而作，不俟終日，《易》曰介于石不終日貞吉，介如石焉，寧用終日，斷可識矣。君子知微知彰，知

柔知剛，萬夫之望。（下、四）

介，《說文二上》「介，畫也，从人从八」段注「一則云介特，兩則云閒介」，凡堅確不拔曰「介」。孟子曰「柳下惠不以三公易其介」（盡心上）此六二之介也。《易重知幾》，孔子於此特出「知幾」二字，不諂不瀆，不苟取悅，不苟慢易，知諂瀆之有礙於介特，不屑取悅，不苟慢侮也。《中庸第三十三章》「君子之道淡而不厭，簡而文，溫而理，知遠之近，知風之至，知微之顯，可與入德矣」遠自近始，微必之顯，即知微之必顯，乃知幾之事，孔子謂之「神」者，以其動之微，人不易見，唯明君子能察幾微，見幾而作，不俟終日，故爲萬夫之望，按「吉之先見者也」句，吉下省「凶」字，《後漢書》引此句增「凶」字是也。

十七、不遠而復。

復初九爻「不遠復，无祇悔，元吉。」

子曰：

顏氏之子，其殆庶幾乎！有不善未嘗不知，知之未嘗復行也《易》曰不遠復，无祇悔，元吉。

按復卦震下坤上☷☳，一陽來復，天地之心見，爲復善之義，孔子許顏回知過即改而復於善，不少遲疑，好善如此，自无大悔而元吉矣。此「復」字與顏淵問仁，孔子告以「克己復禮」之復義同。仁爲禮本，復禮，則天下歸仁，由己遷善之速也。

十八、陰陽和合而生物，明致一之義

損六三爻「三人行則損一人，一人行則得其友。」

天地絪縕，萬物化醕，男女構精，萬物化生《易》曰三人行則損一人，一人行則得其友，言致一也。

損卦下兌上艮，澤水上烝以益山之草木，下損以益其上，故謂之損。損減少也，三人行則去一人，謂之致一者，二氣絪縕密接，陰陽合而萬物化生，不容有閒廁之者也，三人必損其一，以期兩合「陰陽合德而剛柔有體」（繫下第五）之理也。

十九、無厭之求，傷害立至

益上九「莫益之或擊之立心勿恆凶。」

子曰：

君子安其身而後動，易其心而後語，定其交而後求，君子修此三者故全也；危以動則民不與也，懼以語則民不應也，無交而求則民不與也。莫之與則傷之者至矣。《易》曰莫益之，或擊之，立心无恆，凶。

按益卦，主在益下（益人），彖傳曰「損上益下，民說无疆，自上下下，其道大光」此謂益於人，非益於己之謂。上九求益無已，故戒以立心不可如此，貪得無厭，人莫肯與而反擊之者也。君子修此三者？謂當謀定而後動，平易而後語，交深而後求，無厭之求，人孰與之？而反擊傷之矣，貪得無厭《曲禮》「欲不可從（縱）」之深戒也。

結語

孔子解《易》十九則：一、慎言行。二、同心之利。三、慎。四、謙。五、戒亢。六、慎密。七、咎由自招。八、履信思順。九、感應。十、凶。十一、藏器待時。十二、小懲大誡。十三、善可益，而惡不可積。十四、居安思危。十五、度德量力。十六、知幾。十七、不遠而復。十八、陰陽和合而生物。十九、求益之極必凶。

右十九則，約之，則得六類：

㈠三、六、十五，同言愼。㈡四、五，同重謙。㈢十二、十三、十七在爲善去惡。㈣九、十八，言陰陽之感應交合。㈤十四、十九，言吉凶。㈥十六，言知幾。

六類之中，㈠、㈡、㈢，皆修己之事。㈣言天道。㈤斷吉凶。㈥知幾，爲知來之事。《易》兼天人，知來藏往盡之矣。右十九則，一言以蔽之「言而世爲天下則」也。以十九則之詮釋，徵諸庶民，實可以考諸三王而不謬，建諸天地而不悖，質諸鬼神而無疑，百世以俟聖人而不惑，他語不足以概之也已。

（本篇引文，見於當句之下，不另加附註）

說卦傳釋義

《周易》一書含弘廣大，要眇無窮，陰陽剛柔之義，繼善成性之德，宇宙人生之萬象，天地變化，運行之法則，無不賅備，旨在探究宇宙之奧秘，人生之義理，而以窮理盡性至命為宗旨，吾人苟能和順於道德窮理盡性以至於命，則必能與天地合其德，與日月合其明，而臻於天人合一至高之境域，本傳於八卦之動力，八卦之方位，時序，八卦之化成，八卦之相交及其取象等，凡八卦之精蘊，均一一闡明舉列，撮其宏綱而指其津逮，故以說卦名篇也。今分次於下：

一、列人於三才之中

第二章

昔者聖人之作易也，將以順性命之理，是以立天之道曰陰與陽；立地之道曰柔與剛，立人之道曰仁與義，兼三才而兩之，故易六畫而成卦，分陰分陽，迭用柔剛，故易六位而成章。

按本章與〈下繫第八章〉：

易之爲畫也，廣大悉備，有天道焉，有人道焉，有地道焉，兼三材而兩之故六，六者非它也，三材之道也。

文義全同，俱有「兼三才而兩之故六」句（惟繫下八，才作材，古通。）兩之者，倍三爲六，三畫八卦與六畫別卦，均象三才，而人在其中，三才之象，以地爲基，以天象爲成，而以人象居中，一切文化皆以人爲主體，故六爻之吉凶，多繫於其中三、四爻之動態，六位之中，天地爲定位，其變化之樞機，在於三、四爻之人位，古今歷史，世局，胥由天運、地宜、人事三種力勢以決定，而變化至大者，莫踰於人事，此三才之妙用也。《易》之綱領，在三才之配合，人戴天履地，位三才之中，提高人之地位，與天地參以示天人合一，人文之華彩愈益彰顯，此中華文化至高之原理亦其特色所在，一切學術思想由此而發越光大、照耀千古矣。

二、易為逆數，以前民用

第三章

天地定位，山澤通氣，雷風相薄，水火不相射，八卦相錯，數往者順，知來者逆，是故易，逆數也。

按易道尚變，易數主逆，變之目的在於化；逆之要求在於反；老子曰「反者，道之動」（四十章）乾坤二力相反而主動，不動則不反，陰陽一正一負，即正反之顯例，故曰「一陰一陽之謂道」（上、五）萬物不外一奇一耦，萬勢不外一順一逆，此自然之律則，《易》則以逆爲用，近年西方傳來分維、分形之理論，迅即獲廣大之應用，因分維分形數學，主要爲冪函數，其正反演，均至容易，「大《易》以逆爲用之原理，於此又得一證明」《周易研究總12期，59頁》

《易》爲知來之學，〈繫上十〉「无有遠近幽深，遂知來物，非天下之至精，其孰能與於此。」又下，六「夫《易》彰往而察來，而微顯闡幽。」又上，十一「神以知來，知以藏往」此易傳明著知來之文也，探求未來未知之事物與尋究已往，已知之事物，當由反方向進行，故曰逆，往者易了，而來者難知，故須逆推，而以此爲神妙，知幾，此固非天下之至精，不能與於此也。

三、先後天八卦之立名

第三章　天地定位，山澤通氣……易逆數也」已見前條。

第五章「帝出乎震，齊乎巽，相見乎離，致役乎坤，説言乎兑，戰乎乾，勞乎坎，成言乎艮，萬物出乎震，震東方也，齊乎巽，巽東南也，齊也者言萬物之絜齊也，離也者明也，萬物皆相見南方之卦也，聖人南面而聽天下，嚮明而治，蓋取諸此也，坤也者地也，萬物皆致養焉，故曰致後乎坤，兑正秋也，萬物之所説也，故曰説言乎兑，戰乎乾，乾西北之卦也，言陰陽相薄也，坎者水也，正北方之卦也，勞卦也，萬物之所歸也，故曰勞乎坎，艮，東北之卦也，萬物之所成終而所成始也，故曰成言乎艮。

按宋儒邵子據第三章「天地定位……八卦相錯」五句（見前條）指爲伏羲八卦方位，而以「帝出乎震……故曰成言乎艮」一章凡一百八十二字，指爲文王八卦方位，而立先後天八卦之名，朱子深信之，載於《本義》卷首，至清儒則力斥之，考定春秋時已有先天方位，又據荀爽〈繫傳〉「陰陽之義配日月」句之注證西漢初已有此說（《象數易學研究第一輯，劉大鈞文》）實則先、後天之名〈乾文言傳〉「先天而天弗違，後天而奉天時」已具，然今日治易者仍有從邵子之說者，以易學言，伏羲八卦，據對待交易原則而排列；文王八卦據流行變易原則而排列，各有旨趣，邵子以先天者，先天象而有，萬化由此而生，一陰一陽之對待而爲天地之本。

先後天八卦之分別：先天者，先天象而有，以一陰一陽之對待爲天地之本；後天者，後乎天象爲現象界，爲陰陽之變易，爲跡爲用。邵子以體與用，常與變，微與顯別先後天，而神在先後天之上（語見兩岸易學研討會84.5.24日余敦康文）存此一說可也。

四、八卦動力

第四章

雷以動之，風以散之，雨以潤之，日以烜之，艮以止之，兌以說之，乾以君之，坤以藏之

按《易》爲動掙變化之學，變之總因爲陰陽動靜〈繫上，一〉「是故剛柔相摩，八卦相盪，鼓之以雷

霆，潤之以風雨，日月運行一寒一暑」正明此理，由於陰陽之消息盈虛，萬有之生長衰滅、世事之治亂興衰，由之以分以定，此動靜變化，由乾坤爲之主宰，故曰「乾以君之，坤以藏之」乾之德爲健，健者運行變化之能；坤之德爲順，順者順承凝聚之力，合健與順而有生，生者，天地之大德，宇宙萬有之演化，賴此運行，凝聚之二力交互行進而不已，此八卦之動力，乾元積陽能而成，萬物之所資始，即爲生機，坤元爲生態，生機无形而顯爲生態，爲動力之來源，即今核子力是也，考其遠源則爲北辰（斗）《史記天官書第五》「斗爲帝居，運於中央，臨制四鄉，分陰陽，建四時，均五行，移節度，定諸紀皆繫於斗」此動之總源，而震巽坎離艮兌，皆陰陽交互合和之力所爲，震則一切發動之象爲活動，巽爲風，風以播散爲主，坎爲水，爲雲、爲雨，雨以潤滋萬物，離爲日，日者光熱之體（核子至多之結合體）其放射，吸引之力皆至強，故能照耀萬物，艮爲止，暫止之義，兌爲說，所以和說萬物，此八卦動力或分或合演生萬有之歷程也。

五、八卦方位、時序

第五章

帝出乎震……成言乎艮」已見第三節，本段引八卦卦名，旋釋其義用，即以定其方位，列其時序，方位者，四正、震東、兌西、離南、坎北；四隅、乾西北、坤西南、巽東南、艮東北是。於時令：震爲春生物於東方，離爲南，長物於南方，兌爲西，成物於西方，坎爲北，終物於北方。八卦之於萬物，若震之發動，巽之整齊，離之暢茂，坤之致養，兌之和說，乾之陰陽相薄，（禮記月令曰陰陽爭）坎之勤勞（水流不息）艮之貞定，於萬物之生成，咸各有所司，艮云成終成始者，天道往復，終而復始，四時之運行，與萬物之生長榮枯，亦往復而未已，此八卦方位時序之綜合爲用也。

六、八卦之化成

第六章

神也者，妙萬物而爲言者也，動萬物者莫疾乎雷，燥萬物者，莫熯乎火，說萬物者，莫說乎澤，潤萬物者莫潤乎水，終萬物始萬物者莫盛乎艮，故水火相逮，雷風不相悖，山澤通氣，然後能變化，既成萬物也。

按本章與第三章相係爲用，三章言水火不相入，此言水火相逮，雷風相助，山澤氣通，兩章均及八卦化成之事，總以「神」字挈示之，亟言天地之化，曲成萬物，如此其神妙也，所謂「神无方而易无體」（上、四）實則「陰陽不測之謂神」（上、五）孔子總之曰「知變化之道者，其知神之所爲乎！」（上、九）此《易》中深幾之理，固「聖人之所以極深而研幾也」（上、十）之事，本章重在首句「神也者妙萬物而爲言」。雷風火澤、水、艮終始萬物，綜八卦之功，力、御之以神，方能成天地變化之大用耳。

七、八卦之性情

第七章

乾健也，坤順也，震動也，巽入也，坎陷也，離麗也，艮止也，兌說也。

按正義曰，此一節「說八卦名訓」。謂釋八卦之名，實則指八卦之性情也。乾之剛健，坤之柔順，二卦之彖傳，文言已明著之，震爲一切發動之象，巽之風行，无所不入，坎爲險，彖傳言行險、天險、地險，險易陷入，《說文十四下》𨸏部曰「陷、高下也，从𨸏，臽聲」段注「自高入於下曰陷，《易》曰坎陷也，謂陽陷於陰中也，凡深沒其中曰陷」段注「陽陷於陰中，」深沒其中」說陷之義至善，坎爲水，水懦弱，人狎而玩之，故易陷入也，離麗也，彖傳已明附著爲麗，艮爲山，山止其所而不動，兌說，澤水滋潤於物爲說也，八卦之性情畢見矣。

八、八卦取象

第八章

乾爲馬，坤爲牛，震爲龍，巽爲雞，坎爲豕，艮爲狗，兌爲羊。

第九章

乾爲首，坤爲腹，震爲足，巽爲股，坎爲耳，離爲目，艮爲手，兌爲口。

第十一章

乾爲天，爲圜以下，坤爲地爲母以下，震爲雷爲龍以下，巽爲木爲風以下，坎爲水，爲溝瀆以下，離爲火爲日以下，艮爲山爲徑路以下兌爲澤，爲少女以下……

第八章

遠取諸物，爲畜類之象，皆固八卦之性質而言之。

第九章

近取諸身，亦從八卦之性情爲說。

第十一章

廣繹八卦之象，此象之引申義，正義已具，茲略。

九、乾坤六子

第十章

乾天也故稱乎父，坤地也故稱乎母，震一索而得男，故謂之長男，巽一索而得女，故謂之長女，坎再索而得男，故謂之中男，離再索而得女，故謂之中女，艮三索而得男，故謂之少男，兌三索而得女，故謂之少女。

按陰陽之相需相求，其性自然，乾父坤母相與求索而生六子，乾一索而生長男爲震☳，一陽入於坤之初位；坤一索而生長女巽☴，一陰入於乾之初位，乾再索而生中男爲坎☵，一陽入於坤之中心，坤再索而生中女爲離，一陰入於乾之中心，乾三索而生少男爲艮，一陽入於坤之上位，坤三索而生少女爲兌☱，一陰入於乾之上位，是爲六子卦，凡陰陽相對，其爻必動，爻動而往之他卦，則爲他卦之主爻，由此演繹交互而六十四卦以生，足明易爻有交易之要義焉。

十、窮理盡性至命

第一章

昔者聖人之作易也，幽贊於神明而生蓍，參天兩地而倚數，觀變於陰陽而立卦，發揮於剛柔而生爻，和順於道德而理於義，窮理盡性以至於命。

第二章

昔者聖人之作易也，將以順性命之理。……

按右兩章總明先聖作易之宗旨。第一章言用蓍求卦倚奇耦之數，觀陰陽之變化而立卦爻，數象已具，首章「和順於道德而理於義」。次章「將以順性命之理」，此兩句實爲一事，和順於道德，斷之以義，即所以順性命之理也，何則？作易所以崇德，效天法地，則易在其中，以啓道義之門，而人性由之以存有。〈繫上七〉子曰「夫易，聖人之所以崇德而廣業也，崇效天，卑法地，天地設位而易行乎其中矣，成性有存，道義之門。」亟明道義本在天地之中《書》所謂天敘天秩是也（皐陶謨）存乎性分之內，故孟子曰「萬物皆備於我矣」（盡心上）又曰「求則得之……求在我者也」（盡心上）要言德性來自天地而人有所稟受之也。漢儒董仲舒嘗言「道之大原出於天」（漢書仲舒傳）朱子本之亦曰「道之大原出於天而不可易，其實體備於己而不可離」（朱子中庸章句）至所窮之理，含物理、人情、直指性命之理也，而盡性之「盡」爲後天修養，有擴充盡致之義，爲積累之工夫，乾文言之「閑邪存其誠」，坤文言之「敬以直內，義以方外」即吾人修養之功夫也。

性命之學爲儒學最高之趨嚮，亦曰內聖之學，成德之教，此二章已將天道性命通而爲一，孟子言盡心，知性、知天（盡心上）《中庸》「天命之謂性」謂天命之實下貫於人而爲性，皆明此理，究其本原，則《詩周頌》「維天之命於穆不已，於乎不（丕）顯，文王之德之純」「維天之命」康成注「命猶道也」甚是，由知頌詩爲通天道性命爲一之遠源矣。又《蒸民之什》「天生蒸民，有物有則，民之秉彝，好是懿德」明人性受之於天，由是知「盡性至命」即融道體，性體而爲一，上下與天地同流合天道性命以爲一整體，此儒家性命之學中心之所在《大戴記》尤能證發此理，首出「大道」，曰「大道者所以變化而凝成萬物者也」（哀公問五義第四十）儒家言道直指本原，此爲首出。又曰「分於道謂之命，形於一謂之性，化於陰陽，象形而發謂之生，化窮數盡謂之死，故命者，性之終也，則必有終矣」（大戴本命第八十）今按大戴明言性原於命，其本原則爲道又曰「命者，性之終也」謂命必形而爲性也，道與性命固通而爲一。然則道果何在？以易學言之，道在萬事萬物之中，道者何？中和恆久是也，宇內萬有不齊，而有一共通之趨向，即中和是也，陰陽之摩盪在求中，萬物之感應分合在求和，中和即易之太和，易之本體故曰「保合太和乃利貞」（乾彖傳）此則中庸致中和天地位焉，萬物育焉之盛境。「一陰一陽之謂道」天地之氣相交，中和定位，故能恆久，一陰一陽往復不已，所以致中和，萬象之森列，胥由一陰一陽之和合而均衡，此不易之道也，所窮之理在此，所盡之性在此，以至於命（天道），則求適於中和之道而已，性命之學爲儒學最高之目標，所以立人極，已優入聖域，故窮理盡性至命融天道性命而爲一整體，實即天人之合德，人之達於天道，學術至高之境域，何以加於此矣。

附清儒張蒿庵論性命語曰「故性命之理，騰說不可也，未始不可默喻，侈言於人不可也，未始不可驗諸己，強探力索於一日不可也，未始不可優裕漸漬以俟自悟，如謂於學人分上了無交涉，是將格盡天下之理，而反遺身以內之理也……」《清儒學案蒿庵學案，答顧亭林書》「窮理盡性至命」爲性命之學，不止談說而已，可以驗之於身心，所謂爲己之學也，故附之。

周易序卦傳釋義

序卦傳列述六十四卦先後承受之序次，條理井然《伊川易傳》自屯以下至於未濟，皆先引序卦原文以冠卦首，至爲重視。按六十四卦前後相承，爲宇宙發展之自然，亦人文演進之歷程。上經首乾坤，萬有之根元，爲天道之流行；下經始咸恆，夫婦人倫之基，人文之所以衍生，天人之和諧在茲！全文以「受」字爲主軸，受本兼授與，承受二義以聯係前後兩卦而會通其涵義也，分釋於下：

有天地然後萬物生焉。

六十四卦以乾坤爲首，繫傳曰「乾坤易之門」言天地，即指乾坤也。《乾鑿度》：「乾坤者，陰陽之根本，萬物之祖宗也」。周易以六十四卦取象萬有，故云有天地然後萬物生焉。

盈天地之間者唯萬物，故受之以屯，屯者盈也，屯者，物之始生也。

屯繼乾坤之後，萬物始生，盈溢於天地之間。《說文一下》「屯難也，屯象草木之初生，屯然而難，从屮貫一屈曲之也，一、地也，易曰剛柔始交而難生。」叔重本易傳言草木初生，屈曲以貫一，物始生之難可見。物始生多難，故屯有艱難之義。

物生必蒙，故受之以蒙，蒙者蒙也，物之稚也。

始生，物之稚也，蒙爲蒙昧，天造草昧之初也。

物稚不可不養也，故受之以需，需者飲之道也。

民以食爲天，飲食人所急需也。故繼之以需。

飲食必有訟，故受之以訟。

訟爲爭訟，飲食多寡不均，易起紛爭，故繼之以訟。

訟必有衆起，故受之以師，師者衆也。

爭訟之大者，引起戰爭，師爲軍隊，集衆人而成，故以師繼之。

衆必有所比，故受之以比，比者，比也。

比，從二人相親比，「比者比也」，下「比」字，疊本字爲訓，易傳多類此，二人相親近，息戰以和，故以比繼之。

比必有畜，故受之以小畜。

畜蓄同，正義「各有所畜以相濟」所畜尚少，故以小畜繼之。

物畜然後有禮，故受之以履，履者，禮也。

《說文一上》「禮履也」，禮貴實踐，衣食足而後禮義興，故小畜之後以履繼之也。

履而泰然後安，故受之以泰，泰者通也。

泰爲通暢，安定，人有禮則安（曲禮）故以泰繼之。

物不可以終通，故受之以否

否爲不通，與泰相反，六十四卦，每兩卦一組相對立，通不可以久，故以否繼之。

物不可以終否，故受之以同人。

「否終則傾」，久否則思通，人人同志，故繼之以同人。

與人同者，物必歸焉，故受之以大有。

與人和同，人必歸附，故有群衆。大有，得衆也，故以大有繼。

有大者不可以盈，故受之以謙。

雖有衆得國仍不可自滿，故繼之以謙。

有大而能謙必豫，故受之以豫。

得衆而能謙下，虛懷則受益多而說樂，豫，說樂也。故以豫繼之。

豫必有隨，故受之以隨。

與人和說，必有隨附之者，故以隨繼之。

以喜隨人者必有事，故受之以蠱，蠱者事也。

蠱，故通事也，人之相隨，必有所事，故以蠱繼之。

有事而後可大，故受之以臨，臨，大也。

臨，「剛浸而長」(彖傳)，象曰「君子以教思无窮，容保民天疆」此可大之業也，事在人爲，故以臨繼之。

物大然後可觀，故受之以觀。

德業大者，可以昭示(觀之義)於人，故以觀繼之。

可觀而後有所合，故受之以噬嗑，嗑者，合也。

可觀者，令人瞻仰，物必合聚，噬嗑爲齧合食物，相合之象，故以噬嗑繼之。

物不可以苟合而已，故受之以賁，賁者飾也。

合非苟合也，必有所文飾，彖傳「柔來而文剛，分剛上而文柔」，二卦反對之象可見，合者，人際關係之協調，必有文飾之道，乃可合也，故以賁繼之。

致飾然後亨則盡矣，故受之以剝，剝者，剝也。

先飾而後亨，亨之極則又剝裂，剝裂則爛。故以剝繼之。

物不可以終盡，剝窮上反下，故受之以復。

雖剝之不能盡，上九孤陽雖窮，至復又返於下而爲初九。反，返同，回復也，故繼之以復。

復則不妄矣，故受之以无妄。

復者反本復善，則不妄矣，无妄爲眞誠，故以无妄繼之。

有无妄然後可畜，故受之以大畜。

无妄爲眞誠與大畜（䷙下乾上艮）之剛健篤實，其義相成，故能大有畜積（畜德）故以大畜繼之也。

物畜然後可養，故受之以頤，頤者養也。

頤象口輔，所以納飲食，畜積之大然後有所養（養賢以及萬民，故以頤繼之。）

不養則不可動，故受之以大過。

養之充足（畜德以潤身）才德大過於人，故以大過繼之，言其大有所爲也。

物不可以終過，故受之以坎，坎者陷也。

大過胡可以久，故以坎險自警，而坎繼之也。

陷必有所麗，故受之以離，離者麗也。

麗爲附著，離，麗雙聲爲訓，彖傳曰「日月麗乎天，百穀草木麗乎土」險陷當化而爲夷，有所附麗而後步入坦途，故以離繼之也。上經終於坎離，凡三十卦。

有天地然後有萬物，有萬物然後有男女，有男女然後有夫婦，有夫婦然後有父子，有父子然後有君臣，有君臣然後有上下，有上下然後禮義有所措。

下經首咸恆，夫婦，人倫之始，男女、夫婦、父子、君臣、上下由此而定，禮義由是（尊卑、上下、長幼）而作，夫婦長相廝守，百年好合，故咸後繼之以恆。

物不可以久居其所，故受之以遯，遯者退也。

物窮則變，恆久不可久賴，事物久則必變，故以遯繼之，有進必有退，彖傳「遯亨，遯而亨也」明退乃能亨通也。

物不可以終遯，故受之以大壯。

久退將進，故以大壯繼之，大壯四陽方長（䷡乾下震上）雜卦傳「大壯則止」，蓋止其退而許其進也。

物不可以終壯，故受之以晉，晉者，進也。

大壯可進，故以晉繼之，仍許其進，如旭日之東升也。

進必有所傷，故受之以明夷，夷者，傷也。

進而不已，如旭日之東升，中天之後，其光趨微，故以明夷繼之，謂其光必泯滅《說文七下》「痍、傷也」知夷爲叚字。

傷於外者必反於家，故受之以家人。

反返通，在外有傷必返於家，家有溫暖，人窮則反本，疾痛則呼父母（蘇軾語）故以家人爲繼。

家道窮必乖，故受之以睽，睽者乖也。

家以和爲貴，乖爲相背不和，故以睽繼之。

乖必有難，故受之以蹇，蹇者難也。

乖戾必有衝激而蹇難隨之，故繼之以蹇。

物不可以終難，故受之以解，解者緩也。

突破蹇難，必先具和緩之心理，故以解繼之，此張而弛之義也。

緩必有所失，故受之以損。

過緩和則懈怠生，終必虧損，故以損繼之。

損而不已必益，故受之以益。

損爲虧損減少，天道損有餘而補不足（老子語）益之也，故以益繼之。

益而不已必決，故受之以夬，夬者，決也。

決爲分裂，斷決，彖傳「夬，決也，剛決柔也」（夬☱☰乾下兑上）五陽決去一陰，陰必銷蝕。故決有排斥之義，孟子「決汝漢排淮泗而注之江」（滕文公上，決排，皆去其壅塞也）益而不已必有決裂遭排斥之虞，故益後繼之以夬也。

決必有遇，故受之以姤，姤遇也。

此遭排斥，彼有遇合，故以姤繼之，彖傳「姤遇也柔遇剛也」陰陽和會，斷決而後有遇合之幾也。

物相遇而後聚，故受之以萃，萃者聚也。

相遇則聚合，陰陽其顯例也，故以萃繼之。

聚而上者謂之升，故受之以升。

物相聚則同心協力以上進，故以升繼之。

升而不已必困，故受之以困。

上升之極，則力窮而困，故以困繼之。

困乎上者必反下，故受之以井。

困則思通，井養人而不窮，所以通利也，故以井繼之。

井道不可不革，故受之以革。

井久則淤塞，不能出水，故須疏濬，或新鑿當改革，故以革爲繼。

革物者莫若鼎，故受之以鼎。

鼎以熟物，革之使新，革故生新，革之大者，故彖傳以湯武革命證之，鼎之繼革也。

主器者莫若長子，故受之以震，震者動也。

震，三男之長，爲適，爲事之主動，故以震繼之。

物不可以終動，止之，故受之以艮，艮者，止也。

震爲動，動極則靜而止，故以艮繼之。

物不可以終止，故受之以漸，漸者，進也。

漸爲漸進《說文二上》「䟅，進也」漸，叚借字，漸進，不急驟，止必有進，故以漸繼之。

進必有所歸，故受之以歸妹。

漸進當有其結果，歸妹，女嫁之象，女子生而願爲之有家（滕文公下）有所歸也，故以歸妹繼之。

得其所歸者必大，故受之以豐，豐者，大也。

漸進，發展，期其豐大，象傳「勿憂，宜日中宜照天下也」卦象爲明動（䷶上震下離）有豐大之象，故以豐繼之。

窮大者必失其居，故受之以旅。

豐大之極，不知謙退，必失其故居，功成而身當退，故以旅繼之。

旅而無所容，故受之以巽，巽者入也。

羈旅無容身之處，在旅而知巽順，無往而不能入，故以巽繼。

入而後說之，故受之以兌，兌者說也。

與人投合，人咸說納，故以兌繼之。

說而後散之，故受之以渙，渙者，離也。

渙爲離散，人生聚散無常，有聚則有散，故以渙繼之。

物不可以終離，故受之以節。

節卦䷻下兌上坎，澤以節約水流，渙散非長久自保之計，故以節繼之。

節而信之，故受之以中孚。

中孚內懷誠信，足以服人，象傳「信及豚魚」，守信執中，人咸樂從，故以中孚繼之。

有其信者必從之，故受之以小過。

信守中道，小有所過（行過乎恭，用過乎儉）無妨大體，故卦辭曰「小過亨利貞」故以小過繼之。

有過物者必濟，故受之以既濟。

過恭過儉之小過可以矯厲末俗，有所濟也。爾雅釋言「濟成也」，既濟功成，大局已定，故以既濟繼之。

物不可窮也，故受之以未濟終焉。

未濟，未成功也，事物發展，無有底止，窮盡，故以未濟終焉，終而不終，故彖傳曰「不續終也」，若是則終而復始，若環無端，終始相巡不已，人類歷史綿延於無既無窮也。序卦傳成書較晚，當在戰國末年。全文多就反對之義言，或取卦象，或取卦義，本對立、中和、一貫之義理而爲之序次，秩然而成章者也。

雜卦傳釋義

雜卦傳所列乾坤；比師；臨觀；屯蒙；震艮；損益；大畜无妄；萃升；謙豫；噬嗑賁；兌巽；隨蠱；剝復；晉明夷；井困；咸恆；渙節；解蹇；睽家人；否泰；大壯遯；大有同人；革鼎；小過，中孚，豐旅；離坎；小畜，旅，需訟；大過，姤，漸，頤，既濟，歸妹，未濟，夬，凡六十四卦。

其中顛倒相對者為

1.比與師；2.臨與觀；3.屯與蒙；4.震與艮；5.損與益；6.大畜與无妄；7.萃與升；8.謙與豫；9.噬嗑與賁；10.兌與巽；11.隨與蠱；12.剝與復；13.晉與明夷；14.井與困；15.咸與恆；16.渙與節，17.解與蹇；18.睽與家人；19.否與泰；20.大壯與遯；21.大有與同人；22.革與鼎；23.豐與旅；24.離與坎；小畜，旅，25.需與訟；以上凡二十五組，共五十卦，皆顛倒相對。其中小畜與旅，小過與中孚，不相反對，而漸，頤，既濟，歸妹，未濟夬，此六卦不相屬。

茲逐句釋之

乾剛坤柔。

二卦一剛一柔，爲對立之卦。

比樂師憂。

人相親比則樂，師爲軍旅，征伐多殺，故憂，大兵之後必有凶年（老子語）是也。

臨觀之義，或與或求。

臨，上臨下也，君臨萬民，有所施與；觀象傳「中正以觀天下」，「下觀而化」上觀字昭示之義，下觀字，瞻仰也，下有所求也。

屯見而不失其居。

物之始生故現，仍在故處，不失其居也。

蒙雜而著。

蒙在草昧，無知、發蒙則聰明。《博雅》「著，明也」。

震起也，艮，止也。

震爲動力，萬物皆興起，動極則靜止，「艮，止也」見説卦。

損益盛衰之始也。

損象曰「損下益上」，即損人利己也，其政必荒而日衰；益象曰「損上益下，民説无彊」，得民心者必昌隆，曰「盛衰之始」者，即盛衰之幾也。

大畜時也，无妄災也。

時時畜之，所畜必大；无妄爲眞誠，妄則取罪尤，卦辭曰「其匪正（妄）有眚。」眚，災殃也。

萃聚而升不來也。

萃聚本訓，錢大昕《潛揅堂集答問》「不來，上升之義」是也。

謙輕而豫怠也。

謙處卑下，不自貴重，豫爲悦樂，過樂必趨懈怠，終致荒淫，敗亡也。

噬嗑食也，賁无色也。

食物必齧合而後下咽，賁爲文飾，美飾則無定色，不定爲某色，故云無色。

兌見而巽伏也。

此即二卦之象觀之，兑上六之陰外現；巽初六之陰下伏也，兑説而巽入亦具此義。

隨，无故也，蠱則飭也。

《廣雅釋詁》「故事也」，《經義述聞卷一》「隨之爲道，動靜由人，已則無事。」飭，韓注「整治也」，蠱有事，故須整治。

剝，爛也，復反也。

剝，殘破易爛，復，反復、回歸。剝上九一陽，碩果僅存，至復返爲初九，陽始返，一陽復始，大地春回也。

晉晝也，明夷誅也。

毛西河《易小帖卷一》引宋人孫奕說，以爲誅應作「昧」，與晝相對，晉日出地上，明夷則日入地下，故昧。

井通而困相遇也。

井養人不窮，故爲通，困，澤无水，困爲窮困，遇困則不通，行拂亂其所爲也。

咸，速也，恆，久也。

咸言感應，速者，感應之神速，恒，恒久不變。

渙，離也，節，止也。

渙爲離散，節爲約制，義正相反。

解，緩也，蹇，難也。

解（懈）爲緩和，蹇難也，坎險在前，心情恐慌，二卦一張一弛之象也。

睽，外也，家人內也。

睽，爲乖迕，家人主和，故外內者，即親疏，內魯而外諸夏（公羊春秋大義）此內，外之義也。

否泰反其類也。

否，閉塞，泰，通暢，其事類，義涵均相反。

大壯則止，遯則退也。

大壯四陽方長，壯盛，適可而止，不止，則衰老立至，遯一陰方盛，陽宜退避也。知進退存亡而不失其正也。

大有，衆也，同人親也。

大有象傳「柔得尊位大中（六五爻）而上下應之曰大有」得衆也，得衆則得國（大學）故爲大有。同人六二爻，亦得位得中，與人和同，人亦親之，故曰親也。

革，去故也，鼎，取新也。

革爲變改，除去故敝，鼎以烹飪，食物新熟，生新也，去故，生新，《易》之大義也。

小過，過也。

其行稍過曰小過，象傳「君子以行過乎恭，喪過乎哀，用過乎儉」過乎恭爲足恭（足，過也，論語公冶長篇）過乎哀，曾子銜哀，七日不饑，過乎儉晏子一狐裘三十年是也。

中孚信也。

中孚，内有孚信也，卦辭「豚魚吉」，象傳「豚魚吉，信及遯魚也。」

豐多故也，親寡旅也。

豐爲盈盛，不知持盈守謙，必招致憂故，何楷「親寡旅」，當作「旅寡親」。本傳均先舉卦名，何氏訂之是也。旅爲客行，親屬自寡也。

離上而坎下也。

此即水、火之質性言，火性炎上，水性就下也。

小畜寡也履不處也。

小畜（蓄通）所畜者小（少）履爲行進之卦，不留止。

需不進也，訟不親也。

需，待也，險在前（上坎）姑稍待之，暫留也，訟爲爭執，內險外剛引致爭訟，故不親和。

大過顚也。

初，上俱陰，本末皆弱，其顚仆必矣。

姤，遇也，柔遇剛也。

一陰與五陽相遇也。

漸，女歸待男行也。

女子謂嫁曰歸，待男親迎而行也。

頤，養正也。

頤爲頭頰，所以納飲食，卦辭「頤貞吉」，彖傳「頤貞吉，養正則吉也」養正者，孟子「養其大體（心）爲大人」（告子上）此養正之義，不重小體之口腹，飲食之人則人賤之也。

既濟，定也。

既濟（䷾離下坎上），六爻皆當位，爲安定，完成之象。

歸妹，女之終也。

女子生而願爲之有家（孟子滕文公上）得其所歸，故曰終，男女婚配，代代相承，此人類歷史之終始點，終而復始，終始相巡，其義至大！

未濟男之窮也。

未濟䷿下坎上離，「三陽皆失位，斯義也，聞之成都隱者」二句見伊川易傳「雖不當位剛柔應也」二句之下，此解頗明洽。

夬，決也，剛決柔也，君子道長，小人道憂也。

夬卦䷪乾下兌上，五陽決一陰，決，排斥之義，孟子滕文公上「決汝漢，排淮泗而注之江」決排皆去其壅塞也（朱注）君子道長之時小人之道消矣，集解憂作「消」是也。雜卦傳雜糅眾卦，於六十四卦中，舉列二十五組，凡五十卦，皆顛倒相對，兩卦對立，其義相反，以此會兩卦之義，豁然貫通，不待詞費也。

記戴君仁先生談易理

約分四目：

一、易經迄今仍為有價値之書

今人對易經看法分二派，一派以爲易含哲理，必須尊重；一派以易不適用，朱子即以易爲卜筮之書，近人顧頡剛於古史辨內（第三冊）專攻訐易經，二派皆有其偏，易固原於卜筮之書，後經儒家參入哲理之言，遂啓宋代理學，道學之思想（理學以易爲根據）中庸與易言天道處，即宋代理學之所據，理學建立者爲周濂溪（宋元學案，不首列周子，非是）周子通書，即本中庸與易而言天道，如廢易，則中國無哲學可言，易內修亡治人之道頗多，無廢棄之理，學文史者，尤宜研究。

二、宋以前易學略述

習慣說法，易爲最早之經書，如詩，莫早於商頌，書首堯典，易自伏羲畫卦，爲時尤早，易歷三聖（

伏羲畫卦，文王繫辭，孔子作十翼）今人言考證者尙疑三聖人之說——唐前對重卦繫辭之說未定，惟十翼爲孔子作，向無異議，但孔子作十翼，今猶可疑，宋歐陽修易童子問中指出，文言、繫辭，非一人所作，其理由，即文義重複，又有子曰字，子曰，當非孔子自言，子亦非必專指孔子（戴先生言）此可能爲商瞿之徒所傳（近南方之儒，非鄒魯之士）易傳內明明有道家思想，就文字觀之，其時爲晚（與諸子近，較論語之時代爲遠，非春秋時作，當爲戰國時儒者所記，就哲學之系統言，其先必有所自出，此中多受道家思想之影響，今人謂宋爲新儒學，不如戰國時儒者爲新儒學之爲當也，因有此思想，易經之哲學系統始建立，不幸至漢（經學之保存，傳授，固有賴於漢人）漢人傳易有施孟梁丘，晚者爲京房（以上官學）而在民間者有費直（古文），西漢今文之學大多不傳，今存者爲費氏古文至東漢末有荀爽、鄭玄、虞翻、劉表等，東西漢易說多亡佚，今存者，在唐李鼎祚周易集解內，欲知古易，此書極爲重要！另爲清惠棟易漢學（自孟喜，京房，可找尋之易說皆詳說之）欲見原始資料，須讀李氏集解，說解須看惠氏書。漢易多言象數，如孟喜，京房之言陰陽災異（言陰陽災異，他經亦然，非特易也，如公羊、書之洪範五行，今則以迷信斷之，西漢經學，即政治學，天所示警，固言災異——東漢易學，可云爲象數之學，象本易所固有，如乾象天……惟言象應有限制而說卦言象已繁，漢虞翻於說卦之外，又添若干象，以象說易，遂言卦變（如旁通、升降、互體……等，均言卦變）易卦多有難通者，而以卦變說之，反可通，實言之，漢人言易，其手法不過如此（以象說易）後人不滿之者，起而變革之，王弼盡掃象數，建立義理，爲易學一大進步，其缺點在於以老莊之理言易，導清談之風，又有頹廢之習氣，然在易學發展上，大有價值。

三、宋人圖書之學

廣義言之，包括先後天學，本義首頁前八圖皆可云圖書，（黑白點之圖，漢人以圖書爲二書）傳爲陳摶所授，宋朱震易集傳進表時文云「……」宋史引之云云，實言之，圖書爲突然出現，先後天之說出於邵康節氏，朱子信之，故從晚宋至明，無人不言，但自元代起，即有人疑之，至清胡渭始定論。河圖出楊子太玄之玄圖篇，洛書出於九宮（大戴禮明堂篇，大戴禮在秦漢之間）此爲數學游戲，宋人據此以造洛書，二者皆與易傳不合。

四、程傳與本義

易重在義理，當讀程傳，輔之以本義，再益之以王弼註，讀此三書，即知易理也，程傳只言上下經，六十四卦只取彖傳、象傳、文言、序卦，餘均不取者，程子蓋嘗疑之矣。漢人言象，宋人言數，皆易之魔障，朱子以燈籠骨子障光明爲喻，至當。至可貴者，伊川言理，而其中天道，人事均有，惟言人事者多耳。以今言之，有倫理、政治，皆至精要！又與今人思想相合，伊川講學，主「涵養須用敬，進學在致知」，上句爲心理修養，下句爲書本知識，朱子主窮理，本於伊川，宇宙之理，一爲自然者（物理），一爲人事者（事理）事理，即五常之教，如父慈子孝是，宋人言理，以爲事理、物理，均宜窮之，惟不重物理而重在人文科學、社會科學（言作人之道，包括修己治人）但伊川藉易發揮自己所了解於宇宙萬事萬物之理，言人事之理，程傳極有價值，只失在藉易明己之學，所言固不與易全相密合，粗言之，易經本易講，如今籤書之言——易多爲象徵性之言，多方面皆可講說，任何事理皆可入易，但言易最有道理之書莫過於程傳，程傳固爲伊川一家之學，朱子有所不滿，以其多非易之初意，故有本義之作，以匡其不逮，朱子有科學精神（求眞）如朱子考孝經、詩序，皆有求眞之精神，如元亨利貞爲斷吉凶之常語，孔子彖傳以此四字言天道，爲孔子一人之意，文王之元亨利貞，爲大道至正之義，孔子乃分言之，非文王之意也，孔子所言者，宇宙之政治論，非易之本義，故朱子欲還其原，（日知錄首卷論朱子本義之版本幾經變更，原本與呂祖謙古本合）其中彖曰，象曰，皆另分出（今本則經傳混合）朱子則還其原（求眞之表現）程傳言理（明善），朱子求眞，讀易者能求眞而明善斯可矣。

按戴先生所講，淺而深入，條理分明，學易治易兼具，故錄之以享後來。

劉申叔先生易學綜要

前言

先生諱師培字申叔（一八八四—一九一八），江蘇儀徵人。三世治左氏春秋，少承先業，服膺漢學，早年成《左氏傳例略一卷》，又作《周書補正六卷》，博覽載籍，過目不忘，然以神志過耗，年未四十疾疢連年。

其著作論群經及小學者，二十二種；論學術及文辭者十三種；群書校讎二十四種，詩文集四種；讀書記五種；學校教本六種；除詩文集外，餘皆民元前九年以後十五年中所作（蔡子民劉君申叔事略）。

先生本班志「易為五經之原」，亦以易統群經，又以易為古代致用之學，非託諸空言，經學教科書易經凡三十六課，以易例為主挈易經重要之義蘊為綱，易經全書之義例備於此（三十六課）

本文專取經學教科書第二冊易經（作於民前七年乙巳，凡三十六課）及「宋元明之易學漢宋學術異同論」倫理教科書第一冊，「」說剛柔」、「周易圖」、「大易易數鉤深圖」、「近儒之易學」等篇為主要資料，即其內容分為四項，一、易經綱要、二、卦爻、三、治易、四、易學覃及、論次於下：

壹、易經綱要

一、易為六經之首，其大綱有四：

(一)易經之名義。

1. 參同契曰，「日月爲易」虞翻注云，字從日下月。
2. 說文曰：祕書說，日月爲易，象陰陽也。
3. 乾鑿度云：渾淪者言萬物渾成而未相離，視之不見，聽之不聞，循之不得，故曰易。

謹按先生列三書釋易名，「日月爲易」，今字，有日無月，後者謂易無形，無聲，不得其跡，究其始爲混沌，而無以名之也。

(二)易經之作用。

1. 繫辭曰：夫易開物成務冒天下之道，如斯而已者也，是故聖人以通天下之志，以定天下之業，以斷天下之疑（上、十章）
2. 易有聖人之道四焉，以言者尙其辭，以動者尙其變，以制器者尙其象，以卜筮者尙其占（上、九）。
3. 列貴賤者存乎位，齊小大者存乎卦，辨吉凶者存乎辭，憂悔吝者存乎人震无咎者存乎悔（上、，三）
4. 易彌綸天地之道（上、三）

5.易之爲書也廣大悉備有天道焉，有地道焉，有人道焉（下、八）

謹案1.（上、一）「冒天下之道」，4.（上、三）「彌綸天地之道」，5.（下、八）易備天地人三才之道，皆謂易道涵蓋面廣，無不賅備，至1.（上、十）聖人以通志、定業、斷天下之疑，則其作用之大，匪言可喻。至第2.辭、象、變、占四者，則是讀易之法，所當重視者。

(三)易之義旨

1.禮記祭義篇云昔者聖人建陰陽天地之情立以爲易。此作易。

2.禮記經解云，絜淨精微易教也。此易教。

3.春秋繁露易明其知，此易教。

4.莊子曰，易以道陰陽。易義。

5.史記曰易著天地陰陽四時，故長於變，易以道化，易義。

6.淮南子云，易之失鬼，注云，易以氣定吉凶，故鬼。言其失又曰易之義清明條達。易義。

7.鄭玄六藝論，易者陰陽之象，天地之所變化，政教之所從生。此易道。

謹按1條言作易，2、3言易教，4、5、6又言易義。鬼，指其失，7條言易道，皆於義旨有關。

(四)讀易之法

1.繫辭云居則觀其象而玩其辭，動則觀其變而玩其占。

2.褚澄曰，雖有體不可以一體求，屢遷，不可以一遷執。

3.焦循曰，學易者必先知伏羲未作八卦前係何世界？伏羲作八卦重爲六十四卦，何以能治天下？神農堯舜文王周公孔子何奉此卦畫爲萬古修己治人之道？

又易經一書，不外比例，引申，易辭俱是舉一隅，欲人三反，以上所言，皆易經一書之總綱也，治易者當用褚氏、焦氏之法以求之，庶乎可以通易學矣。

謹按1條言由辭以觀象，由占以觀其變。2條，讀易不可拘守一事，3條問畫前之易？六十四卦何以能治天下？神農、堯舜文、周何以奉此卦畫爲修己治人之道？又研易當於比例，引伸求之，先生右四，爲易之總綱，於易之功能，義旨，讀易等，皆宜細心玩索。

二、周易宗旨

周易宗旨，所以發揮有周一代之政教典章也全書之旨，約有三端

㈠言陰陽而不言五行

伏羲畫卦以天地爲首，又以天秉陽而地秉陰（禮運）由陰陽而生四時，若五行之說，以金木水火土爲體，如於黃帝物有其官及夏禹以五行爲宗教，舉聲味容色皆入於五行，而一切天文、卜筮（稽疑）、雜占（庶徵）悉該入五行之中，並以五行該人事，演爲九疇，而洪範之書傳於箕子，故易經不言五行，孔子師文王之意亦不言五行。

㈡言人事而兼言天事

周代以神道設教，故易經以天爲萬物之主宰，觀卦曰聖人以神道設教而天下服是其證，又以人

事與天事相表裏，故卜筮之學亦出於易，周易以人事爲主而以天道統人事者也。

㈢曰言周禮而不言古禮

周禮者，時王之制也，周易爲周書，故所言均時王之制，此韓宣子所由以周易爲周禮也。

三、易有三義

易字含有三義。

易字含有三義，乾鑿度云孔子曰，易者易也，變易也，不易也，鄭玄易贊曰，易之爲名也，一言而含三義，易簡一也，變易二也，不易三也，是易字有三義之證，試即三者引伸之。

㈠曰簡易。即儒家反約行簡，道家抱一之說所從出。繫辭上曰「乾以易知，坤以簡能，易則易知，簡則易從」（上、一）又曰「易簡而天下之理得矣」（同上）繫辭下曰「夫乾確然示人易矣，夫坤隤然示人簡矣」（下、一）又曰「夫乾天下之至健也，德行恆易以知險；夫坤天下之至順也，德行恆簡以知阻」（下、九）揚子法言五百篇云「或問天地簡易而聖人法之，何五經之支離？曰，支離蓋其所以爲簡易也，已簡己易矣，焉支焉離？」皆言簡易之道也。若夫孟子之言反約（孟子離婁下，孟子曰博學而詳說之，將以反說約也）老子言抱一爲天下式（老子二十二章）凡治學治國持挈綱提要之旨者，均由簡易之義而生者也。

㈡曰變易。即漢儒改制更新之說所從出。

繫辭曰「變動不居，周流六虛，上下无常，剛柔相易，不可爲典要，唯變所適」（下、七）又曰「生生之謂易」（上、五）生生不已，即變化也，鄭玄云，揲著變易之數可占者。宋人胡瑗曰易者專變易之義，蓋變易之道天人之理也，程子曰，易，變易也，隨時變易以從道也。朱子謂易爲交易，變易之義。章學誠文史通義曰易之爲義，實該羲農來不相沿襲之法數也，易之初見於文字，則帝典之平在朔易，孔傳謂歲改易，而周人即以取名揲卦之書，則王者改制更新之義，顯然可知矣，案此說即近世改制變法之說（康有爲等）所從出。

㈢曰不易。即儒家則古稱先，漢儒天不變，道亦不變之說所從出。繫辭曰「天尊地卑，乾坤定矣，卑高以陳，貴賤位矣動靜有常，剛柔斷矣，方以類聚，物以群分吉凶生矣」（上、一）此皆指理之有定，道之不易者言也，禮大傳曰其不可得變革者，則有矣，親親也，尊尊也，男女有別，此其不得與民變革也。」其不變之說，即近世守舊之說所由來也。此皆易經之大義也。乾鑿度所引孔子之說，或即孔子論易之詞乎。

謹按三易之義，先生以爲漢儒，儒家思想之所從出，以三易皆易之大義也，甚是。簡易，即以簡御繁，以一馭萬之旨易以陰陽統攝萬有。一奇二耦，物性莫不如此。不易者道易經特立恆卦以明之。天地之道恆久而不已，先生謂不易者理之有定，道之不易者甚是，儒、道均謂之爲常道者也。變易者生生不已之變化，動則變，變則化，此三易之義，而以變易爲其主動力也。

貳、卦 爻

一、卦名釋義

六十四卦卦各有名，名起於言，先有此義，乃錫此名，夫乾坤坎離，名也，健順陷麗，義也，惟先有健順陷麗之義，然後有乾坤坎離之名，卦義在先，卦名在後，卦名者，以一字代表一卦之義者也，其取名之義有四，一曰言其德，二曰言其用，三曰言其象，四曰指其事，言其德，如乾健也，坤順也是；言其用，如咸感也，是；言其象，如屯盈也，坎陷也是；指其事，如訟卦、師卦是。易經彖傳、象傳、繫傳、序卦、說卦、雜卦，大抵不外此四端，惟訓釋之法，有：

1.以本字訓本字者，如蒙者蒙也，剝者剝也是。

2.以有偏旁之字訓無偏旁之字者，如咸感也夬決也是。

3.以雙聲疊韻之字訓本字者如乾健也坤順也是。

4.以同義之字訓本字者，如震動也，艮止也是。

列表以說明之，於各傳訓義之詞，分別由□以言其德，由○以言其用，由◎以言其象、由、以指其事。

二、論易卦之作用

繫傳曰「古者包犧氏之王天下也，仰則觀象於天，俯則觀法於地，觀鳥獸之文與地之宜，近取諸身，遠取諸物，於是始作八卦，以通神明之德，以類萬物之情。」（下、二）

其用有二：

以乾坤示夫婦之義，即以坎離震巽兌艮爲六子，以示父子兄弟之倫。

㈠明人倫。

陸賈新語曰「先聖乃仰觀於天，俯察地理，圖畫乾坤以定人道，民始開悟，知有父子之親，君臣之義，夫婦之道，長幼之序，於是百官立，王道乃生。」白虎通曰「古之時未有三綱六紀，民人知有母不知有父於是伏義仰觀象於天，俯察法於地，因夫婦，正五行始定人道，畫八卦以定天下。」焦循曰，「序卦傳有天地一節，所以明伏義定人道之功也，知母不知父，則同於禽獸，父子君臣上下禮義，必始於夫婦……知有父子人倫，王道自此而生。」故伏義之卦，首定乾坤也其說甚精。

㈡定人品

以陰陽二字爲一切善惡邪正各名詞之代表以崇政黜邪。

說文引祕書說易象陰陽。莊子曰，「易以道陰陽。」晉紀瞻曰「伏義作八卦，陰陽之理盡矣。」是易經以言陰陽爲主，然繫傳云觀變於陰陽而立卦，一陰一陽之謂道。說卦傳曰，立天之道曰陰與陽，則陰陽之說，始於伏義。管子言伏義作造六崟以逆陰陽。尤其確證。陰陽二字不獨爲一切對待名詞之代表，且以陰陽衡人品，凡易經所謂剛柔，內外，君子小人，均以陰陽二字代其用，故知伏義之言陰陽，所以示人民立身之表率也。

三、說剛柔

儒家言剛不言柔，孔子作易文言傳「大哉乾元，剛健中正純粹精也」周易重剛，尤重剛中，蓋天下惟剛德之人，可以立志，可以振氣節，可以特立於流俗之中，故孔子言「吾未見剛者」（公冶長篇）又言剛毅近仁（子路篇）又言不得中行必與狂狷（同上）蓋狂者遠法古人，不顧世俗，固剛者也。狷者不屑不潔（孟子盡心）持守甚堅，亦剛者也。天下惟至剛之人，斯能合於中行，故孟子之言養氣也，謂浩然之氣，至大至剛，以直養而無害，則塞乎天地之間（公孫丑上）至剛者，即不可屈撓之謂也，惟其不可屈撓，故能爲世人所不能爲，而不爲同流合污之行，伯夷之清，屈原之潔，此剛德之見於實行者也。剛也者，即孟子所謂富貴不能淫，貧賤不能移，威武不能屈者也（滕文公下）朱子有言剛者堅強不屈之意，最人所難能者（吾未見剛者句下朱註）又曰世衰道微，人欲橫流，非剛毅之人，奚能立足，明儒吳康齊亦曰，男兒須挺然生世間。賀醫閭亦曰世風日下，豪傑之士，挺然特立，與俗違拗方能去惡爲善。蓋衰世之好惡，多與利害相衡，而衰世之利害，多與是非相反，惟剛德之人，不顧流俗之是非，亦不惑於當前之利害，故能奮發有爲，任情自發，雖迕世絕俗而不辭，尙潔而不流於污，好勇而不流於怯，貴爭而不甘於退，非所謂豪傑之士哉。惟老子貴柔賤剛，創爲守黑守雌之說，故和光同塵，不敢居天下先，效其法者，出則爲鄙夫之患得患失，處則爲鄉愿之同流合污，後世以其便於處世也。遂群奉柔德爲依歸。不知剛德之近於方，柔之德近於圓，唐元次山有言，寧方爲皂，不圓爲卿，此即貴剛賤柔之說也，況生處衰世，非崇尙剛德又何以砥柱頽風哉？惟好剛之蔽近於客氣用事，故書言高明柔克，明魏莊渠亦曰，理與氣合，是浩然之氣，纔與理違，便是客氣，客氣者，即作事躁率，不假思索之謂也，故克之以柔，非謂柔德之果勝剛德也。

謹按先生特著周易貴剛賤柔，尤重剛中之大義，比卦彖傳釋卦辭「元永貞无咎」曰，以剛中也。孔子於論語子路篇曰「剛毅近仁」於易則指復初九之陽剛爲仁（象傳與王注）而以孟子富貴不能淫，貧賤不能移，威武不能屈曰三句釋剛者，比之孟子所謂浩然之氣，至大至剛，又謂剛德之人尙潔不流於污，好勇不流於怯，貴爭而不甘於退，能爲亂世之中流砥柱，故主衰世宜尙剛德，斥老子貴柔賤剛之非，皆易尙剛德尤貴剛中之至訓也。

（按右段見倫理教科書第一冊。）

四、釋爻辭

每爻必有義，就爻義而釋之者，謂之爻辭，作者爲文王、或周公，先生從陳澧說，孔子未明言，後人不必指爲何人也。周易各爻，凡其象相同者所用爻辭亦多相同大抵內卦爲主，外卦爲朋，陽爻爲剛、爲君子、爲吉、爲存；陰爻爲柔、爲小人、爲凶、爲亡、此易例之大略也。至爻辭之例：如二、五爻稱中、中正、正中、正、中直、直、中道、中行、黃、凡三四爻稱內，際、或、疑、商、進退、來往、次且，凡初爻稱始，亦曰下、卑、足、跡、履、屨、藉、尾、窮、隱、潛、凡上爻稱終，亦白上、尙、高、元、窮、天、首、頂、角、何、其例易明，不贅。

五、互體

卜筮之法用互卦以與正卦相參，謂之互體，繫辭下云：

「若夫雜物撰德，辨是與非，則非其中爻不備。」（下、四）又「二與四同功而異位，三與五同功而異位」（下、八），此言二至四、三至五兩體交互，各成一卦也，是爲互體之正例。

甲、爲二三四叁爻互卦之法，以左氏莊二十二年陳侯使周史筮，遇觀之否、是。

乙、爲三、四、五、參爻互卦之法，以左氏僖十五年晉史蘇占筮伯姬，遇歸妹之睽、是。

右爲三畫互體之法。

復有四畫互體之法，約有三例：

甲、中四爻互卦之法。見虞氏大畜九三爻易注，二至五，體師象。

乙、下四爻互卦之法。見虞氏蠱六四爻注云，四陰體大過本末弱。

丙、上四爻互卦之法。見虞氏大畜六五爻注，云三至上體頤。

餘尚有五畫互卦之法，皆煩瑣，不具引。

六、卦變

卦變之法有二

㈠爲旁通相錯變化之法

乾文言曰「六爻發揮，旁通情也」陸績注云，乾六爻發揮旁通於坤。

例如乾䷀

坤䷁

屯䷂

鼎䷱

凡此卦與彼卦旁通者，則此卦之義，互見於彼卦，所謂比例也。

如師䷆與同人䷌爲旁通卦而同人言大師克相遇。

需䷄與晉䷢爲旁通卦，故晉者進也，需者，不進也。

有旁通之卦，即有相錯之卦。

如乾䷀與坤旁通，而否䷋泰䷊，即爲乾坤相錯之卦。

凡此卦與彼卦相錯者，此卦之義亦互見於彼卦。

如蒙䷃革䷰爲困䷮賁䷕之相錯，故蒙稱困蒙。

睽䷥蹇䷦爲旅䷷節䷻之相錯，故蹇稱中節。

㈡爲反復往來

六爻移易者爲反復。

乾文言傳云「反復其道」，復象云「反復其道」。此反復之法所由昉也，虞氏觀象注云，觀，反臨也。漸象注云，反成歸妹，蓋反復者，六爻交易之謂也。

如臨卦䷒下兌上坤，反復之，則爲觀䷓。

一爻移易者爲往來。

蹇六四爻辭云「往蹇來連」，荀爽注云，欲往之三，來還承五，此往來之法所由昉也。

如蠱卦䷑初六九二易賁䷕易本卦。九三六四易未濟䷿上下易者

虞氏小畜注云豫四之坤初爲復是。

叁、治易

一、彖辭

㈠釋彖辭

彖辭者，文王之所作也。文王革商而爲周易，因取伏羲之卦而係以彖辭，彖訓爲材（下、三）言以彖辭分析每卦中所含之意也。彖字古音當讀若弛，音近於材，訓爲材，音義相兼，故彖辭爲每卦之要說，而每卦所含之情，所包之象，均見於彖辭之中，故彖辭爲每卦提要之辭，繫傳曰「知者觀其彖辭則思過半矣。」（下、七）言彖辭既解，則一卦之大義均可解已。

㈡彖辭立十二字以爲標

字各一義，即元亨利貞，吉凶悔吝厲孚无咎是也。各卦於此十二字之中，有含有數字之義者，有僅含一二字之義者，均於彖辭見其凡。

元之謂言始也（乾彖）善之長也（文言）萬物所資始也。（乾卦）。亨之言通也（廣韻）嘉之會也（乾文言）觀會通而行典禮之義也（繫傳）。利者，義之和也（乾文言）利物足以和義（

同上）利者，變而通之之謂。貞者事之幹也（乾文言）貞固足以幹事，貞者正也（師卦）。吉凶者，得失之象也，（上、二）吉凶生於外（下一、吉凶見乎外）愛惡相攻而吉凶生（下、九）。悔吝者，憂虞之象也。（上、二）言乎其小疵也（上、三）遠近相取而悔吝生（下、九）。厲者危也，厲與孚，並言（夬卦）凡未悔吝者均爲厲（焦循易通釋）。

十二字中又以吉凶二字爲總綱，元亨利貞均吉，貞則凶吉相兼，悔吝可以由凶而入吉，未悔吝則凶，是曰厲，既悔吝則吉，是曰无咎。

謹按先生謂治易首當知彖辭，以其爲每卦提要之語，彖辭得，則一卦之大義均可冰釋。又彖辭特立「元亨利貞吉凶悔吝厲孚无咎」十二字以爲全經之標的。十二字中又以吉凶二字爲總綱，吉凶悔吝有其循環性、深明吉凶悔吝，操之在我，治易當熟玩此十二字，知彖辭之重要性也。

二、象數

易本有象數，先生於〈漢宋學術異同論〉中云，漢儒信讖緯，宋儒信圖書，讖緯、圖書二者，皆源於方士。夫太極之名，圖書之數，先天後天之方位，雖見於易傳，然搏放縱橫曲直，一本己意所欲出，似與易旨不符，漢代以通讖緯者爲內學，宋代以通圖書者爲道學，若皇極經世書作於邵子其學出於陰陽家，邵子於漢儒之學最崇揚雄、邵子立說，本於漢儒者，有卦氣之說，夫卦氣之說始於焦贛、京房謂卦氣始於中孚，以四正卦分主四方（坎離震兌）子雲太玄本之，而邵子之言卦氣也亦用六日七分之說，九宮之法，見於乾鑿度，鄭君注緯亦信其言，陳搏喜言九宮，邵子之書亦兼明九宮之理。

宋儒象數之學，出於漢儒者，非僅卦氣九宮而已，河洛之圖亦然，易緯河圖數云，一與六共宗，二與七同道，三與八爲朋，四與九爲友，五與十同途。而宋儒之繪河圖洛書也實與相符。朱子作易學啓蒙，仍主漢儒孔、劉之說，互體之說朱子所深信也，然虞翻注易已言之，太極陰陽之說，漢儒所已言，特宋儒以太極標道學之幟耳。特漢儒之學多舍理言數，宋儒之學，則理數並崇而格物窮理，亦間邁漢儒。

宋儒象數學之可取者有三

㈠邵子曰，天依形、地附氣。又曰，其形也有涯，其氣也無涯。程子曰，天氣降而至於地，地中生物者，皆天之氣也。張子曰，虛空即氣，此即岐伯大氣舉地之說也（見素問）與皙種空氣之說，大約相符，此宋儒象數學之可取者一也。

㈡張子曰，地對天，不過天特地中之一物耳，所以言一而大謂之天，二而小謂之地。又曰，地有升降，地雖凝聚不散之地，然二氣升降，其相從而不已也，陽日上，地日降而下者虛也；陽日上，地日進而上者盈也，此一歲寒暑之候也。朱子亦曰地四游升降不過三萬里，此即鄭君地有四游之說，與皙種地球公轉之說，大抵相同，此宋儒象數學之可取者二也。

㈢程子曰，月受日光，日不爲虧，然月之光，乃日之光也。朱子曰，月在天中則受日光而圓，月遠日則其光盈，近日則其光損，此即張衡日蔽月光之說，與皙種月假日明之說，互相發明，此宋人象數學之可取者三也。

又有五項特出者：

1.**效實儲能之說**。

周子言動而生陽，動極復靜，靜而生陰，靜極復動，非即效實儲能之說乎？（動而生陽，即西人闢以出力之說，所謂效實也；靜而生陰，即西人翕以合實之說，所謂儲能也）

2.**不生不滅之說**。

張子言聚亦吾體，散亦吾體，知死生之不亡，可與言性，非即不生不滅之說乎？（聚散雖不同，而原質仍如故，即不生不滅之說也）

3.**正負相抵之法**。

又謂兩不滅則一不可見，一不可見，則兩之用息，非即正負相抵之法乎？（物有二，即有對待，故佛家有三世一時，衆多相容，張子此言與代數正負相等則消之法同）

4.**邵子論象數名義**。

邵子《觀物內篇》曰：象起於形，數起於質，名起於言，意起於用，其析理尤精！遠出周、張之上，象起於形者，即左傳物生而後有象也，物之不存，象將安附？數起於質者，即左傳象而後有滋，滋而後有數是也。凡物之初，皆由一而生二，而後數乃生。名起於言者，如爾雅之指物，皆曰謂之是也。意起於用者，即古人所謂思而後行也。以穆勒名學之理證之，則象即物之德也，數即物之量也，言即析詞之義也。用、即由意生志，由志生爲之義也，故其理甚精。

5.**邵子深明地質之學，以水、火、土、石爲地體。**

邵子曰，太柔爲水，太剛爲火，少柔爲土，少剛爲石。水、火、土、石交而地之體盡以代洪範之五行（此則深明地質之學）地質之學已啓其萌，此則宋儒學術遠邁漢儒者矣，與荒渺不經之說迥然殊途。

謹按先生列舉宋儒象數學之可取者三項，又理論之傑出者五目，皆與近代科學知識相符，此等處則遠出漢儒之上也。

肆、易學覃及：

繫傳謂「易冒天下之道」，「彌綸天地之道」知易學涵蓋面之廣大，其所延及者約有九項

一、論易經與文字之關係

1.八卦爲象形文字之鼻祖

如乾爲天，天字早書作乞，象乾卦之形，坤爲地，古坤字作巛，象坤卦☷之倒形。坎爲水，篆文水字作巜，象坎卦之倒形，離爲火，古文火字作)(，象離卦之倒形。

2.卦名之字僅有右旁之聲，爲字母之鼻祖。

上古聲起於義，故字義咸起於右旁之聲，如豹、犳同聲，與虎並言，則借犳爲豹，羊祥同聲，有吉義則借羊爲祥。

二、論易經與數學之關係

易經爲數學所從生，上古之時，數學未明，即以卦爻代數學之用，如卦有陽爻陰爻，陽卦爲奇，陰卦爲偶，易爻之分陰陽，猶代數之分正負也。其言加法者，如夫一地二……天九地十一節，是，又天數二十有五，地數三十，凡天地之數，五十有五是。言減法者，如大衍之數，五居中央，一六古北，五加一爲六，六減一爲五，是六與一同根也。三八四九，其理亦然。且大衍之數爲句股開方徑七之法所從生，此皆數學出於周易之證，又周易一書參伍錯綜，近於算學之比例，以此知周易之義與數學相通矣。

三、論易與科學之關係

易經一書於闡明物理有二：

甲、有裨於化學。

有裨於化學者，蓋以地氣水火爲四行，即化學所謂原素。昔印度以地風水火爲四大，希臘以地氣水火爲四行，中國上古之教亦四行，而非五行，伏羲作易，首重八卦，故八卦之中有正位之卦，有孳生之卦，乾坤離坎、卦之列於本位者也。震巽兌艮，卦之出於孳生者也，山傅於地，澤附於水，雷生於火（雷與電本一物，雷爲電之聲，電爲雷之形，故離爲火又爲電）若天之與風，又皆空氣所積者也。由是言之則八卦出於四行，有明徵矣。易繫傳言兩儀生四象，四象生八卦，四象殆即四行與，舊說以四象爲四時，恐不足據）。

乙、有裨於博物者。

蓋於衆物之繁，悉該以陰陽二大類，以立其綱，繫辭曰乾陽物，坤陰物（下主）又曰本乎天者親上，本乎地者親下（乾文言），蓋以衆物之繁，悉該以陰陽二類，凡陽爻所言之物，皆陽物也；本乎天者也；陰爻所言之物皆陰物也，本乎地者也，漢儒析之最詳，又易經格物學多見於子夏之言，蓋古易相傳之義也。（家語執轡章，天一地二人三，三三如九，九九八十一，一生日，日數十故人十月而生，其餘各從其類矣）

要而論之，周易之言科學，非僅裨研究學術之用也。蓋以科學爲實業之基，因以備物利用，故繫辭言以制器者尙其象，又成器以爲天下利，此皆研究科學之功也，則周易一書，非僅蹈空之學矣。

四、易與史學。

章學誠以易爲周公舊典，實則周易一書有裨考史，其用有四：

甲、周代之政，多記於易經，故易經可以考周代之制度

如封建之制見於震（象云震驚百里，鄭注，雷發聲聞於百里古諸侯之象），見於晉（卦辭康侯用錫馬蕃庶），屯（利建侯）豫，師。大夫食采之制見於訟（九二云，其邑人三百戶，此周禮以室數制都鄙之制，以及大夫得世祿之制）。出師之制見於師（師出以律）巽（六爻皆軍禮張惠言說）離（上九，王用出征）軍賦之制見於萃（初六一握爲笑，鄭注讀爲夫三爲屋之屋，張惠言云，此有軍賦起徒役之法）刑制見於離（九四突如其來如焚如死如棄如此言周法不孝之世子當處以焚殺之刑及流宥之刑）鼎

（九四形渥，鄭云臣下曠官失君之美德當刑之於屋中）。若九州五服之制，亦見於繫傳一君二民節鄭注。

乙、古代之事多存於易經。

高宗伐鬼方三年乃克，見於既濟，箕子爲紂所囚利艱貞以晦其明，事見於明夷，成湯名帝乙，見於歸妹，文王離殷獨立其事亦見於既濟（東鄰指紂）。

丙、古代之禮俗，多見於易經。

故易經可考宗法社會之狀態，周制妾子爲君，不得尊其母，此制見於鼎卦（九二，鼎有實，我仇有疾，不我能即，吉）周制不娶同姓，其制見於同人（六二、同人於宗、吝）周制以長子主祭見於震（序卦曰主祭者莫若長子）周制后無出道，其制見於同人（六二，鄭注，天子諸侯后夫人無子不出）

丁、社會進化之秩序。

易可以考古代社會之變遷，繫傳（下、二）伏羲王天下數節，此言事物發明之次第，於農、商、工、禮教、文字之起源言之至晰。又序卦上篇有天地然後萬物生一節言社會進化於文明，至詳。

五、易與政治。

甲、內中國而外夷狄。

虞翻注未濟，以高宗爲乾象，以鬼方爲坤象，即以陽爲中國，以陰爲夷狄，凡以陽爻加陰爻，皆指中國征夷狄言，如謙言「利用行師」（六五爻），離言「王用出征」（上九爻）是，鄭玄注易亦以陰陽區夷夏，故以一君二民爲中國，二君一民爲夷狄也。又類族辨物見於同人，孔疏以聚類釋之，此即類聚群分，故繫辭又言方以類聚，物以群分（上、一）也，則別種族以易經一書爲最詳。

乙、進君子而退小人。

易經並稱君子小人者六，單稱君子者十四，單稱小人者三。蓋以柔爲小人，剛爲君子，陽爲君子，陰爲小人，內君子而外小人則爲泰，內小人而外君子則爲否，蓋以用君子則治，用小人則亂，君子與小人不兩立，其道互相消長，夬卦云君子道長，小人道消，否卦云小人道長，君子道消此其證，然進小人則爲凶，爲不利，如剝卦言「不利有攸往，小人長也。」師卦又言「小人勿用，必亂邦也」（師上六象曰）且周易一書首斥小人，其扶陽抑陰，即進君子退小人之義，歷代之亡國，莫不亡於小人，易經之垂戒深矣。

丙、損君主以益人民。

觀易經損下益上，其象爲損；損上益下，其象爲益，此即有若所謂百姓足君孰與不足；百姓不足君孰與足（論語顏淵篇）也。故益卦又言「損上益下，民說无疆，自上下下，其道大光（益彖傳）又兌卦言「說以先民」（兌彖傳）先民者，以民爲先也。咸卦云「君子以虛受人」（象曰）受人者，通民情也。又夬言「施祿及下」，謙言「裒多益寡」，均與益下之義相符，故鄭玄易注云人君以益下爲德，蓋履言辨上下，此即卦位言之也，益卦所言則就政治言之，又漢蓋寬饒引韓氏易謂五帝官天下三王家天下。官天下者不以天下爲私有也，此亦易經相傳之大義，惜埋沒失傳。

此皆易經之大義也，易經之論政治均就立國之本以立言，則易經兼爲道政事之書矣。

謹按先生言易論政治，均就立國之本言，內中國、進君子、民貴君輕，此實立國之大本，大經大法之謂也。

六、易與社會學。

周易爲社會學之祖。社會學者，必蒐集人世之現象，發現人群之秩序，以求事物之總歸。美人葛通哥斯有言，社會所始在同類意識俶擾於差別覽，制勝於摹效性。周易之象辭即所謂現象也，周易之有象辭，即所謂差別覽也，周易之有爻辭，即所謂摹效性也。故周易之繫辭，均言社會學之作用，其作用有二端：

甲、曰藏往知來。

繫辭曰藏往而察來，又曰往來不窮謂之通，又曰神以知來知以藏往，焦循易話曰，學易者必先知伏羲作八卦前是何世界？

乙、曰探賾索隱。

繫辭又言極深研幾，鉤深致遠，均即索隱二字之義也。藏往基於探賾，以事爲主，索來基於索隱，以心爲主，以事爲主，即西人之動社會學，以理爲主，即西人之靜社會學。藏往之用，在於聚類群分，援始要終，擬形容以象物宜以推記古今之遷變，是爲探賾之學。知來之用，在於無思無爲，洗心藏密，證消息盈虛之理，以逆數而知來，是爲索隱之學。察往以事爲主，執一理以推萬事，近於分析派。陰陽家之旨本之，察來以理爲主，執定數以逆未來，近於歸納派，道家之言本之。史記言易本隱以知顯，豈不然哉？

七、易與倫理學。

易爲古代倫理之書，其言倫理有二：

甲、曰寡過。

孔子曰假我數年五十以學易，可以無大過矣（論語述而篇）易言時止則止，時行則行，此之言時也。故以變通爲趣時，處上位而不驕，在下位而不憂，此易之言位，故曾子言君子思不出其位，蓋時者，所以定出處用舍，位者所以別貴賤榮辱。易所言之倫理，有對於個人者，有對於家族者，有對於社會者，有對於國家者，觀於象傳，而倫理之學備乎此矣。

乙、曰恆德。

孔子曰「南人有言曰，人而無恆，不可以作巫醫，善夫，不恆其德，或承之羞（恆九三爻辭）子曰，不占而已矣（論語子路篇）立身處世之道，均見於周易，大象每一象曰，均有警語，如乾之自強不息，坤之厚德載物，屯之經綸，蒙之果行育德……是。

謹按先生謂倫理即立身處世之道甚是，約舉乾坤屯蒙四卦已略具倫理之大凡矣。

八、易與禮典。

周易爲周禮之一，左氏傳昭二年，韓宣子觀書於魯見易象曰周禮盡在魯矣，故鄭氏虞氏均本禮以說易，而易經一書具備五禮，張氏惠言曰易家言禮者惟鄭氏，惜殘缺不盡存。虞氏於禮已略，然揆諸鄭氏，原流本末蓋有同焉，試舉易經之言禮者，列證如左：

郊社之禮見於益（益六二，王用享於帝吉）蔡邕明堂論正月卦曰經曰王用享於帝吉，而莊氏域據月令孟春令日擇日祈穀于上帝以此爲祈穀之禮非是，張氏惠言訂爲南郊祭感生帝之禮。見於豫（豫象曰先王以作樂崇德殷薦之上帝以配祖考）見於鼎（象曰聖人亨以享上帝）鄭注引孝經配天配上帝之文張氏惠言定爲明堂之祭以祖配天之禮，又鼎卦以享上帝張惠言曰此言凡祀天之禮也。封禪之禮見於隨（上六爻曰王用亨于西山）見於升（六四爻曰王用享於岐山）惠氏棟曰即禮運因名山升中於天之義，張氏惠言曰是巡狩封禪之禮。宗廟之禮見於觀（卦辭曰盥而不薦有孚顒者）虞氏以禘祭釋之，張氏惠言曰，此明宗廟之祭（若鄭以爲賓士之禮亦非）。時祭之禮見於萃（六二爻曰孚乃利用禴）。見於升（九二爻曰孚乃利用禴）。見於既濟（九五爻曰東鄰殺牛不如西鄰之禴祭實受其福），虞氏云，禴，夏祭也。饋食之禮見於損（卦辭曰二簋可用享。又初九爻曰祀事遄往）。見於困（九二、九四二爻，咸言利用祭祀）鄭注損卦曰，言以簋進黍稷於神也。張氏惠言曰，此同姓之祭禮，困九二、九四所言一爲天子大夫之祭禮，一則諸侯之祭禮也。省方之禮見於觀（象曰，先王以省方觀民設教）皆吉禮也。省方、巡守也。田狩之禮見於屯（六三爻曰即鹿无虞，惟入于林中）見於師（六五爻曰田有禽）。見于比（九五爻曰王用三驅失前禽）。見于大畜（九三爻曰日閑輿衛）。見于解（九二爻曰田獲三狐）。見於巽（六四爻曰田獲三品）此軍禮也。虞注虞虞人掌禽獸者田、田獵講武，言三品，即王制之三品，婚禮見于泰（六五爻曰帝乙歸妹），見於歸妹（九四爻曰歸妹愆期遲歸有時，又上六爻曰女承筐）。張氏惠言曰歸妹九月卦、周以春季夏初行婚禮故以九月爲愆，又謂六五之娣即媵女禮，女承筐即婦祭宗廟禮。見於咸（卦辭曰取女吉）。見於漸（卦辭曰女歸吉利貞）此嘉禮也。張氏惠言曰以漸卦所言爲請期之禮，咸卦則言婚期之正。賓王之禮見於觀（六四爻曰觀國之光利用賓於王）虞注引詩來享來王，張氏惠言曰即周禮以賓禮親邦國也。時會之禮見於萃（卦辭曰王假有廟利見大人亨利貞用大牲吉）虞注以爲孝享之事，鄭氏以爲嘉會之事張氏惠言曰此即周禮所謂時會以發四方之禁也，用鄭義。酬庸之禮見於大有（九三爻曰公用享於天子）。張氏惠言曰公爲上公周禮注言上公有功德，加命爲之伯，詩彤弓曰鐘鼓既設一朝饗之，享之者蓋錫命也。朝覲之禮見於豐（初九爻曰遇其配主，雖旬无咎，往有尙）鄭氏注云初修禮上朝四，四以匹敵恩厚待之，雖留十日不爲咎，張氏惠言曰王者受命諸侯禮來朝者恩厚待之，即聘禮之稍禮。聘禮見於旅（初六爻曰旅瑣瑣斯其所取災）鄭氏注云，三爲聘客，初與二其介也。介當以篤實之人爲之而用小人瑣瑣然，客主人爲言不能辭曰非禮，不能對曰非禮每者不能以禮行之，則其所以得罪。又張氏惠言謂下文旅即次即賓次，懷其資，即圭幣得童僕貞，即有司。王臣出會之禮見於坎（六四爻曰樽酒簋貳納約自牖）皆賓禮也。虞氏以此爲祭禮，鄭氏以爲天子大臣以王命出會諸侯，主國尊酒於簋，副設玄酒而用缶今用鄭義。喪禮見於大過（繫辭謂古之葬者厚衣之以薪葬之中野不封不樹喪期無數，後世聖人易以棺槨蓋取諸大過）。見於益（六三爻曰益之用凶事无咎有孚中行，告公用圭）惠氏棟曰此凶事用圭之禮。見於萃（上六爻曰齎咨涕洟）張氏惠言曰，此天子哭賻同姓諸侯爲大臣者之禮。見於渙（卦辭王假有廟）。張氏惠言引，曾子問謂天子崩臣下至於南郊告謚之，告必以牲，既定謚乃立新廟。見於小過（六二爻過其祖遇其妣）此凶禮也。張氏惠言曰，此即婦祔於皇姑之禮。

以上所舉皆周禮附見於周易者（若姤卦包有魚爲饋賓之禮此類尤多不贅引）用張氏惠言，虞氏易禮之例彙而列之，則周易一書兼有裨於典章制度之學矣。

九、易與哲學

易經爲言哲理之書。

首爲一元論。

太古之初，萬物同出一源，由一本而萬殊，是爲哲學一元論。故易經言元者二十四卦（乾坤屯訟比履泰，大有、隨、蠱、臨復、无妄、大畜、離、睽、損、益、萃、升、井、革、鼎、渙）。元訓爲始，故周易以元爲道本，兼以元爲統攝衆物之詞，乾彖傳大哉乾元，萬物資始乃統天，惠氏周易述曰，乾初爲道本故曰元，文言曰元者，善之長也。爲一切對待名詞之代表，凡易經所謂一，初、始、本者、皆指元字而言，形容道體凡有六名：

甲、曰隱。

乾文言，隱而未見，繫辭曰探賾索隱。

乙、曰微。

繫辭曰，微顯闡幽，禮記絜靜精微，易教也。

丙、曰潛。

乾爻辭曰，潛龍勿用。又曰潛之爲言也，隱而未見，行而未成。

丁、曰幾。

繫辭曰極深研幾，又曰知幾其神乎。又曰幾者動之微，吉凶之先見者也，君子見幾而作，不俟終日。

戊、曰深。

恆爻象曰浚恆貞凶，始求深也。繫辭曰无有遠近幽深。

己、曰遠。

繫辭言致遠，虞注曰，乾爲遠。

此皆易經形容道本之詞，所以形容道體混沌未分前之情狀也，故知易經所言之哲理，皆從一元論而生，此即中國玄學濫觴也。一元者？即易經所謂太極，緯書所謂太易，大初、太始也。

謹按易經一元論，形容道體，先生以隱、微、潛、幾、深、遠六字形容道本未分之情狀，道本無形，詩大雅文王曰「上天之載，無聲無臭」二句，已盡之矣。老子名之曰常道，莊子曰自本自根，未有天地，自古以固存（大宗師）今日科學界亦謂有生於無（方勵之引老子語）者是也。

一元論之外，復有二元論，易言太極生兩儀，以太極代表一元，即以陰陽代表二元，此外尚有惟神論，惟理論，惟心論。要而論之，易經之言哲理。

大致有二：

甲、言有不言無。

易言必有餘慶，必有餘殃，富有之謂大業，則易經言有不言無，北史梁武帝問李業興云，易有太極，是有無？對曰所傳太極是有，此其確證，彼以虛無之旨釋易者，非易旨矣。謹按先生謂易言有，老子曰「有物混成，先天地生」（二十五章）又曰「道之爲物……其中有精，其精甚眞，其中有信……（二十一章）莊子曰「夫道有情有信……自本自根，未有天地，自古以（已通）固存（大宗師）今日亦名之曰「存有」。

乙、執簡以御繁。

觀易經言一、言本、言要、均執簡御繁之證，故易經又言索言虛，此即儒家言約，道家言要之旨也。然其最精之義蘊有三端，均至高至尚之哲理也，三端者。

甲、不生不滅之說。

易言「精氣爲物，游魂爲變」（上、四）此二語，即不生不滅之意也。上語言由滅而生，下語言由生而滅，陳師道謂游魂爲變爲輪回而呂枬駁之曰，燈息而然，非前燈也。雲霽而雨，非前雨也。按輪回之說過拘，駁之誠是，而呂說亦非，何則？燭滅爲膏融，膏則復燭，器毀爲土範，土則復爲器，故此國滅而彼國興，國之土，猶自若也。若即此例以觀之，則不生不滅之說，似未可非（張橫渠曰，聚亦吾體，散亦吾體，即周易此二句之確說，其說最精）。

乙、效實儲能之說。

斯賓塞爾群學肄言曰一群之中有一事之效實，即有一事之儲能，方其效實儲能以消，而是效實者又爲後日之儲能其理甚精，蓋儲能，即翕以合質之說；效實，即闢以出力之說也。近世侯官嚴氏謂易繫辭言夫乾其靜也專其動也直（上、五）即闢以出力之意。又言夫坤其靜也，翕其動也闢（上、五），即翕以合質之意。其說固然，然吾觀周易繫辭之言曰，夫易，无思也无爲也，寂然不動，感而遂通天下之故（上、九）寂而不動，即儲能之義，所謂翕以合質也，感而遂通，即效實之義，所謂闢以出力也。又如推顯闡幽，推顯即效實，闡幽即儲能，何思何慮即儲能，一致百慮，即效實，是效實儲能之理，大易早發明也。

丙、進化之說。

焦循易話曰，易言一陰一陽之謂道，道以治言，不以亂言，失道乃亂，聖人治天下，欲其長治而不亂，故設卦係辭以垂萬世，豈曰治必有亂乎？聖人處亂，則撥亂以反乎治；處治則繼善以防乎亂，反乎治防乎亂，何從而亂乎？故謂否極而泰，泰極而否者，此不知易者也。謂治必有亂，容容者，得而藉口矣，謂亂必有治，汶汶者，得而任運矣，大抵氣化皆亂，賴人而治，治而長治者，人續之也，治而致亂者，人失之也，不勤未耨田疇乃蕪，怠於政教，人民乃紊，說者以陽爲治，以陰爲亂，則將暑治而寒亂乎，日治而月亂乎？故否泰皆視乎人，不得委之氣化之必然也。據焦氏之說觀之，則易經一書言進化而不言退化，彰彰明矣。

此皆易經言哲理之最精者也，彙而觀之，而周易之大義可得矣。

謹按今科學界已知宇宙萬有所展現者，不外質、能二者而已，二者相與轉化，則質能之互變，能化爲質，質又具能，先生謂儲能，即翕以合質之說，此能化爲質，能在質中也。「效實，即闢以出力之說。」即釋放能量也。而「不生不滅」，即科學界「物質不滅」之說。《莊子天下篇》引惠子曰「一尺之棰（杖）日取其半，雖萬世不竭。」此數語已隱含物質不滅之義矣，至於進化之論，則易言「富有日新」之大義，宇宙非循故常而日新月異，故力闢治亂相尋，否泰循環之論以與易理之相應也。

結語

第一節易經綱要，㈠易經之名義。釋易字及其內蘊。㈡易經之作用言易道涵蓋面廣，聖人以易通天下之志，定天下之業，斷天下之疑。㈢易經之義旨於作易，易教、易義言之至悉。㈣讀易之法，首重辭、象、變、占、六十四卦何以能治天下，於修亡治人何取，先生以此四項爲易之總綱，又及周易宗旨，言陰陽而不言五行，言人事而兼言天事。言周禮而不言古禮。次及易有三義，簡易、變易、不易而以變易爲樞機，宇宙創化之主動力也，第二節卦爻。㈠卦名釋義，推名以知其義，卦德卦象所指之事畢具矣。㈡論易卦之作用，繫傳以通神明之德，以類萬物之情二語盡之，先生又舉明人倫，定人品二端以見其凡。㈢說剛柔、尤重剛中，象浩然之氣，至大至剛，不可屈撓，如伯夷之清，屈原之潔，謂世衰道微，人欲橫流，非剛毅之人不能挺然特立，故孔子有「吾未見剛者」之嘆。力斥老子貴柔賤剛之非。㈣釋爻辭，其例以內卦爲主，外卦爲朋，以陽爻爲剛爲君子、爲吉、爲存；陰爻爲柔，爲小人，爲凶，爲亡。㈤互體。有三畫互體，即二、三、四與三、四、五復有四畫互體之法，五畫互卦之法，皆引例以釋之，㈥卦變。其法有三，甲爲旁通相錯之法，乙、爲反復往來之法。第三節治易。㈠彖辭：甲、明彖辭爲每卦之要說，每卦所含之情所包之象均在，故彖辭爲每卦提要之辭。乙、彖辭立元亨利貞吉凶悔吝厲孚无咎十二字以爲標的，十二字中吉凶悔吝有其循環性，吉凶又爲十二字之綱維，明吉凶操之在己，不必怨天尤人。㈡象數，謂宋儒象數出於漢儒，指出宋儒象數學之可取者有邵子、張子、程子之說。又有五項特出者，則遠邁漢儒之上也。第四節易學覃及。㈠易經與文字。謂八卦爲象形文字之鼻祖。㈡易與數學。其中有加法減法，句股開方之法。㈢易與科學。闡明物理，有裨於博物，備物利用，易非蹈空之學也。㈣易與史學。甲、周政多載於易，故易可以考周代之制度。乙、古代事蹟多存於易經。丙、古代禮俗。丁、社會進化之秩序均於易內可以考見。㈤易與政治。甲、內中國而外夷狄。乙、進君子而退小人。丙、損君主以益人民，皆就立國之大本以立言。㈥易與社會，其作用有二端：甲、藏往知來，乙、探賾索隱，搜集人事之現象以建立人群之秩序也。㈦易與倫理。舉甲、日寡過。乙、曰恆德以爲立身、處世之方，而六十四卦之大象，尤多修己牧養之方，至足珍貴也。㈧易與禮典，如郊社、封禪、宗廟、饋食、省方……足證周易爲周禮之一（左傳昭二年）五禮均具也。㈨易與哲學，首爲一元論之太極，次則甲、言有不言無。乙、執簡以御繁，而周易最精之義蘊則有三端：甲、不生不滅之說，乙、效實儲能之說，丙、進化之說，先生皆以科學原理證之，不徒託空言，知易學足以彌綸天地之道，爲不虛矣。